La Magie dans l'Inde antique

Édition annotée

Victor Henry

Alicia Éditions

Table des matières

Préface   7
Note bibliographique   21
Introduction   25

Chapitre Premier : Notions générales sur la magie hindoue

§ 1er. — L'Atharva-Véda   37
§ 2. — Le Kauçika-Sûtra   42
§ 3. — Les bénéficiaires de la magie.   45
§ 4. — Les opérateurs   49
§ 5. — Les opérations   53
§ 6. — Les ingrédients et accessoires   59

Chapitre II : La divination

§ 1er. — Divination générale   71
§ 2. — Les épousailles et la postérité.   73
§ 3. — La prévision du temps   76
§ 4. — L'issue d'un combat   79
§ 5. — Retrouver un objet perdu   81
§ 6. — Divination simulée   84

Chapitre III : Charmes de longue vie

§ 1er. — Sacrements   89
§ 2. — Autres cérémonies   92
§3. — Amulettes   95

Chapitre IV : Charmes de prospérité

§ 1er — La maison	101
§ 2. — Le feu et l'eau	104
§ 3. — Le bétail	106
§ 4. — L'agriculture	109
§ 5. — Les voyages et le commerce.	113
§ 6. — Le jeu	115

Chapitre V : Charmes sexuels

§ 1er. — L'amour et le mariage	121
§ 2. — Les rivalités	125
§ 3. — La constance	127
§ 4. — Les réconciliations	129
§ 5. — La virilité	131
§ 6. — La fécondité et la postérité mâle.	133
§ 7. — La grossesse et l'accouchement	137

Chapitre VI : Rites de la vie publique

§ 1er. — En paix	143
§ 2. — En guerre	146

Chapitre VII : Rites antidémoniaques

§ 1er. — Nirrti	153
§ 2. — La plèbe démoniaque	156
§ 3. — Exorcismes par représailles	159
§ 4. — Autres exorcismes	162

Chapitre VIII : Charmes curatifs

§ 1er. — La fièvre	169
§ 2. — Les vers intestinaux	172
§ 3. — Les affections cutanées	175
§ 4. — Les blessures et l'hémorrhagie	179
§ 5. — Les effets du venin	181
§ 6. — Les affections héréditaires ou chroniques.	185
§ 7. — Cas divers	187

Chapitre IX : Rites expiatoires

§ 1er. — Rites expiatoires	193

Chapitre X : Rites de magie noire

§ 1er. — La liturgie démoniaque	201
§ 2. — L'imprécation pure et simple	204
§ 3. — Les envoûtements	206
§ 4. — Autres ensorcellements	209
§ 5. — Le serment	212

Conclusion

§ 1er. — Magie et mythe	217
§ 2. — Magie et religion	223
§ 3. — Magie et science	227

Préface

Ne pas croire à la magie n'est point une raison de la dédaigner. Elle a tenu, dans la constitution des sociétés primitives et dans le développement même de l'esprit humain, une place dont tous à peu près sont d'accord et que d'aucuns seraient plutôt portés à surfaire qu'à ravaler. Dans ce livre, résumé d'une année d'enseignement védique à la Sorbonne (1901-1902), je ne pouvais prétendre apporter à la sociologie que le résultat de l'une des enquêtes partielles sur lesquelles elle fondera ses conclusions futures ; et aussi me suis-je interdit toute digression que mon titre ne justifiât. Peut-être me sera-t-il permis d'en dépasser quelque peu les limites en avant-propos, ne fût-ce qu'à dessein de les mieux préciser, de montrer, veux-je dire, par combien de points elles confinent à la mentalité de notre race, par combien peu à celle du sauvage-type, récent produit d'une généralisation séduisante et périlleuse.

Le XIXe siècle, incomparablement ; plus qu'aucun de ses devanciers, aura bien mérité de l'histoire : de celle des faits, par l'exhumation des civilisations disparues ; de celle des idées et des institutions, par l'avènement tardif du sens historique, dont la philosophie du XVIIIe est encore si extraordinairement à court. Et les deux progrès, sans aucun doute, sont connexes : si l'on a compris qu'un état mental ou social est nécessairement conditionné par l'état mental ou social qui l'a précédé, celui-ci, par son antécédent, et ainsi en remontant toujours jusqu'à la barbarie la plus lointaine qu'il nous soit donné d'atteindre ; que dès lors rien n'est indifférent du passé de l'humanité à qui tente de s'expliquer son présent et d'augurer de son avenir ; si, en un mot, l'on voit poindre à l'horizon l'espoir d'une sociologie rationnelle et scientifique, que l'antiquité n'a jamais pu concevoir, on le doit, en grande partie, à ce recul qui lui a manqué, aux documents de toute sorte qu'elle nous a légués d'elle-même, et surtout à ceux que nous avons arrachés à la profondeur de ses tombes. Sous le sol de l'Égypte et de l'Assyrie dormaient d'immenses archives, insoupçonnées durant des milliers d'ans : elles nous ont appris à ne plus dater d'hier la vie intellectuelle et morale dont nous vivons ; car nous avons retrouvé, chez ces hommes d'autrefois, non seulement nos infirmités matérielles, les victoires et les révolutions sanglantes et inutiles, — ce dont nous nous serions bien doutés sans l'apprendre d'eux, — mais, — ce qui est autrement suggestif à quiconque ne vit pas seulement de pain, — nos aspirations et nos terreurs, nos superstitions et notre religiosité, les rudiments de nos sciences et l'écho anticipé des idées dont nous sommes fiers. A la navrante bouffonnerie d'un Voltaire, à l'optimisme grotesque d'un Rousseau, la voix des morts a imposé silence : on aperçoit l'homme tel qu'il est, tel qu'il fut et sera toujours, misérable et grand, courbé sous la servitude de la mort dont seul parmi les vivants il a conscience, mais vaguement conscient aussi de l'éternité de cet univers dont il est une parcelle ; l'on entre en communion avec le lent effort des générations innombrables qui a élargi son cœur et son cerveau, l'on se sent le semblable et le frère du contemporain des âges fabuleux où du creux des bois ajustés jaillissait le génie protecteur du foyer, et l'on se prend à aimer les dieux qu'adorèrent nos pères, la religion qui les couva de son aile, la magie qui la première les releva des souffrances de la vie par la dignité de la pensée.

Au nombre des récentes découvertes qui de proche en proche amenèrent l'homme à se mieux connaître, il faut compter, bien qu'effectuée dans des conditions très différentes, celle de l'Inde antique [1]. Ici il n'a point fallu déterrer ce qui gisait à fleur de sol, mais simplement s'en aviser, ce qui n'exige parfois guère moins de pénétration. Abritée derrière ses hautes montagnes, et entourée d'une mer peu sûre, dont les caboteurs phéniciens n'affrontaient pas volontiers les longs détours [2], l'Inde a fermenté sous son ciel torride, comme une cuve étanche, sans rien emprunter à l'Europe et sans rien lui donner. Sans doute, il est difficile de croire qu'un Pythagore pour sa doctrine de la métempsycose, un Platon pour son monisme idéaliste, ne lui soient redevables d'aucun apport ; mais, en tout état de cause, ils n'en ont pas eu le moindre soupçon, et c'est par infiltration latente que sa philosophie est parvenue jusqu'à eux. Plus tard, avec Alexandre, l'hellénisme envahit la Péninsule : il y créa même des royaumes éphémères, où se fondirent les deux civilisations, et les écrits hindous de ce temps nous montrent les conquérants occidentaux empressés à se mettre à l'école de la sagesse hindoue ; mais, soit que ceux-ci n'en voulussent point convenir, soit que leurs devoirs d'élèves aient été perdus, les renseignements qu'ils fournirent sur l'Inde à leurs compatriotes d'Europe se réduisent quelques anecdotes éparses, pittoresques et suspectes. Et bientôt cette maigre source tarit ; car les Parthes s'interposent entre ces deux tronçons inégaux du monde hellénique, les Grecs de l'Indus se noient dans le flot indigène, et recommence pour l'Inde une phase d'isolement de vingt siècles, qui a fini de nos jours.

Cette période, à son tour, se subdivise en deux moitiés : durant la première, l'Inde n'a envoyé à l'Europe que des épices, par les marchés de Byzance et d'Alexandrie, et l'idée n'a pu venir à personne de lui demander autre chose ; à partir de l'invasion musulmane, elle a, par l'intermédiaire des Arabes, faiblement rayonné au dehors ; mais, là encore, ceux qui ont reçu ses bienfaits ne s'en sont point doutés, à preuve l'innocente ingratitude qui nous voile, sous le nom de chiffres arabes, l'inestimable merveille graphique de la numération. Lorsque, à la fin du XVe siècle, les Portugais eurent trouvé la route de mer, quand les Hollandais leur disputèrent l'empire de l'Orient, où Français et Anglais ne tardèrent pas à entrer en lice, à tous ces conquérants successifs l'Inde ne fut qu'une proie. Ainsi advint-il que les brahmanes, jaloux de leur science sainte, la purent garder pour eux, jusqu'au jour où l'on soupçonna que ces quasi-antipodes étaient des frères de race et que leurs vieux livres contenaient la clef des langues qui avaient fait l'éducation littéraire de l'Occident.

Cette constatation, pour tardive qu'elle fût, est venue, disons-le, à son heure, et l'on doit à peine regretter qu'elle n'ait pas émergé plus tôt. Ni l'antiquité, ni même l'érudite Renaissance, si elle avait eu l'occasion de la formuler, n'était en mesure d'en tirer parti ; il leur manquait précisément ce sens et cette méthode historique sans lesquels les faits ne sont que des faits. A supposer le plus grand génie philosophique de la Grèce aux prises avec le sanscrit, le *Cratyle* nous apprend assez à quoi il y eût trouvé matière : jeux de mots ingénieux ou bizarres, spéculations à perte d'haleine sur une étymologie imaginaire, spirituelles ironies portant à faux, tout enfin, excepté une vue juste de l'affinité de deux langues et du secours qu'elle offre à l'analyse du langage humain [3]. Il est surprenant à quel degré les Grecs, dont la langue comportait plusieurs dialectes littéraires, sans parler des autres, et les Latins, qui savaient plus ou moins le sabin, l'osque et l'ombrien, sont restés fermés à toute méthode saine et féconde de comparaison linguistique, bornant leurs rapprochements à quelques curiosités piquantes ou futiles, mais toujours arbitrairement triées, sans cohésion ni plan. Si le sanscrit ne nous fût parvenu qu'à travers l'antiquité classique, les coupes sombres qu'elle y eût pratiquées n'en auraient laissé qu'une image irrémédiablement faussée, d'où tout au moins ne se seraient dégagées qu'à grand'peine sa généalogie et celle de ses congénères. Le terrain était vierge, il n'a point fallu démolir pour construire : aussi la construction fut-elle rapide ; et, comme la relation généalogique était indispensable à une saine appréciation de la filiale intellectuelle, celle-ci non plus ne se fit pas longtemps attendre.

Ce n'est pas qu'elle ne fût troublée dès l'abord par un nouveau préjugé, de provenance hindoue celui-là : l'extrême antiquité que les brahmanes assignaient à leur langue la fit prendre pour un ancêtre direct des nôtres ; et maintenant encore on entend souvent dire, si heureusement on ne le lit plus guère, que le grec et le latin sont « dérivés » du sanscrit. Mais cette énorme erreur n'a tenu que bien peu, le temps seulement d'inspirer à ceux qui la propagèrent un redoublement d'enthousiasme pour les doctrines de ceux qu'ils crurent leurs pères naturels autant que spirituels. Tout fut bientôt remis au point : l'on sut que le sanscrit n'est qu'une maîtresse branche, non la souche elle-même ; on fixa la situation respective des autres grands rameaux, grec, italique, celte, germain et slave ; on restitua par induction la souche perdue, désignée sous le nom conventionnel d'« indo-européen commun » ; voire l'on s'efforça de déterminer la position géographique qu'avait occupée, en Europe, en Asie ou sur les confins des deux continents, le petit groupe ethnique qui parlait cette langue, la peuplade particulièrement bien douée au double point de vue de la vigueur et de l'intelligence, qui a fini par couvrir de ses descendants le tiers de l'Asie, l'Europe et l'Amérique tout entières. La question de l'habitat primitif des Indo-Européens ne doit pas nous arrêter : elle semble insoluble, et en tout cas elle est parfaitement indifférente à l'histoire de leur langue et de leurs idées. Tout ce qu'on en peut affirmer avec certitude est aussi tout ce qui en importe aux lecteurs du présent livre : les premiers émigrants qui de là s'épandirent vers le sud-est se surnommaient eux-mêmes les Aryas, « les nobles » ; ils peuplèrent d'abord le plateau éranien, la Perse actuelle, d'où certains d'entre eux, beaucoup plus tard, pénétrèrent dans l'Inde par les hautes vallées de l'Indus et de ses affluents.

Les Aryas qui parlaient le dialecte d'où est issue la langue des Védas, et ceux dont les idiomes sont devenus le zend, le parsi, le persan et l'afghan, constituèrent donc fort longtemps une sous-unité, dite indo-éranienne, séparée de bonne heure de la grande unité proethnique : de là vient qu'ils ont entre eux tant de traits communs ; de là, que leurs deux religions, tout antagonistes qu'elles se targuent d'être, — à ce point que les dieux des uns sont les démons des autres, et réciproquement, — procèdent d'un seul et même fond d'idées, qui se laisse assez aisément rétablir. Caractère sacré du feu, l'être pur par excellence ; adoration du soleil, à demi déguisé, mais presque toujours reconnaissable, sous diverses hypostases ; mythes où sa gloire éclate dans un mélange confus d'attributs empruntés à la fougue du dieu des orages : tels sont, dans les grandes lignes, les symboles à peine altérés d'où sortirent, à des époques différentes, le polythéisme touffu de l'Inde védique et le spiritualisme presque monothéiste de Zoroastre. A plus forte raison se sont-ils épanouis tous deux sur un corps de traditions magiques déjà complexe et fortement constitué ; car, si l'on a pu dire sans exagération, du moins à un certain point de vue, que le sacrifice védique n'est, d'un bout à l'autre, qu'un inextricable réseau de conjurations et de charmes, les livres de l'Avesta, d'autre part, malgré leur légitime prétention à la spiritualité, foisonnent de semblables pratiques, et c'est, on le sait bien, le nom de leurs docteurs qui, passant par l'intermédiaire du grec, a fourni à toutes les nations occidentales le nom de la magie elle-même et ses nombreux dérivés.

Il ne s'ensuit pas, naturellement, qu'un document védique sur la magie vaille tel quel pour l'avestisme, ni surtout pour la reconstitution de la sorcellerie indo-européenne. A l'époque où nous surprenons leur langue, la scission s'est depuis longtemps accomplie entre les Aryas et leurs frères de l'Occident on ne saurait juger de ceux-ci par ceux-là ; mais on peut, par le témoignage de tous, juger de leur commun ancêtre, puisque leurs idiomes comparés nous sont garants irréfragables de ce qu'ils ont su nommer et, par conséquent, connu dans leur plus ancien habitat. Sachons donc en bref ce que raconte d'eux, non quelque chronique menteuse, mais le propre souffle de leur bouche, à tout jamais éteint et toujours vivant.

Ce n'étaient point des sauvages vulgaires : ils avaient poussé assez loin la réflexion et les arts. Ils comptaient jusqu'à cent, à coup sûr, probablement jusqu'à mille et par delà, ce qui implique la possession de vastes troupeaux ; car on ne voit guère à quoi pouvait servir, sans cela, une numération aussi étendue. Ils avaient en effet domestiqué le cheval, que toutefois ils ne montaient pas, le bœuf, qui traînait leurs lourds chariots à roues, le mouton dont ils savaient traiter la laine. Le lait des vaches et la viande des bestiaux faisaient le fond de leur alimentation. Ils y joignaient les produits de leur chasse, et quelques fruits, fournis par la cueillette, sinon par une culture au moins rudimentaire. La nomenclature agricole est presque ignorée de leur langue, et le nom du joug, universellement répandu, ne prouve pas qu'ils aient conduit la charrue ; mais ils devaient semer, pour les multiplier, les graines de certains végétaux, notamment celles d'une céréale qu'on peut sans trop d'invraisemblance identifier à notre orge. Ils ne connaissaient pas la vigne et ne pétrissaient point de pain.

Leur industrie était celle de nombre de tribus pastorales de l'un et de l'autre continent. Ils travaillaient la glaise et la façonnaient à la main sans tour à potier [4]. Ils en élevaient des remparts pour se soustraire aux assauts des bêtes fauves et des clans ennemis. Ils filaient et entrelaçaient les fibres animales ou végétales, ou cousaient des peaux pour se vêtir ; car ils vivaient sous un climat froid à brusques alternances. Ils abattaient les arbres et en équarrissaient les troncs, pour se bâtir des abris de planches et de rondins plus sûrs et plus durables que les simples tentes ou huttes de feuillée. Dans ces demeures, une place d'honneur était réservée au foyer où couvait en permanence le feu domestique, attisé de temps à autre : on savait le produire par friction ; mais, comme la manœuvre du tourniquet était longue et pénible, on préférait le conserver une fois produit ; et c'était un devoir religieux, peut-être le premier qui s'imposa à la conscience de l'Indo-Européen, de ne le point laisser éteindre. Ce feu ne servait guère au travail des métaux, d'ailleurs inconnus pour la plupart : le seul attesté par le vocabulaire est un métal vil et dur, dont on fabriquait des outils et des armes : si c'était du cuivre, ce pouvait être du cuivre natif ; si du bronze ou — bien moins probablement — du fer [5], ils se le procuraient par voie d'échange ; car le trafic leur est familier, et ils ont des mots pour « vendre » et « acheter ».

Les noms de parenté, qu'ils nous ont transmis supposent des liens de famille étendus et bien organisés, au moins dans la lignée mâle : car, non seulement ils avaient fort dépassé la phase du prétendu « matriarcat » primitif, — si tant est qu'ils l'eussent jamais traversée, — mais même tout s'accorde à indiquer un état social où la femme entrait dans la famille de son mari, et où celui-ci n'avait avec celle de sa femme que des rapports d'amitié, sans parenté définie [6]. Bien entendu, ils n'avaient point de villes, mais de grands villages très peu agglomérés et, de distance en distance, quelques enceintes fortifiées, où ils abritaient, en cas d'alerte, leurs bestiaux et leur provende. Ces communautés obéissaient à un chef, puis formaient entre elles des ligues plus ou moins stables, sous la conduite d'un « dirigeant » électif, dont le nom (*rêg* ou *rêgô*) s'est perpétué dans celui de nos rois actuels. Il n'est pas sûr qu'à cette autorité centrale ait été confié le soin de rendre une justice, même sommaire : les conflits entre particuliers se résolvaient d'habitude par la force, créant entre les familles des dettes de sang et de longues séries de *vendette*, comme on en constate encore chez tant de semi-civilisés ; toutefois, le serment, en tant qu'acte magique, solennel et religieux, et l'ordalie, dont la trace se retrouve dans presque tous les groupes ethniques, plus particulièrement dans l'Inde et en Germanie, dénouaient certains procès sans effusion de sang, et annonçaient l'avènement d'un semblant de droit privé, placé sous la protection d'une divinité omnisciente, ennemie-née de la rapine et du mensonge.

Cette divinité suprême, comment la nommait-on ? Un nom, du moins, auguste entre tous, a survécu un peu partout, attestant l'adoration du Ciel père de tous les êtres [7], Ζεὺς πατήρ *Iuppiter*, en sanscrit *Dyaus pitâ*. De ce que cette identité est frappante et unanime, on a abusé récemment, par une équivoque naïve ou trop habile, pour soutenir qu'elle est la seule et faire table rase des autres rapprochements de mythologie comparée qui tendraient à prouver l'existence d'une religion indo-européenne. Eu réalité, les ressemblances s'étendent au panthéon presque tout entier, à condition qu'on ne les exige pas strictement littérales [8], et que l'on sache se contenter de l'approximation de probabilité que le bon sens affirme équivaloir à une certitude : ici, les mots coïncident, et non les faits ; là, les faits sans les mots ; mais ne serait-ce pas miracle, si faits et mots fussent restés intacts, à travers tant de siècles d'aperception confuse et de transmission purement orale ? Les Gandharvas de l'Inde sont assez différents des Centaures de la Grèce ; mais leurs noms les apparentent, et un trait spécifique qui leur est commun, leur incontinence brutale, jette dans la balance un poids décisif. Le nom sanscrit du feu (Agni) ne se retrouve que dans deux autres domaines, en latin et en slave, et c'est dans l'Inde seulement que le feu est adoré sous ce nom [9] : refusera-t-on pourtant de reconnaître ce même culte, sous prétexte que les Latins l'adressent à une déesse qu'ils nomment Vesta ?

Qu'importe même qu'éventuellement les noms diffèrent du tout au tout ? Les Cavaliers jumeaux des Védas (Açvins), Castor et Pollux en Grèce, les Alcis de Germanie, les Fils de Dieu du folklore lithuanien forment partout un couple lumineux et tutélaire, partout identique à lui-même sous les appellations variables dont le caprice des conteurs s'est plu à le décorer : et, si l'on ne sait au juste ce que les Indo-Européens se sont représenté sous cette incarnation, personne ne conteste sérieusement qu'elle n'ait été indo-européenne.

On multiplierait à plaisir ces concordances, discutables si on les prend chacune à part, mais inébranlables en tant qu'elles font masse, et d'authenticité garantie par leur caractère même incomplet et fluide. Tel groupe ethnique a oublié la moitié du mythe ; tel autre, l'autre moitié ; et les deux récits se raccordent, comme deux fragments de papyrus dont s'ajustent les plis et les dentelures : il n'en serait pas ainsi, si l'un des groupes l'avait bonnement emprunté à l'autre, alors même que matériellement un tel emprunt semblerait possible. C'est le cas de maintes légendes, trop pareilles pour qu'on les sépare, trop peu pour qu'on songe à quelque transmission artificielle, invraisemblable, d'ailleurs, de l'Inde, à la Grèce : le héros qui dote les hellènes des bienfaits du feu s'appelle Προμηθεύς ; avec un préfixe en plus, c'est lettre pour lettre le nom du roi Mâthava, qui transporte dans sa bouche Agni Vaiçvânara dans la poussée des Aryas vers les plaines de l'Orient [10]. Et ce feu, choyé et révéré, l'on vient de voir que son entretien journalier revêt déjà l'aspect d'un humble cuite, qui ira se développant ultérieurement en puissantes institutions sacerdotales si, comme on ne peut guère se défendre de le croire, il y avait dès lors, au, dessus des feux privés, un « feu du clan » entretenu au profit de la communauté, sera-t-il outré de parler d'une religion du feu, de ses rites, ou même de ses prêtres ?

Ceux-ci, thaumaturges, médecins et devins, magiciens en un mot, ne nous laissent pas non plus ignorer leur existence préhistorique [11]. Le mot latin *flāmen* paraît le même que le sanscrit *brahmân*, et aucun des deux ne se rattache par un lien perceptible à une racine respectivement latine ou sanscrite : il est donc à peu près impossible qu'ils soient nés à part dans chacune des deux langues, et l'on doit admettre qu'ils y constituent un legs du passé commun, en d'autres termes, que certaines tribus indo-européennes au moins appelaient leur sorcier **bhlaghmēn* — révérence parler — ou quelque chose d'approchant. Tel autre accord est plus original encore. On connaît la qualification étrange du grand prêtre romain (*pontu-fex*), qui fait que, si l'histoire ne définissait ses attributs,

Préface

on le prendrait sans hésiter pour un ingénieur en chef des ponts-et-chaussées. Or, les Védas ont une épithète *pathi-krt* « qui fait le chemin », spécifiquement appliquée aux grands sages mythiques, aux prêtres d'antan qui inventèrent le sacrifice et révélèrent aux hommes la divinité. Le premier terme du composé est le même dans les deux langues ; le second diffère, parce que les Latins expriment par une racine *fac* ce que les Hindous rendent par une racine *kar* « faire » ; mais l'idée est commune aux deux domaines preuve que c'est bien ici l'idée qui importe et préexiste. Quelle qu'en soit l'origine, — soit qu'il s'agisse de frayer aux phénomènes lumineux les voies du ciel, ou aux mortels l'accès au séjour des dieux, ou de conceptions plus terre-à-terre, — on accordera que l'idée est trop singulière et son expression trop prégnante, pour avoir été imaginées deux fois en deux endroits différents. Il reste que le concept de « frayer des routes » ait été déjà associé par les Indo-Européens à un concept religieux et sacerdotal : en faut-il davantage pour se persuader qu'ils ont connu, autant que le comportait leur état mental et social, une religion, un culte et un sacerdoce ?

Le scepticisme, cependant, en ces délicates matières, est à la fois un droit et un devoir scientifique ; et à vrai dire, on s'étonnerait moins de voir certaines écoles contester la valeur des témoignages que leur oppose la philologie indo-européenne, si en récompense elles ne se montraient si superbement affirmatives sur nombre de points où le document indo-européen les laisse en défaut ou les contredit. Elles se scandalisent à l'idée d'apparier Indra et Hercule, et un dieu solaire indo-européen a le don inexplicable de les égayer ; mais, dès qu'il s'agit de croyances censées communes à l'humanité tout entière, il n'est pas de monstruosité qui ne leur semble acceptable. Parmi ces engouements de la dernière heure, le totémisme universel n'est pas un des moindres, ni des moins respectables de par l'autorité de ses partisans. A ceux qui s'étonneraient de ne pas voir, dans un livre sur la magie hindoue, imprimé une seule fois ce mot fatidique, je répondrais en toute candeur que c'est que dans toute la magie hindoue je n'ai pas trouvé trace de l'institution et ne me suis pas cru le droit de la lui imposer de mon chef. D'aucuns, toutefois, n'estimeront pas le motif suffisant, car leur induction hardie plane au-dessus de tels scrupules : parce que, dans quelques tribus sauvages, de l'Amérique du Nord en particulier, ont été constatés la croyance à une descendance d'un certain animal et l'usage de s'abstenir de sa chair, — sauf, on va le voir, en certaines occurrences exceptionnelles, où au contraire il en faut manger, — par cette raison, dis-je, et nulle autre, nous voici tenus de croire qu'au temps jadis tous les sauvages ont eu cette fantaisie bizarre, et que tous les civilisés actuels ont passé, quand ils étaient sauvages, par la phase du totem. A cela je ne vois rien à répondre, sinon que l'Avesta ni les Védas, ne connaissent rien qui ressemble au totem, et que, jusqu'à présent, on n'a découvert sur la religion des Indo-Éraniens d'autre document que les Védas et l'Avesta.

Bon gré mal gré, l'on en convient, il le faut bien, c'est l'évidence ; mais on se raccroche à une autre branche. — Tel groupe de l'indo-germanisme, allègue-t-on, offre d'indéniables survivances de totémisme [12]. Or, si cette aberration est constante pour une seule peuplade de la grande famille, elle l'est pour toutes ; car il est invraisemblable qu'après la séparation ethnique un peuple en particulier l'ait isolément développée chez lui ou empruntée du dehors [13]. — Et pourquoi donc ? *Nego minorem*, dirait un scolastique. Il s'en faut de beaucoup que tous les individus qui parlent ou parlèrent des langues indo-européennes soient on fussent de souche indo-européenne : des conquérants ou des immigrants de cette race se sont assimilé, un peu partout, quantité de peuplades autochtones et inférieures ; et, si les Grecs ou les Italiotes, par exemple, se sont trouvés en présence d'une imposante majorité de sauvages totémisants, ils ont fort bien pu leur enseigner l'hellénique et l'italique, mais ceux-ci garder leurs totems. Il est curieux que ceux qui veulent retrouver le totem partout se refusent à croire que leurs pères aient pu le rencontrer quelque part.

C'est que, s'ils y consentaient, il leur faudrait du même coup renoncer à un autre mirage, à l'explication universelle de la notion du « Sacrifice », telle que l'a formulée, l'appuyant d'ailleurs exclusivement sur documents sémitiques, le très savant et ingénieux Robertson Smith [14]. A époques fixes, une fois par an nommément les membres d'un clan totémique se réunissent, et, suivant un rituel ou pompeux ou cannibalesque, prennent ensemble un repas dont l'animal de totem fait tous les frais : cette communion entre eux et avec l'ancêtre est censée renouveler le lien qui les unit à lui, et tous les sacrifices de toutes les religions du monde procèdent de cette unique cérémonie. Plus tard, lorsqu'elle ne fut plus comprise, on s'imagina que le sacrifice était un simple don d'aliments fait à un dieu pour capter sa bienveillance : conception grossière qui doit s'évanouir devant les flots de lumière projetés par l'ethnographie sur les premiers âges de l'humanité.

Ainsi, presque toute l'humanité se trompe, depuis plusieurs milliers d'années, sur ce qu'elle entend faire en offrant aux dieux un sacrifice ? A

Préface

première vue, pourtant, et admettant pour le sémitisme ce que garantit avec tant de force un sémitisant, on se dit qu'il n'est point indispensable que les Indo-Européens aient eu de leur sacrifice la même idée que du leur les Sémites. Quant à croire que cette idée date de l'âge de la pierre taillée ou du temps où l'anthropopithèque adopta la station droite, si l'on nous le prouve, tout est au mieux mais, si c'est article de foi, n'en parlons plus. Dès lors, la seule méthode raisonnable, pour savoir ce que pensent les Indo-Européens, c'est de le leur demander, à eux ; et non seulement ils répondent à l'unanimité qu'ils ne connaissent que le sacrifice-don ; mais l'idée même d'une communion par le sang avec un dieu paraît absolument étrangère à toutes leurs liturgies, et l'est en tout cas à la liturgie, soit religieuse, soit magique [15], de l'Inde ancienne ; dans les Védas, le sang est un immonde rebut, qui, avec la bale du blé, les gousses vides des légumineuses et les excréments (sic !) contenus dans les entrailles de la victime, est abandonné aux démons. Après cela, libre à l'anthropologie de soutenir que le Véda est dans son tort, que sa conception est déviée d'une croyance selon laquelle le sang était le fluide noble et précieux par où se communiquait à l'homme la vie et l'essence de la divinité ; mais... nous ne l'en croirions pas sur parole.

Tout ce qu'on pourrait lui concéder, et encore par pure complaisance, c'est que les Indo-Européens descendaient de sauvages jadis totémistes. A l'époque où nous les surprenons, ils ont depuis si longtemps passé cette phase qu'ils ne s'en souviennent plus du tout, et cela seul importe à qui les étudie pour les connaître, eux et non l'homme en soi. Que celui-ci ait été un darwiniste avant la lettre, c'était peut-être intuition de génie [16] ; mais on ne voit pas trop ce qu'il en ressort d'utile à l'intelligence des domaines religieux d'où ce transformisme primesautier a été complètement banni. La biologie ne s'est pas mal trouvée d'avoir liquidé les *a priori* qui l'encombraient ; le temps vient, où il plaira enfin à la sociologie de se modeler sur elle.

C'est pourquoi l'on ne trouvera dans ce livre aucun aperçu de haut vol sur les magies sauvages : rien que des documents authentiquement hindous pour attester la magie hindoue, et des considérations de psychologie on de logique élémentaire pour l'éclaircir. De ces dernières, ce me serait un précieux éloge, que le lecteur estimât qu'il les eût pu trouver sans moi. Quant aux premiers, s'il attache quelque importance à les prononcer comme il faut, je lui dois encore, en tant qu'il ne serait pas sanscritiste, quelques explications.

Les voyelles, brèves ou longues, sonnent comme en français sauf l'*u*, qui vaut celui de l'allemand, soit donc notre *ou*. L'*r* est une vibration de la langue qui ne s'accompagne d'aucune voyelle et forme syllabe à elle seule ; on peut, si l'on veut, le faire précéder d'un *e* muet très bref. Les diphtongues *ai* et *au* font entendre séparément leurs deux composants. Les muettes suivies d'un *h* (*ph*, *bh*, etc.) se prononcent avec une légère aspiration, d'ailleurs négligeable. Négligeable aussi, sauf en ce qui concerne l'*r*, est la nuance qui différencie les lettres pointées en dessus ou en dessous (*n, t, d*, etc.) ; il suffit de savoir que l'*m* est la seule nasale qui communique un timbre nasal à la voyelle précédente. Mais il est important d'observer que le *j* équivaut à peu près à *dj*, et que le *c* est la consonne dure correspondante, c'est-à-dire qu'il s'articule, en toute position, comme le *c* italien devant *e* ou *i*. L'*s*, même entre deux voyelles, se prononce toujours dure, jamais comme un *z*. Le *sh* a la valeur anglaise, soit donc celle du *ch* français, et le *ç* n'en diffère que très peu.

Les titres cités le sont tous *in extenso*, à la seule exception de ceux des trois ouvrages qui forment la trame permanente du livre et qu'on reconnaîtra sans peine sous leurs sigles respectifs :

- R. V. = Rig-Véda [17] ;
- A. V. = Atharva-Véda ;
- K. S. = Kauçika-Sûtra.

V. H.

---

1. C'est vers la fin du XVIIIe siècle, on le sait, que quelques savants missionnaires jésuites révélèrent à l'Europe la langue sacrée de l'Inde et ses curieuses affinités avec le grec. La remarque en avait déjà été faite 150 ans plus tôt par un voyageur hollandais ; mais nul n'avait pris souci de la vérifier.
2. Ce n'est qu'au moyen âge que l'observation du phénomène des moussons par les navigateurs arabes permit d'abréger de plus de moitié le trajet de Bâb-el-Mandeb au Malabar, en même temps que d'éviter le voisinage du littoral, beaucoup plus perfide que la haute mer.
3. Mais plutôt il est infiniment probable que Platon eût dédaigné le juron de ces barbares lointains, ou n'eût fait que l'opposer au verbe des Hellènes, comme un spécimen du langage de ceux qui ne sauraient parler (φάναι) et ne sont capables que d'émettre des sons (φθέγγεσθαι).
4. Ceci résulte, nommément, du rituel védique de la confection du pot du pravargya, cérémonie semi-magique englobée dans le culte officiel : cette marmite d'argile doit être façonnée à la main. Or, les Hindous védiques connaissaient parfaitement l'usage du tour à potier ; mais on sait à quel point la liturgie, en tous pays, est conservatrice des vieux us. Cf. aussi la note suivante.
5. Le fer est en abomination à plusieurs liturgies indo-européennes : à une époque où il a passé dans l'usage quotidien, on égorge encore les victimes avec un couteau de bronze, et le flamine romain s'interdit même de se raser autrement. Plus archaïque encore, la

Préface 19

   circoncision sémitique se fait avec une lame de pierre, — Sur ces questions d'archéologie préhistorique, on trouvera le informations les plus sûres dans : O. Schrader, *Reallexikon der Indogermanischen Altertumskunde*, p. 173 sqq., 488 sqq. et passim.
6. A. Meillet, *Introduction à l'étude comparative des Langues Indo-européennes*, p. 357 ; O. Schrader, *op. cit.* p. 132.
7. Je n'ose pas encore écrire, pour ce temps reculé : « du Ciel qui voit tout » ; car il se peut que cette idée ne soit née que plus tard ; mais elle est assez simple pour s'être de bonne heure présentée tout naturellement à l'esprit.
8. Si elles l'étaient, elles seraient plus suspectes, car un accord aussi servile aurait grandes chances de ne procéder que d'emprunt. Voir ce qui suit.
9. Toutefois aussi chez quelques Salves païens, à une époque aussi tardive que celle de Jérôme de Prague : Schrader. p. 674.
10. Çatapatha-Brâhmana, I, 4, 1, 10.
11. Il est bien vrai que, pour l'époque indo-européenne, tout donne à penser que le père de famille était à lui-même son propre prêtre domestique, et que, par voie de conséquence, le chef du clan, le roi remplissait les fonction du sacerdoce au nom des intérêts publics, fonctions qu'il a gardées et même remarquablement amplifiées dans certains milieux sociaux : A. Moret, *Caractère religieux de la Royauté Pharaonique*, p. 1 sq. Mais, dès cette époque également, il y avait sans aucun doute des gens, des familles, qui passaient pour posséder par tradition des formules, des charmes et des prières d'une efficacité considérable, toute-puissante, et leur intervention, pour n'être jamais obligatoire, n'en était pas moins requise et largement rétribuée dans les grandes occasions. Cf. Schrader *op. cit.*, p. 640. On ne peut donc dire qu'il n'y eût point de prêtres, à moins de faire sacerdoce synonyme de monopole : ce qui serait un inadmissible anachronisme.
12. C'est ce qu'il faudrait commencer par démontrer : car enfin, ni la métempsycose hindoue (croyance tardive), ni l'Athéné-chouette ou le prétendu Apollon-loup de la Grèce, ni les animaux du blason, ni les loups-garous du folklore, n'en sont des preuves. Tous ces faits montrent, ce qui irait sans dire, que partout les animaux ont joué un grand rôle dans l'imagination humaine, mais non point du tout qu'ils y aient joué précisément le rôle que leur assignent certains indigènes américains.
13. J. G. Fraser, *Totemism*, p. 94.
14. Son ouvrage est intitulé *Lectures on the Religion of the Semites*. Voir notamment la description, donnée par S. Nil, de l'abominable tuerie où les Sarrasins dépècent un chameau tout vivant pour se gorger de son sang.
15. On ne m'opposera pas, je pense, le rite sanglant décrit plus bas. Là, ce n'est pas d'un seul animal qu'il s'agit de manger, mais de sept, dont deux êtres humains ; ce n'est pas un repas servi à plusieurs, mais une dose absorbée par un seul : bref tout l'opposé d'un banquet totémistique. Il y a bien, un peu plus bas, un repas d'alliance mais croira-t-on que, chaque fois que des gens dînent ensemble, il y ait du totem dans leur affaire ?
16. Encore que le procédé conjecturé par Darwin soit fortement battu en brèche et en voie de disparaître de la science : car la transformation des espèces, telle qu'il l'a enseignée après Buffon et Lamarck, subsiste, non seulement comme postulat rationnel, mais à titre de fait d'expérience de mieux en mieux confirmé. Seulement la transformation s'opère dans des conditions telles qu'elle ressemble, à s'y méprendre, à une création nouvelle : cf. A Dastre, in *Revue des Deux-Mondes*, 1er juillet 1903, p. 207. Et ainsi se concilient encore, sur ce terrain à peine affermi, la vieille métaphysique et la jeune observation : cf. notre Conclusion.
17. Le titre exact serait rgvêda (sanscrit rk « stance »), avec la voyelle r définie ci-dessus ; mais je me suis conformé aux habitudes de l'orthographe française.

Note bibliographique

Il y aurait une prétention insoutenable à vouloir, en tête de cette étude restreinte, orienter le lecteur dans l'ensemble du canon védique ou même de la littérature magique de l'Inde ; mais il a paru utile de lui permettre de se reporter commodément aux deux autorités capitales dont il retrouvera les sigles au bas de chaque page ou peu s'en faut.

I. Atharva-Véda

A. Éditions

- 1. Atharva Veda Sanhita, herausgegeben von R. Roth and W. D. Whitney. I. Berlin, Dümmler, 1856.
- 2. Atharvavedasanhitâ, with the commentary of Sâyanâchârya. Edited by Shankar Pândurang Pandit. Bombay, 1895-1898. 4 volumes.

B. Traductions

a) *Totales*

- 1. The hymns of the Atharvaveda, translated with a popular commentary, by R. Griffith. Benares, 1895.
- 2. La monumentale traduction de W. D. Whitney, confiée, depuis la mort du grand indianiste américain, aux soins de M. C. R. Lauman, formera le tome II de l'ouvrage rubriqué plus haut sous I. A 1, et aura paru quand ces lignes seront imprimées.

b) *Partielles*

- 1. A. Weber, *das erste Buch des A. V.*, 12e article du t. IV des *Indische Studien*, publiées par cet auteur, 1858.
- 2. A. Weber *zweites Buch der Atharva-Samhitâ*, 2e article du t. XIII des *Indische Studien*, 1873.
- 3. A. Weber, *drittes Buch der A. S.*, 7e article du t. XVII des *Ind. Stud.*, 1885.
- 4-5. A. Weber *viertes Buch der A. S.* et *fünftes Buch der A. S.* respectivement p. 1-153 et 154-288 du t. XVIII des *Ind, Stud.*, 1897 [1].

- 6. C. Florenz, *das sechste Buck der A. S.*, publié dans le recueil linguistique dit *Bezzenberger's Beitrage*, t. XII (1887), p. 249-314 [2].
- 7. V. Henry, *le livre VII de l'A. V., traduit et commenté*. Paris, Maisonneuve, 1892.
- 8-9. V. Henry, *les Livres VIII et IX de l'A. V...* Paris, Maisonneuve, 1894.
- 10-12. V. Henry, *les livres X, XI et VII de l'A. V...* Paris, Maisonneuve, 1896.
- 13. V. Henry, *les Hymnes Rohitas, Livre XIII de l'A. V...* Paris, Maisonneuve, 1891.

c) *Par extraits*

- 1. J. Grill, *Hundert lieder des A. V.* Stuttgart, 1888 (2e édition).
- 2. M. Bloomlield, *Hymns of the A. V. together with extracts from the ritual books and commentaries*. Oxford, 1897 (t. XLII de la grande collection des Sacred Books of the East [3].
- 3. Dans le t. III de a traduction commentée du R. V., M. Ludwig a donné, sans commentaire, la traduction d'un assez grand nombre d'hymnes de l'A. V.

II. Kauçika-Sûtra

A. Édition

- The Kauçika-Sûtra of the Atharva-Veda, with extracts from the commentaries of Dârila and Keçava, edited by M. Bloomfield (forme le t. XIV du *Journal of the American Oriental Society*, New Haven, 1890).

B. Traductions partielles

- 1. W. Caland, *Altindisches Zauberritual, Probe einer Uebersetzung der wichtigsten Theile des Kauçikai Sûtra* [4] a paru dans les *Verhandetingen der koninklijke Akademie van Witenschappen te Amsterdam*, 1900).
- 2. Dans l'ouvrage rubriqué plus haut I B c 1, M. Bloomfield donne, avec le commentaire de l'hymne de l'A. V., la traduction des versets afférents du K. S.

---

1. Toutes ces traductions, ainsi que les suivantes, sont commentées. Weber a encore traduit d'autres parties de l'A. V., mais de celles qui n'ont point trait à la magie.
2. Ne va que jusqu'à l'hymne 50 du livre VI, soit environ moitié. Le reste n'a jamais paru.
3. On jugera de l'importance de ce recueil par ce seul détail : l'A. V. contient 733 morceaux, longs ou courts, mais 516 seulement si l'on défalque les livres XIX-XX, qui

sont presque en entier négligeables ; or M. Bloomfield en a traduit et commenté 220, tous intéressants, et magiques en énorme majorité.
4. Comprend les chapitres 7 à 43 et 46 à 52, c'est-à-dire tout ce qu'il y a de topique et d'essentiel en fait de magie atharvanique. L'ouvrage entier en compte 141.

Introduction

La magie est de tous les temps et de tous les pays ; et, par tous pays et dans tous les temps qu'il nous est donné d'atteindre, les pratiques magiques se ressemblent à un degré si étonnant, qu'on ne peut se défendre de les croire empruntées de peuple à peuple, par transmission directe, ou lente et invisible infiltration. La conjecture, plausible parfois quand s'y prêtent les affinités de races ou le voisinage géographique, n'est pourtant nulle part nécessaire ; car les procédés de la magie, pour étranges et complexes qu'ils nous apparaissent en bien des cas, n'ont en soi rien que de normal, rien que la simple logique humaine n'ait pu produire et développer identique sous toutes les latitudes. Un nombre incalculable de fois, dans les lieux les plus divers, une friction douce a calmé une souffrance aiguë ou même remis en place les tissus froissés ; et il était naturel que le fredon indistinct dont s'accompagnait machinalement cette opération monotone contînt quelque vague allusion à la guérison souhaité, tout comme le refrain du meunier commande à sa meule de bien moudre (ἄλη μύλα ἄλη). Souvent une femelle délaissée a, dans l'inconscience de sa détresse, tendu ses bras vers la direction où s'était éloigné d'elle son mâle en quête d'aventure, fait des gestes et proféré des mots d'appel ; et, une fois sur deux au moins, il est revenu à elle, car les voyages d'un homme seul ne pouvaient sortir d'un rayon très étroit ; s'il n'est pas revenu, c'est que les charmes de sa rivale ont été plus puissants [1]. Quand deux troupes ennemies se sont trouvées en présence, elles ont débuté par s'assaillir d'imprécations farouches, et de part ou d'autre l'effet a suivi, immanquable : les vainqueurs — encore aujourd'hui ne se targuent-ils pas de la complicité du Dieu des armées, — ont redoublé de confiance en leur magie ; les vaincus, s'ils n'ont été exterminés, l'ont adoptée, puisqu'elle s'était révélée supérieure ; ou, s'ils ont sauvegardé leur indépendance par la fuite, ont vérifié à leur tour le pouvoir de la leur sur des adversaires plus faibles qu'ils ont écrasés. De toute manière le principe de la magie est resté sauf, parmi les ruines dont se jonchait le sol mouvant où il était fermement implanté.

Mais ce principe lui-même, comment avait-il pris naissance, identique dans tous les milieux ? Il ne semble pas que cette question d'origine non plus puisse soulever la moindre difficulté. Qu'on se représente l'homme à l'état de nature, — je ne connais pas de meilleure expression que celle de Rousseau pour désigner un être aussi différent que possible de celui que Rousseau a rêvé, — entouré de mille dangers, réels ou imaginaires, connus ou mystérieux : réels, les ouragans et les trombes, les débordements de rivières, les chutes de rochers, la dent des bêtes féroces ; imaginaires avec un fond de réalité, les feux follets qui naissent, des marécages, les éclipses de soleil et de lune, les mille bruits de la solitude, les jeux bizarres de la perspective ou des ombres portées ; purement imaginaires, toutes les terreurs qu'engendre l'auto-suggestion d'un guet perpétuel, telles que seule peut encore les connaître parmi nous une sentinelle perdue en une nuit de grand'garde ; mystérieux, l'assaut soudain d'une de ces maladies qui tordent les membres, convulsent les traits, éteignent le regard et en quelques heures font d'un homme sain et robuste un cadavre inerte et hideux... Connaissant les agents extérieurs d'où émanaient pour lui quelques-uns de ces périls, comment l'homme n'aurait-il pas rapporté à d'autres agents, également doués de vie, mais invisibles[2] ceux-là, et d'autant plus redoutables, tous les fléaux dont il se sentait menacé ? et, connaissant par expérience la façon de se garer de ses ennemis visibles, comment ne l'aurait-il pas imaginée efficace aussi contre la tourbe hostile qui échappait à ses regards ? Le feu, par exemple à partir du jour où on sut le produire, devint partout le grand agent de défense contre les bêtes féroces : comment le feu avait-il le pouvoir d'écarter les sanguinaires rôdeurs de nuit ? on ne le savait pas ; mais enfin il l'avait, c'était un fait avéré, et dès lors il devenait l'allié naturel de l'homme contre toute puissance meurtrière. De là, le rôle universel du feu dans la magie antique et moderne : au moment de conférer à l'enfant le sacrement de la taille des cheveux, le prêtre de l'Inde allume dans la

Introduction

direction du sud, région des Mânes et des démons, un feu qui les tiendra en respect [3] ; et, chez nous civilisés, sinon dans nos croyances, au moins pour l'historien des rites, la herse enflammée qui entoure le catafalque est le rempart qui protège le mort, désormais sans défense, contre les êtres de ténèbres qui s'apprêtent à le saisir, à moins qu'elle ne soit la barrière infranchissable opposée par les assistants à la mort victorieuse, inassouvie de la proie qu'elle a étreinte[4].

Partant de ces données, on n'a aucune peine à imaginer un état social rudimentaire, où tout le monde était magicien, comme tout le monde était chasseur, pêcheur, tailleur de pierre et charpentier. Chacun subvenait à ses propres besoins, et la magie était un besoin et une fonction comme tous les autres, ni plus ni moins. Ce n'est pas pourtant sous cet aspect que s'offre à nous la magie, même dans les tribus sauvages les moins avancées en fait de division du travail : elle y est, comme dans nos campagnes, le monopole de quelques rares privilégiés, pour la plupart héréditaires, qu'environne un puissant prestige. Rien encore d'étonnant à cela, s'il est vrai que dans le travail social ce sont nécessairement les fonctions les plus délicates qui se différencient les premières. Quiconque est adroit et vigoureux — et le sauvage l'est sous peine de mort — peut et doit manier la hache, l'aviron et le filet. Mais il est clair que tous ceux qui s'essayèrent au métier de sorcier guérisseur, de chercheur de sources, de faiseur de pluie, n'étaient pas prédestinés aux mêmes succès : les uns surent mieux que les autres observer les symptômes d'une maladie et en prédire, parfois modifier l'issue, reconnaître les signes d'une humidité souterraine, ou différer leurs conjurations jusqu'au jour où ils prévoyaient la pluie imminente ; ils se léguèrent leurs secrets de père en fils, et ce trésor accru par les générations constitua peu à peu un corps de doctrine occulte, expérimentale en quelques points, chimérique dans l'ensemble, mais en tout cas traditionnellement maintenue par la foi des initiés, qui n'est pas le moindre élément de leur puissance. Car, au nombre des facteurs qu'ils savent quelquefois faire entrer en jeu, il faut compter ces forces inconnues de la suggestion, de l'hypnotisme, des dédoublements de la personnalité, domaines où la science commence aujourd'hui seulement à porter son flambeau, mais qu'en tout temps un empirisme plus ou moins savant a exploités en s'étonnant peut-être de ses propres miracles.

Une fois entrée dans cette voie, devenue le patrimoine d'une sorte de caste, la magie ne pouvait manquer de progresser partout dans le même sens, de perfectionner ou plutôt de compliquer sa technique à la faveur du développement des idées directrices qui avaient présidé à sa naissance. Çà et là, sans doute, une découverte accidentelle, une observation plus exacte et d'un caractère semi-scientifique a pu lui faire réaliser un progrès partiel, resté propre à telle race et que telle autre n'a point connu ; mais le gros des notions dont elle s'inspire, elle ne saurait le tirer que de la science courante et vulgaire de son temps, de ce qu'en un seul mot on nomme « le folklore », du mythe enfin ou de la religion primitive. Or le mythe, dans ses grandes lignes, est universel, par cela seul qu'il repose sur les apparences extérieures que présentent les phénomènes de la nature, et que ces apparences ne diffèrent qu'à peine, en quelque lieu qu'on les observe : partout, le soleil se lève à l'orient, marche à travers le ciel, illumine, échauffe et féconde, se couche en incendiant les nuées, et, si le commun des hommes compte sur ses retours pour assurer la provende de plantes nourricières, le magicien peut lui demander de faire grandir l'enfant qu'il bénit, repousser un membre mutilé, ou lever avec lui à l'aube prochaine un malade brûlé de la fièvre vespérale ; partout, la foudre gronde et tue, si pareille à une arme humaine que partout aussi l'idée a dû venir de l'adjurer contre un ennemi, elle-même ou le dieu qui la lance. Et dans cette dernière alternative, qui fait toute la transition du mythe simple à la religion proprement dite, s'esquisse déjà le lien intime qui unit constamment la religion naturaliste à la sorcellerie artificielle. De fait, elles ont marché du même pas, se soutenant l'une l'autre, unissant dans un même personnage sacré la triple fonction de médecin, de conjurateur et de prêtre, jusqu'au jour où, une religion plus éclairée proscrivant ces pratiques grossières, la magie chassée du sanctuaire imagina de se poser en adversaire, de prendre le contre-pied des rites qui la bannissaient, de dire la messe à rebours et de se réclamer du pouvoir des démons. Cette magie noire, elle aussi, s'est développée en maint endroit, mais ce n'est point celle des temps lointains où nous reporte notre étude [5], temps où les occultes puissances des ténèbres sont l'exécration de l'humanité, et rarement ses auxiliaires.

La technique plus complexe encore des talismans offensifs ou défensifs, des amulettes et des envoûtements ne laisse pas de répondre au même courant d'instinctive logique. Si l'expérience journalière constate que le contact transmet d'un objet à un autre certaines propriétés, — quand, par exemple, une brindille s'enflamme au voisinage d'une braise ardente, ou qu'une substance odorante laisse une trace aussi persistante qu'invisible aux doigts qui l'ont maniée, pourquoi le contact d'un bois incorruptible ou réfractaire à la hache n'assurerait-il pas à l'homme santé perpétuelle, ne rendrait-il pas le guerrier invulnérable ? et comment mieux réaliser ce contact qu'en lui faisant porter toujours une parcelle de ce bois ? Plus tard, de même que la pharmacopée de naguère fondait cent remèdes en un seul afin de guérir la maladie au hasard et à coup sûr, on inventera des assemblages de plusieurs bois aux propriétés diverses ; on en renforcera l'effet en les faisant macérer dans des liquides de bon augure, bénis au cours d'un sacrifice, et en proférant sur eux des paroles d'incantation rituelle : enfin l'amulette ira se compliquant de plus en plus, mais le principe initial demeurera intact, et lui seul présidera à tous ces perfectionnements. Le contact à distance n'est souvent pas moins efficace que le voisinage immédiat, puisque le soleil échauffe de loin pourquoi donc un objet qui aurait été longtemps exposé au soleil et se serait ainsi imprégné de la chaleur, de la force, de la vertu solaire [6], ne communiquerait-il point cette vertu à l'homme qui le tiendrait à la main ou le suspendrait à son col ? Mais, à défaut du soleil, le feu, dans la vie de tous les jours, en tient lieu ; il en a toutes les propriétés, toutes les applications ; c'est un petit soleil, ou une parcelle détachée du grand : et voici surgir l'idée, si féconde en magie, de la substitution de la partie au tout ou de l'image à l'objet. Pour certains rites de l'Inde, qui exigent le plein jour, il est prescrit toutefois, si par inadvertance on a laissé le soleil se coucher sans les accomplir, de tenir au-dessus des vases sacrés un flambeau allumé ou une pièce d'or : « ainsi est réalisée l'image de celui qui brûle là-haut » [7]. Substitution de la partie au tout, la magie qui s'exerce sur des rognures de cheveux ou d'ongles, sur l'empreinte du pas de sa victime : si peu qu'il y ait d'elle dans ces débris ou ses traces, il y a d'elle quelque chose ; et croyez que le sorcier qui le premier a eu l'idée d'atteindre par ce détour un ennemi par ailleurs inaccessible a été pour son temps l'égal d'un Archimède ou tout au moins d'un Roger Bacon. Substitution de l'image à l'objet lui-même, l'envoûtement sous toutes ses formes, depuis l'horrible poupée de chiffons qu'on brûle ou qu'on enterre, jusqu'à la délicate figurine de cire, aussi ressemblante que possible, dont on perce le sein gauche avec une aiguille rougie, ou qu'on fait fondre à petit feu. L'art du magicien, comme tous les arts, est susceptible de raffinements à l'infini ; mais il ne change point.

Son formulaire n'est guère moins immuable, en dépit des ornements nouveaux que lui apportent du dehors les progrès du sens esthétique, les exigences croissantes de l'oreille et de l'esprit. De par la nature même des choses, on l'a vu, la plupart des opérations du magicien sont lentes et monotones, par conséquent rythmées : caractère primitif que la solennité qui s'y attache tend à exagérer encore de siècle en siècle ; et dès lors, les paroles, ou, si l'on veut, les syllabes qui les accompagnent suivent le rythme de l'action, ce qui revient à dire que le sorcier parle naturellement en vers. A mesure du développement de la métrique s'introduisent dans le refrain magique les adjuvants ordinaires qu'elle traîne partout plus ou moins à sa suite : allitération, comme dans les runes de la Germanie ; assonance, comme dans les *abracadabra* ou dans les formules devenues inintelligibles que nous a conservées le vieux Caton ; alternance des longues et des brèves, comme dans le chef-d'œuvre de poésie exorcistique de l'Inde ancienne que nous aurons souvent l'occasion de citer. Mais, sous le décor de la rhétorique ou sous les chevilles de la versification, sous les obscurités de la phrase, volontaires ou non, — soit que des conjurateurs ignorants aient parfois laissé dégénérer leur formulaire en jargon, ou qu'ils se servent des mots d'une langue aujourd'hui morte et ne se survivant plus que dans ces lambeaux traditionnels, soit enfin que des sorciers habiles aient imaginé de jargonner leurs paroles, afin qu'un profane ne pût les saisir et les répéter contre eux ou sans eux, — sous toutes ces fioritures, dis-je, ce qui se retrouve identique, c'est le vieux commandement magique en tous ses aspects : « Guéris et vis... Porte ceci et sois vainqueur... Ciel, tonne et pleus... Meurs, serpent, démon, sorcier malin... » etc. Parfois l'opérateur célébrera pompeusement la vertu de son charme ou de son remède : c'est encore une façon de le décider à faire son œuvre, ou d'épouvanter l'adversaire occulte ou visible contre lequel il le dirige. Parfois il annoncera comme obtenu le résultat qu'il poursuit : « j'ai banni... j'ai amené... j'ai guéri... », fiction de style aisément concevable, ou plutôt, dans un grand nombre de cas, procédé de suggestion très efficace sur un sujet crédule ou nerveux. Mais, en dépit de la variété des tours que lui inspirera une imagination plus ou moins féconde, une éducation littéraire plus ou moins achevée, c'est à la trame originaire de son incantation qu'il demandera la matière de ses broderies.

Seulement, dans les civilisations assez avancées pour avoir, sinon codifié leur religion, au moins organisé une sorte de panthéon et de culte, la magie, comme on sait, admettra de bonne heure un élément de plus : l'invocation aux dieux, la prière, éventuellement un sacrifice destiné à la corroborer. L'homme peut bien commander, dans l'illusion de sa force et l'inconscience de l'impossible, aux maladies et aux démons, aux fleuves et aux montagnes, à la terre et au ciel. Mais, dès l'instant qu'il a conçu le divin, un principe plus haut que lui et sur lequel il ne saurait avoir d'action contraignante, il ne peut plus que louer ou implorer ; et, si quelque conjurateur cède à la tentation bien légitime de procurer à son art l'appui et l'alliance d'aussi grands seigneurs, c'est en toute humilité lui si arrogant par ailleurs, qu'il lui convient de les aborder. De là ce cachet commun qui frappe, indépendamment les uns des autres, tous les exégètes de textes magiques tant soit peu relevés, M. Oldenberg pour l'Inde comme M. Fossey pour l'Assyrie [8] : les incantations où l'on fait intervenir un dieu ressemblent à s'y méprendre à des hymnes. Disons mieux : ce sont des hymnes, et il serait difficile que ce fût autre chose ; on y insérera au besoin de longs morceaux mystiques ou cosmogoniques, comme le récit de la création [9], non pas qu'ils aient le moindre rapport avec l'opération en cours, mais simplement parce qu'ils sont censés contenir toute vérité, toute manifestation de la puissance divine, et qu'il n'y a pas d'arme plus terrible, contre les êtres de mensonge, que la vérité, contre les esprits de destruction, que le pouvoir créateur. De là aussi le caractère presque nécessairement adventice et artificiel de la plupart de ces insertions, récits, louanges ou prières : les déités primitives et concrètes, comme le feu, le soleil, ont de temps immémorial présidé aux rites magiques, et elles ont présidé avec les fonctions tirées de leur nature, celles qu'on les voyait réellement accomplir, ou celles qu'on en induisait par analogie ; mais, une fois que l'homme se vit en possession de tout un vaste système d'êtres supérieurs, divinités secondaires nées du dédoublement à l'infini des premières entités naturalistes, il ne se souvint plus guère des attributions particulières de chacun de ces dieux ou groupes de dieux ; bien plutôt il les confondit en un idéal général de puissance surhumaine, et donc il les invoqua un peu au hasard, dans ses besoins, l'un ou l'autre, selon qu'un nom se présentait d'abord à son esprit ou faisait mieux dans son vers. Les théologiens, sans doute, surent toujours ce qui revenait en propre à chaque dieu, et ils ne s'y trompaient point dans la liturgie ; mais les magiciens tout brahmanes qu'ils furent dans l'Inde, n'étaient pas des théologiens. Assez rares, et d'autant plus précieux, — nous les relèverons soigneusement à l'occasion, — sont les rites ou les versets où transparaît encore, à travers le verbiage de convention, l'attribut mythique, le trait spécifique de folklore, qui nous montre dans le dieu invoqué, non un comparse tel quel, mais *the right god in the right place*, le protagoniste naturel et traditionnel du petit drame joué par le magicien et ses acolytes.

De toutes ces considérations il ressort à l'évidence qu'un doctrinal magique complet, authentique, attesté par des documents sûrs et clairs, en quelque endroit du globe qu'il ait été composé ou compilé, aura beaucoup de choses de refléter, dans son fond et dans les plus importants de ses détails, la magie universelle, et de nous en offrir une image fort suffisamment adéquate. La portée de l'étude d'un tel corps de doctrine passe donc de beaucoup les limites de l'intérêt spécial qui s'attache à la population où il a pris naissance, alors même qu'un lien immédiat d'affinité la rattache à celles de l'Europe actuelle ; car ce n'est point ici l'indogermanisme seul qui est en cause, mais, dans une certaine mesure, le patrimoine commun de l'humanité. D'autre part, plus les documents seront anciens, plus ils nous rapprocheront des premières épargnes intellectuelles qui constituèrent ce patrimoine, prémices des deux inépuisables trésors qui défraient aujourd'hui sa vie et, malgré leur antagonisme apparent, la défraieront à jamais : religion et science [10].

Aucune nation, aucune littérature ne répond mieux, que celle de l'Inde aux conditions d'une semblable étude. Indépendamment d'une foule de renseignements isolés, épars dans ses livres liturgiques, et de quelques écrits encore relativement peu accessibles, l'Inde nous a légué un rituel et un manuel magiques en parfait état, aisément intelligibles, le premier surtout, dans la plupart de leurs parties. Le rituel, c'est un des quatre Védas, c'est-à-dire qu'il participe à cette antiquité, jadis tenue pour fabuleuse et aujourd'hui encore estimée fort respectable, des livres sacrés de la Péninsule Gangétique : on ne peut guère le faire descendre au-dessous du VIIIe siècle avant notre ère, tandis que la littérature grecque, sauf Homère, à plus forte raison la littérature latine, est bien postérieure et ne contient d'ailleurs presque pas de textes spécialement magiques. Quant aux tablettes assyriennes, qui sont peut-être aussi anciennes, sinon davantage, elles sont jusqu'à présent peu nombreuses, fort mutilées, très obscures de sens même lorsqu'on en a maîtrisé le mot à mot [11], et ne s'accompagnent point, comme le Véda des brahmanes, d'un manuel pratique qui nous éclaire sur l'emploi et la destination des formules. Ce Véda, enfin, est presque tout entier en vers assez réguliers, ce qui garantit l'exacte conservation du texte et en facilite au besoin la correction conjecturale. A tous ces points de vue, il est permis de penser qu'une exposition quelque peu détaillée des rites et des charmes de la magie hindoue n'intéressera pas les seuls indianistes, et pourra offrir au philosophe, l'historien des religions et des civilisations, l'attrait d'un

Introduction 33

domaine entier de l'occultisme, qui s'ouvre tout grand à l'exploration des uns, à la méditation des autres.

---

1. L'explication par voies naturelles, évidemment la seule vraie pour l'immense majorité des cas, n'exclut pas, il va sans dire, l'éventualité de l'intervention de certaines forces occultes, — suggestion, télépathie, etc., — sur lesquelles la science est fort loin encore d'avoir dit son dernier mot.
2. « On entend son bruit, on ne voit point son corps », dit le poète védique, en parlant du Vent (R. V. x. 168. 4). Le trait est d'observation toute primitive. Sur l'idée de « l'invisible » suggérée par le vent et par la nuit, voir la Conclusion, § 1er.
3. Sur les origines du feu sacré en tant que feu magique voir : Oldenberg-Henry, *Religion du Véda*, p. 287 sq.
4. En conclusion d'une récente étude de liturgie (*le Rôle du Yajamâna dans le Sacrifice brâhmanique*, 1903, p. 34). M. Oltramare ne paraît pas éloigné d'admettre qu'il fut un temps, relativement peu antérieur à l'époque védique, où le laïque chef de famille était encore son propre prêtre domestique ; et certaines indications tendraient à faire supposer qu'il fut aussi, au moins en dehors des occurrences extraordinaires, son propre magicien.
5. Cela est vrai surtout, si, comme je l'ai enseigné en maint endroit, beaucoup de démons n'ont été à l'origine que des *doubles*, des auxiliaires, ou des instruments, postérieurement personnifiés, des dieux souverains : Namuci, double d'Indra, *Revue critique*, xxxii (1891), p. 499 ; Arbudi, Nyarbudi et Trishandhi, incarnations de la foudre du même dieu, Henry, *A. V.*, x-xii, p. 164 etc.
6. Sur les observances qui présupposent pareille imprégnation, voir : Oldenberg-Henry, p. 360 et 383.
7. Çatapatha-Brâhmana, iii, 9. 2. 8-9.
8. Oldenberg-Henry, p. 7 ; Fossey, *Magie assyrienne*, p. 129 sq.
9. C'est à tort que M. Fossey paraît s'en étonner : *Magie assyrienne*, p. 97, n. 1. Comparer ce qui sera dit plus bas (p. 19) du caractère abstrus et mystique de nombre d'hymnes de l'Atharva-Véda.
10. Cf. la conclusion du présent livre, et spécialement le § 3.
11. C'est l'impression qui s'impose à la lecture de la très consciencieuse et méritoire étude que nous en a donnée M. Fossey et à laquelle j'aurai bien souvent l'occasion de me référer.

Chapitre Premier : Notions générales sur la magie hindoue

Avant d'aborder dans chacune de ses spécialités la minutieuse technique des sorciers préhistoriques de l'Inde, il ne sera pas inutile de jeter un regard d'ensemble sur les principaux documents qui nous l'ont transmise, les catégories qu'elle embrasse et la clientèle qu'elle est appelée à desservir, ses opérateurs officiels et les principes généraux qui président à l'exécution de leurs manœuvres infiniment variées.

§ 1er. — L'Atharva-Véda

Les Védas proprement dits sont au nombre de quatre. Le premier, dit Rig-Véda ou « livre des vers », ne contient presque que des hymnes religieux, composés même aux fins d'un culte très spécial ; à peine çà et là, et dans les sections visiblement les plus récentes, y rencontre-t-on quelques morceaux de magie, qui pour la plupart d'ailleurs sont reproduits dans l'Atharva-Véda. Le Sâma-Véda « livre des chants » n'est qu'un court extrait du précédent, où figurent, avec leurs mélodies notées les stances qui composent le rituel des prêtres-chantres dans le solennel sacrifice de sôma. Le Yajur-Véda, « livre de formules sacrificatoires », comprend de volumineux recueils, mi-partie prose et vers, à l'usage des prêtres servants ou prêtres-opérateurs (*adhvaryavas*), chargés de la besogne matérielle du sacrifice : ces formules, murmurées par eux à voix basse tandis qu'ils vaquent au puisage des eaux, au pressurage de la plante sacrée, à la cuisson du lait, ont incontestablement, dans leur concision impérative et leur banale monotonie, un caractère beaucoup plus magique que cultuel [1] ; mais enfin, si l'adhvaryu est par ses origines une manière de sorcier, il est un sorcier devenu prêtre, et ses fonctions, désormais complètement incorporées au culte, n'ont plus guère rien de commun avec la magie indépendante et directement utilitaire qui seule fait l'objet du présent ouvrage. En fait, c'est dans le quatrième Véda que réside presque toute entière notre documentation.

L'Atharva-Véda — on trouvera plus loin l'explication de ce titre — se composé de vingt livres de très inégale longueur, dont les douze premiers ne renferment, à peu de chose près, que des hymnes magiques. Les huit autres en contiennent encore un bon nombre, outre un rituel nuptial et un rituel funéraire, où la vieille magie des races sauvages se décèle en maint endroit, à peine voilée sous des formes et des accents plus modernes. Le reste, ce sont, en majorité, des morceaux de prose ou de vers, à tendances cosmogoniques et théosophiques, qui impriment à ce Véda, en regard des trois autres, un cachet tout particulier d'abstruse mysticité, et qui lui ont valu son sous-titre de Brahma-Véda. L'hypothèse, toutefois, n'est point exclue d'une relation sous-jacente entre ces deux destinations d'un même recueil, à première vue si différentes par les raisons plus haut définies, plus d'un fragment mystique a pu figurer comme adjuvant ou même comme partie intégrante d'une opération magique. Pour tel d'entre eux nous en avons la preuve formelle. A la fin d'un hymne qui célèbre en style pompeux et obscur des prodiges de la « lanière des succulences », — nom mystérieux de la foudre qui fouette les nuées pour en faire jaillir la pluie nourricière, — on lit en simple prose [2] : « Lorsqu'il tonne dans un ciel serein, alors c'est Prajâpati en personne qui se manifeste à ses créatures. C'est pourquoi, le cordon sacré suspendu de l'épaule droite au flanc gauche, je me tiens en disant : O Prajâpati, prends garde à moi. Les créatures prennent garde, Prajâpati prend garde à l'homme instruit de ce mystère. » Il n'est donc point douteux que telle ou telle stance au moins de cette composition ne dût être récitée pour conjurer le présage funeste du tonnerre en ciel serein.

Tel qu'il s'offre à nous, le quatrième Véda paraît incontestablement, sinon le plus jeune de tous, au moins postérieur au Rig-Véda : la langue et la métrique y sont de date plus moderne, et l'on a déjà vu que les morceaux communs aux deux recueils ne figurent que dans les parties les plus récentes de la compilation rig-védique ; le mysticisme, enfin, de l'Atharva-Véda dénonce à lui seul une évolution religieuse parvenue à deux doigts de son terme. Mais ce n'est là, somme toute, style et idéologie, qu'un placage extérieur appliqué sur un fond d'une immémoriale antiquité : par son essence interne, par son esprit général, par un grand nombre même de ses formules, malgré les enjolivements littéraires qu'elles doivent à la versification, l'Atharva-Véda nous reporte bien plus haut qu'aucun des autres livres sacrés de l'Inde [3]. Il plonge en plein folklore et en plein passé préhistorique, jusqu'au temps où il n'y avait encore ni panthéon officiel ni le moindre soupçon de culte organisé, où le seul prêtre connu, comme aujourd'hui le chaman mongol, était le sorcier, à qui l'on recourait en toute circonstance critique, mais qui sans doute, à l'exception peut-être de quelques pratiques pieuses au changement de lune, ignorait encore les retours d'un service divin périodique et régulier. Aucun livre sacré au monde n'est encore plus voisin que lui de la science rudimentaire de l'homme sauvage, de son état mental, de ses jeux d'esprit naïfs et puérils : on y retrouve toutes ses terreurs, toutes ses croyances, et toutes ses amusettes noyées au surplus dans une phraséologie si raffinée, qu'un seul et même hymne a pu être expliqué par M. Deussen comme une illustration ésotérique du mysticisme le plus profond, et par moi comme un recueil de menues devinettes naturalistes de la plus enfantine simplicité [4]. Et nous avons probablement raison tous les deux : moi, pour le sens originaire de ces formulettes léguées d'âge en âge et vénérées de par leur antiquité ; lui, pour les arcanes solennels qu'y cherchèrent et ne manquèrent pas d'y trouver les brahmanes, non qu'ils fussent incapables de les entendre en leur acception littérale, mais parce qu'une aussi frivole interprétation leur eût semblé indigne de textes sanctifiés par leur fortuite admission dans un livre saint.

Ces brahmanes étaient les descendants ou les fils spirituels des vieux prêtres-sorciers dont la collaboration plusieurs fois séculaire avait peu à peu constitué cet imposant recueil, et qui même lui avaient prêté leur nom sous la forme du plus ancien titre qu'il ait porté : *atharvâñgirasas* : « les Atharvans et les Angiras ». Qu'était-ce que ces antiques familles ou écoles sacerdotales ? On en sait peu de chose, enveloppées qu'elles sont des brumes du mythe. Du moins la concordance approximative du mot zend *âtar* « feu » et du dérivé sanscrit *athar-van* nous fait-elle entrevoir dans l'Atharvan védique une sorte de Prométhée hindou, le type hautement vénérable du prêtre-allumeur, qui connaît par tradition de famille la difficile manœuvre du tourniquet de bois, et qui conserve au creux d'un foyer trois fois saint, pour les besoins de la communauté, ce feu qu'il sait produire. Le nom des Angiras est étymologiquement beaucoup moins clair, mais non moins digne de respect ; car on le voit constamment associé dans les Védas à ceux des plus grands dieux de l'époque : Yama, souverain des morts ; Brhaspati, chef du service divin et prêtre parmi les dieux ; Indra, le conquérant des vaches-aurores. En tout cas, le partage d'attributions que les textes postérieurs établissent entre ces deux catégories d'officiants ne laisse comme netteté théorique rien à désirer [5] : aux Atharvans, les charmes curatifs et les incantations de bon augure, tout ce qui procure paix, santé, prospérité, richesse ; aux Angiras, les exécrations redoutables, les foudres magiques qui épouvantent, ruinent, brûlent, mettent en pièces les ennemis. Et les plus anciens textes sont loin d'y contredire : tel passage védique décrit, sous le vocable de « Père Atharvan », une entité mystique et bienfaisante qui emprunte au soleil la plupart de ses traits [6] ; tel autre, dépeignant la chienne Saramâ en quête des vaches, — thème de folklore qui remonte au plus lointain passé, — lui fait dire que le « pouvoir des Angiras est sinistre [7] ». Ceux-ci, d'ailleurs, figurent constamment dans les énumérations de diverses classes de Mânes, et l'on sait quelle influence omineuse s'attache, dans l'Inde comme partout, aux âmes des morts. Il semble donc bien, autant qu'on puisse accorder de créance à ces noms légendaires, qu'un Atharvan ait été le premier sorcier-guérisseur, un Angiras le premier magicien-envoûteur, dont ait gardé mémoire la tradition indienne ou indo-éranienne.

Toutefois, si cette répartition est peu discutable, on doit convenir qu'on n'en trouve plus trace dans l'arrangement actuel de la recension même la mieux ordonnée des hymnes atharvaniques : l'Atharva-Véda de l'école des Çaunakas. Elle n'était pas fort aisée à appliquer en pratique car un charme défensif, en tant qu'il protège et bénit le sujet, est fort souvent offensif, en tant qu'il bannit ou exècre les démons ou les ennemis qui le menacent ; et réciproquement. Aussi n'est-il guère de marqueterie littéraire plus fragmentée et moins régulière que ce recueil magique : imprécations et supplications s'y suivent, s'y mêlent et s'y enlacent, sans même un essai de distinction entre elles ; bien plus, les objets les plus divers s'y coudoient dans un pêle-mêle sans nom, une prière contre la foudre succédant à un remède contre les crises de dentition, ou bien deux conjurations contre les écrouelles séparées par une bénédiction des bestiaux [8]. La diascévase est tout artificielle : les livres I à V, par exemple, sont censés ne contenir respectivement, que les hymnes de quatre, cinq, six, sept et huit stances chacun ; dans les livres VI et VII, où les hymnes sont fort nombreux, tous assez courts, quoique de longueur très variable (de 1 à 11 stances), c'est quelquefois une circonstance accidentelle visible à l'œil nu, une répétition de mots, une allitération, qui détermine le classement : mais, la plupart du temps, il ne semble relever que du caprice et du hasard. A partir du livre VIII, les hymnes croissent fort en longueur, diminuent en nombre, et s'entremêlent de morceaux de prose, mais perdent de plus en plus le caractère spécifiquement magique, tournent à la liturgie ou à la théosophie. Les livres XIV et XVIII, l'un rituel nuptial, l'autre rituel funéraire, forment deux ensembles cohérents ; au contraire, le livre XX n'est guère fait que

§ 1er. — L'Atharva-Véda

de fragments sans originalité, empruntés au Ṛig-Véda, auxquels pourtant il apprend en finale un court choix de menues poésies populaires du plus piquant intérêt. Mais on ne saurait ici s'attarder davantage à décrire un document religieux et littéraire qu'il faut avoir tout entier sous les yeux pour s'en rendre un compte exact et lire dans l'original pour en goûter la singulière saveur.

---

1. Cf. Oldenberg-Henry, p. 12 sq.
2. A. V. ix. 1, 24. Cf. Henry, *A. V.*, viii-ix, p. 81 sq.
3. C'est là, à mes yeux, une notion d'importance capitale, sur laquelle je me suis fait un devoir d'insister à plusieurs reprises cf. notamment *A. V.*, x-xii, p. 164, n. 2, et les préfaces de mes quatre volumes de traductions.
4. Deussen, *Allgemeine Geschichte der Philosophie*, I. 1. p. 105 sq. ; Henry, *A. V.*, viii-ix, p. 107 sq. et 143 sq. C'est l'hymne R. V. I. 164, qui a passé presque tout entier et sans variantes dans les deux hymnes A. V. ix. 9-10. Je dois ajouter que Haug m'avait devancé pour l'explication en énigmes.
5. C'est M. Bloomfield le premier qui l'a mis en pleine lumière : *Hymns of the Atharva-Veda*, p. xviii sq.
6. A. V. x. 2. 26 sq., et cf. A. V. v. 11.11, etc.
7. R. V. x. 108. 10.
8. A. V. vii. 10-11, 71-76.

§ 2. — Le Kauçika-Sûtra

L'Inde antique désigne sous le nom commun de *sûtra* un genre de traité comme elle seule, je pense, en a connu : un manuel mnémotechnique, destiné à être appris et su imperturbablement par cœur, composé de versets fort courts, parfois d'un ou deux mots seulement, mais où, grâce à un système pour nous ahurissant de références implicites, de significations prédéfinies et de symboles conventionnels, un seul mot doit éveiller dans la mémoire de l'élève bien stylé tout un monde de notions acquises. Quand le sûtra s'applique aux matières religieuses il est dit *çrauta-sûtra*[1], s'il enseigne une des liturgies du grand culte semi-public, et *smârta-* ou *grhya-sûtra* [2], s'il ne vise que les menues cérémonies et les sacrements usuels du culte familial que tout chef de maison se fait un devoir de desservir entre ses murs et sous les auspices de son foyer.

Le manuel magique des Atharvans, naturellement fort postérieur à l'Atharva-Véda lui-même, et dit Kauçika-Sûtra du nom de l'école sacerdotale qui nous l'a conservé, passe pour un grhya-sûtra : il n'y a pour cela d'autre raison, sinon qu'assurément il n'est pas çrauta, et aussi, si l'on veut, qu'il traite, en certains chapitres, de matières qui sont du ressort de ces manuels domestiques (sacrifices périodiques de la nouvelle et de la pleine lune, rites des noces et des funérailles) ; mais, à part ces sections, qui précisément ne nous apprennent presque rien de nouveau, rien ne ressemble moins au doux et propitiatoire culte du foyer que ces pratiques occultes si imprégnées de vertu omineuse qu'il est interdit en général de s'y livrer dans un lieu habité. Après un préambule liturgique de six chapitres, s'ouvre le traité de magie, qui n'en comprend pas moins de quarante-six ; alors seulement commence le rituel assez court des cérémonies de la vie de famille, et l'ouvrage s'achève sur une série de *prâyaçcittâni*, c'est-à-dire de pratiques expiatoires recommandées ou ordonnées en toute occurrence de sinistre augure — et Dieu sait si elles abondent ! — soit que le sujet ait senti palpiter sa paupière, ou vu s'abattre un rapace, sa proie au bec.

Ainsi qu'on le voit et qu'au surplus on doit s'y attendre pour un ouvrage didactique, les matières sont disposées au Kauçika-Sûtra dans un ordre incomparablement plus méthodique que celui de l'Atharva-Véda, et il ne serait pas malaisé d'en dresser ici une table moins sommaire, si l'accessibilité du texte et de la traduction ne rendaient superflue une pareille énumération. Peut-être le lecteur sera-t-il plus curieux de trouver ici un spécimen du style violemment prégnant de cette singulière mnémotechnie : je le choisis à dessein parmi les rites les plus simples et de la plus patriarcale innocuité.

(K. S. 12.) — 5. « Concorde », « Oui, ceci », « Faites la paix », « Vienne ici », « Puissent s'unir », « Ensemble vos esprits », « Concorde à nous », concordatoires. — 6. Cruche d'eau munie de résidus, ayant porté autour du village, au milieu il amène. — 7. De même cruche de *surâ*. — 8. D'une génisse de trois ans morceaux marinés il fait manger. — 9. Nourriture, *surâ*, boisson, il munit de résidus.

Et cela signifie, à quelques menues incertitudes près, ce que voici.

« Les hymnes ou stances A. V. III. 30, V. 1. 5, VI. 64, VI. 73, VI, 74, VI. 94 et VII. 52 s'accompagnent des rites destinés à établir ou ramener la concorde. — L'opérateur remplit d'eau une cruche, y ajoute les résidus de beurre fondu provenant de libations de beurre qu'il a offertes en récitant l'un des hymnes ci-dessus, fait en la portant trois fois le tour du village dans le sens de gauche à droite, puis la déverse au milieu du village. — Il procède de même avec une cruche de liqueur. — Il enduit des résidus de beurre fondu, provenant de libations de beurre qu'il a offertes en récitant l'un des hymnes ci-dessus, des morceaux de la viande d'une génisse âgée de trois ans arrosés de saumure, et il les donne à manger aux personnes qu'il a en vue de réconcilier. — Il procède de même pour les aliments ordinaires, la liqueur et l'eau de boisson desdites personnes, puis les leur donne à boire ou à manger. »

Il est à peine besoin de faire observer qu'un texte qui dit tant de choses en si peu de paroles serait la plupart du temps pour nous inintelligible, si les commentateurs indigènes, verbeux à souhait, ne se chargeaient de l'éclairer : aucun sûtra ne saurait se passer de ce secours extérieur ; le Kauçika moins que tout autre, vu le caractère insolite et mystérieux de ses pratiques. Fort heureusement, il ne lui fait pas défaut : deux commentaires, celui de Dârila et celui de Kêçava, de date incertaine, qu'on souhaiterait seulement plus complets et en meilleur état, sont joints au texte publié ; de plus, Sâyana, le grand glossateur et théologien du moyen âge à qui l'on attribue la paternité de l'ensemble des commentaires sur toute l'Écriture sacrée et qui fait dans l'Inde autorité quasi-canonique, a eu connaissance d'ouvrages techniques sur la matière et en a tiré des informations çà et là insérées dans ses gloses sur l'Atharva-Véda. Ces ressources sont précieuses, sinon infaillibles : on ne perdra jamais de vue la mutilation de maint passage des manuscrits, les bévues de transcription des scribes, les méprises même que les premiers commentateurs ont pu commettre dans l'interprétation d'un texte peu commode, — parfois ils se contredisent et par ainsi se corrigent ; — mais, en tenant compte aussi largement que possible de toutes ces causes d'erreur, il reste que, le bon sens aidant, car il y a toujours un fond de bons sens à la base des superstitions les plus extravagantes, — le manuel des magiciens hindous se laisse feuilleter par nous avec bien plus d'abandon et de profit que ne ferait, encore que tout contemporain, le formulaire oral d'un de nos sorciers ruraux, encore si jaloux de leurs secrets héréditaires.

---

1. Un autre nom, plus explicite, du çrauta-sûtra est kalpa-sûtra « manuel de liturgie »
2. Respectivement dérivés de : çruti (« ouïe =) écriture Sainte » ; smrti (« souvenance =) tradition » et grha « maison », d'où grhapati, maître de maison, chef de famille ».

§ 3. — Les bénéficiaires de la magie.

Portons maintenant nos regards sur la clientèle qui recourait à toute heure aux lumières de cet homme de Dieu, le magicien : était-ce seulement la plèbe infime ? était-ce une tourbe ignorante et misérable de suppliants incapables de s'aider eux-mêmes ? Mais plutôt demandons-nous qui n'y recourait pas : pour s'affranchir de cette sujétion bienfaisante, il eût fallu être à l'abri de tout besoin, sevré de tout appétit, détaché de toute affection humaine ; il eût fallu, surtout, avoir rejeté toute croyance, si vague fût-elle en un pouvoir supérieur et tutélaire. Et nous-mêmes, heureusement, n'en sommes point là : je ne crois pas qu'aucun théoricien du matérialisme se puisse vanter de n'avoir pas, une fois en sa vie, prié au chevet d'un être cher ; ou alors, c'est que l'occasion lui en a manqué. Le jour où l'homme se sentirait décidément délaissé, livré à sa seule faiblesse en face des forces aveugles de la nature, sa vie s'écoulerait en un si morne désespoir, qu'il s'en évaderait comme d'un cachot.

Le sorcier est devin : il a des façons à lui de découvrir ce que le vulgaire ignore, de percer les voiles de l'espace et du temps, de prédire l'avenir ; il sait lire au plus profond d'une âme, démêle les penchants vicieux qui s'y dissimulent ; il anticipe l'issue d'une entreprise et retrouve les objets perdus.

Le sorcier est en rapport intime avec les puissances qui donnent la vie et qui peuvent la ravir : il bénit l'embryon dans la matrice, le nouveau-né et la mamelle qui l'allaitera, le tout petit à qui il administre sa première pâture solide, l'enfant dont les cheveux ont poussé assez longs pour exiger la taille, l'adolescent qui entre à l'école pour s'initier aux traditions de la communauté dont il relève, l'adulte dont on rase le premier duvet, le jeune couple insoucieux qui s'unit pour les angoisses de l'amour, le guerrier qui va s'exposer aux coups de l'ennemi ; à tous il assure le premier des biens, la longue vie, une vie de cent années.

Mais que vaudrait ce bien suprême, si les autres ne s'y joignaient ? Il faut que la santé et la vigueur soient sauves, la maison solide, la maisonnée prospère, le bétail dru et fécond, la moisson abondante ; il faut qu'hommes et femmes s'entr'aident et que la bonne harmonie ne cesse de régner entre tous les membres de la famille et du clan. A tout cela le sorcier sait pourvoir, et il connaît aussi les paroles qui détruisent ou bannissent au loin les larves, les insectes, les menus rongeurs, insaisissables destructeurs des fruits de la terre et premiers auteurs de la famine.

Le sorcier est un charmeur dans tous les sens du mot, et aussi dans le plus restreint : il sait que les besoins du corps apaisés font plus vif l'aiguillon du désir charnel, et qu'aucun attrait ne le cède à celui de la volupté. Son répertoire érotique est inépuisable : il a des formules et des rites au service de la vierge qui désire un époux, du séducteur qui veut triompher d'une résistance, de l'amante qui redoute l'abandon, de la rivale qui veut la perdre, du jaloux résigné qui ne demande qu'à guérir de son tourment, et du jaloux rageur qui souhaite à son heureux concurrent la mésaventure décrite par Ovide. Après l'union consommée, il sait les charmes qui la rendent féconde, il connaît le sexe de l'enfant à naître ; bien plus, il le détermine : fonction auguste dans un état social et religieux où la naissance d'un enfant mâle est l'attente anxieuse de tous les ménages, où le père qui n'a que des filles est menacé de souffrir la faim dans l'autre monde, faute de continuation des sacrifices domestiques.

Le sorcier est rebouteur et médecin. Sur l'importance capitale de ce rôle il est inutile d'insister ici, puisque nous l'avons encore sous les yeux, à cela près seulement que nos médecins ne sont plus sorciers.

Mais la maladie n'est, pour l'Hindou, qu'un cas particulier, le plus fréquent, le plus redoutable, non du tout le seul, des multiples fléaux que déchaînent contre nous mille démons noirs et voraces, déchaînés à leur tour, la plupart du temps, par les artifices d'hommes pervers qui ont commerce avec eux. Ces démons, ces thaumaturges odieux, le bon sorcier les connaît ; il sait leurs noms, ce qui est déjà avoir prise sur eux,

§ 3. — Les bénéficiaires de la magie.

— car le nom, dans toutes les magies, c'est la personne elle-même [1], — ou du moins il a des moyens de les découvrir. Ses grands alliés, dans cette chasse incessante, ce sont les dieux forts : Agni, le feu, qui les brûle ; Indra, qui les broie de sa massue, comme jadis le monstre Vrtra, le serpent qui retenait les eaux captives. Et, pour pouvoir appeler à son aide de tels champions, il faut que le sorcier soit pieux, il faut qu'il soit pur, il faut qu'il soit prêtre ; et nous voici revenus à cette antique et universelle fusion de la magie, du culte et de la religion, qui, esquissée dans nos préliminaires, se précisera pour l'Inde dans la suite du présent chapitre.

Le sorcier est prêtre, et, du jour, qui ne tarde guère, où un élément éthique s'infiltre dans la religion, il s'en empare aussitôt, il le domine, il acquiert le pouvoir de bannir le péché au même titre que toute autre souillure. Le péché, qu'est-ce à dire ? La notion est à la fois très concrète et très confuse : il n'y a ni degrés dans la faute, ni absence radicale d'intention qui la puisse excuser ; c'est péché de se marier avant son frère aîné, et péché de manger de la vache ; mais c'est péché aussi de rêver qu'on en mange, et l'homme sur qui un oiseau a fienté est un pécheur. A tous ces méfaits il faut une expiation : non pas qu'ils appellent un châtiment, — l'idée de châtiment est lettre close pour qui n'a pas éclairci celle de faute ; — mais tout uniment parce que chacune de ces impuretés, sans distinction, si elle n'est lavée, porte malheur [2]. L'ablution et la fumigation, souveraines contre l'ordure matérielle, le sont aussi contre la souillure morale, mais à condition d'être appliquées par celui qui voit l'invisible et fait porter où il faut l'action infaillible de ses remèdes.

Et enfin, — concilie qui pourra ces contradictions, mais la conscience primitive de l'humanité ne se pique pas de logique, — après avoir flétri de toute sa force les maléfices des sorciers impurs, la sagesse religieuse en permet, en recommande l'usage à son sorcier-prêtre et lui en reconnaît la plénitude : survivance évidente du temps où bien et mal moral était tout un : qui délie et bénit doit pouvoir lier et maudire. Il est bien vrai que ce dernier aspect de magicien reste presque toujours dans l'ombre : les imprécations, les exécrations, les pratiques de magie noire sont nombreuses et variées ; mais elles sont presque toujours dirigées contre des démons, des sorciers méchants, des envoûtements ou — ce qui revient au même — contre des ennemis terrestres qui sont censés avoir à leur service de pareils monstres, en sorte qu'elles rentrent indirectement dans la catégorie des moyens défensifs et licites. Mais la limite est aisée à franchir, et au fond l'axiome du thaumaturge védique est bien nettement : « La magie licite, c'est *ma* magie. » Tout être vivant a des armes, et le brahmane seul serait désarmé ? Non, son arme, c'est la science sainte dont il porte le nom (*brâhman*), c'est lui-même enfin, et les récits post-védiques impliquent que les dieux du ciel n'ont pas trop de leur sublimité pour se défendre de ses atteintes [3].

La plupart de ces fonctions, on le conçoit, si importantes par elles-mêmes, revêtent un caractère bien plus imposant, lorsqu'elles ne se bornent pas à desservir de simples intérêts privés, quand le chef de la tribu, le roi, fût-ce de quelques arpents de terre au début, les emploie à son profit et à celui de la communauté dont il a charge : aussi le rôle public du sorcier n'a-t-il cessé de croître en prestige et en influence à mesure que s'organisait la vie politique et avec elle le partage des attributions sociales. Le roi eut, naturellement, de bonne heure, son sorcier-médecin, préposé non seulement à sa santé et au soin de ses affaires, mais à tout ce qui pouvait intéresser la prospérité du royaume, surtout aux conjurations qui assuraient le triomphe sur les ennemis du dedans et du dehors ; et ce *purôhita* ne dut manquer de devenir le premier personnage après le roi [4]. Il fut son conseiller, son mentor, son bras-droit, le desservant de sa chapelle privée et le surintendant du culte somptueux dont il donnait de fois à autre le spectacle à son peuple ébahi. Il fut, en un mot, le prêtre que l'Inde vénère sous le nom de *brahmân*.

---

1. Fossey, *Magie assyrienne*, p. 46, 58 et 95 ; Wuttke, *Der deutsche Volksaberglaube*, N°s 247 et 482. Cf. l'index du présent livre, s. v. Nom.
2. Cf. Fossey, *Magie assyrienne*, p. 56. Il est curieux de constater à quel point ces concepts se recouvrent dans deux domaines de demi-culture aussi différents et aussi éloignés.
3. Par le seul fait qu'un ascète pratique un *tapas* austère (sur la valeur de ce mot, cf. Oldenberg-Henry, p. 344 sq.), il peut acquérir une puissance égale à celle des dieux : ceux-ci tremblent qu'il ne les détrône quelque jour et multiplient autour de lui les tentations pour le faire déchoir de sa vertu.
4. Sur le rôle et l'éminent prestige de ce prêtre, voir Oldenberg, *op. cit.*, p. 319 sq.

§ 4. — Les opérateurs

L'Atharva-Véda est aussi le Brahma-Véda ; son interprète, le prêtre, saint entre tous, qui y puise la force et lui communique la sienne, c'est le *brahmân*. Ces deux données sont connexes et parfaitement concordantes : quelle en est au juste la signification ?

Pour la bien saisir, il faut savoir que le mot *brahmân*, — qui s'oppose au *brâhman* neutre, « formule sainte, service divin, sainteté en soi », — a dans la liturgie de l'Inde deux sens fort distincts, l'un très étendu, l'autre très restreint : il désigne le prêtre en général, quiconque est versé dans les choses divines et en fait profession habituelle, ou même, plus tard, quand le régime des castes est officiellement organisé, quiconque, sans en faire profession, appartient de par sa naissance à la classe qui s'est assuré le monopole du sacerdoce, — bref, ce que tout le monde en Occident appelle « le brahmane » ; — il désigne aussi une catégorie spéciale de prêtres dont la fonction liturgique est étroite et nettement définie, — l'officiant que, par un artifice orthographique et pour le distinguer de son exact homonyme, j'ai proposé de nommer en français « le brahman ».

Trois ordres de prêtres, dont ressortissent respectivement les trois premiers Védas, ont déjà passé sous nos yeux, avec leurs attributions dans le sacrifice : le récitant (hôtar) et ses acolytes déclament sur un ton solennel, mais sans les chanter, les stances du Rig-Véda appropriées à la circonstance ; les chantres, à la fois ou tour à tour, leur répondent par les mélodies du Sâma-Véda ; en chuchotant leurs *yajus*, l'adhvaryu et ses servants procèdent à la besogne matérielle, qui n'est pas la moindre affaire [1]. Dans cette activité, dans ce tumulte, un homme en vêtement sacerdotal, assis vers la droite de l'emplacement du sacrifice, se tient immobile et silencieux : il semble oisif, et pourtant, dans la croyance hindoue, toute l'efficacité du service divin repose sur sa personne. C'est le brahman. Il ne prie, ne chante ni ne fait oblation ; il a bien, lui aussi, quelques récitations à lui propres et quelques libations à répandre, qui lui sont assignées par le rituel çrauta des Atharvans, dit le Vaitâna-Sûtra ; mais ces tâches accessoires et probablement surajoutées après coup ne sont rien auprès du rôle continu et presque muet que lui attribue la tradition orthodoxe. Le brahman est « le médecin du sacrifice » : tant que le sacrifice se porte bien, il n'a rien à faire, il ne bouge pas ; mais si un accident ou une méprise menace de le rendre inefficace, — si un chantre a fait une fausse note, si une goutte de la libation et tombée où il ne fallait pas, si le récitant a prononcé longue une syllabe brève ou contracté deux voyelles qui devaient rester en hiatus, — alors le sacrifice est malade, et le brahman sait, pour chaque cas, le moyen de le guérir, la *prâyaçcitti* spécifiquement indiquée. Il se lève, ou se penche vers son feu sacré, prononce quelques paroles, fait un geste ou une courte libation, et la faute est expiée, ou plutôt « le mal est apaisé ».

Or, des deux acceptions du mot *brahmân*[2], il n'est pas douteux que celle-ci, la plus restreinte, ne soit la primitive ; il n'est même pas douteux que le premier brahman de l'Inde n'ait été tout uniment le sorcier-guérisseur, le colporteur des remèdes et des charmes de l'Atharva-Véda ou Brahma-Véda. Le mot *brâhman* neutre, en effet, quelle qu'en soit la douteuse étymologie, quelque prodigieuse extension de sens qu'il ait reçue par la suite, a certainement signifié d'abord « formule occulte », et c'est la valeur qu'il a gardée dans la grande majorité des stances d'incantation. Le *brahmân*, dès lors, — dont le nom est à *brâhman* à peu près comme le grec πνεύμων à πνεῦμα, — c'est l'organe de la formule, « l'homme de la parole sainte », en un mot le magicien. Quand sa clientèle s'accrut en nombre et en importance, lorsqu'il fut devenu le médecin-conjurateur du clan, de la tribu, puis du roi, et enfin le desservant de la chapelle privée de celui-ci, il fallut naturellement lui trouver une fonction en harmonie à la fois avec sa nouvelle élévation et sa compétence traditionnelle : il fut donc, au cours du sacrifice, le protecteur contre le maléfice et le guérisseur attitré. C'est pour cela que sa place est à droite, c'est-à-dire au midi lorsqu'on a la face tournée vers l'orient : le sud est la région des Mânes, le lieu sinistre

§ 4. — Les opérateurs

d'où viennent les influences démoniaques et nocives ; sentinelle avancée, le brahman veille à les prévenir. Quand les autres officiants se mettent en marche, il couvre leurs derrières contre les assauts des esprits malins. Et, lorsqu'il s'agit de goûter au mets d'oblation, c'est lui au contraire qui vient en tête, lui qui consomme le *prâçitra*, la première part prélevée : non point par rang de préséance, que l'on ne s'y trompe pas ; mais, bien que le mets d'oblation soit sans danger pour les prêtres, — en principe il est interdit aux laïques, — la sainteté omineuse qui l'environne n'est point sans risque pour celui qui l'entame, et il faut que le prégustateur soit expert dans l'art de neutraliser, dans l'aliment qu'ont touché les dieux, les mystérieux et redoutables effluves de l'au delà [3].

Telles ont donc été, préhistoriques puisque déjà le Véda en connaît toutes les acceptions, les étapes successives de ce mot *brahmân* et des dérivations qui s'y rattachent : — sorcier-médecin, — sorcier-prêtre, — prêtre défenseur et redresseur du sacrifice, — enfin, prêtre en général. — Maintenant, il est clair que la distance est énorme, entre le rebouteur de village que nous allons tout-à-l'heure voir à l'œuvre, et qui met au service du premier venu, pour un salaire parfois minime sans doute, une habileté professionnelle douteuse renforcée d'un jargon qu'il ne comprend pas toujours, et le splendide purôhita qui vit à la cour du prince, partage ses honneurs et aussi ses dangers, s'entoure de la double pompe de la royauté et de la religion. Mais néanmoins, de l'un à l'autre, il n'y a qu'une différence de degré, non d'essence : pour pouvoir, dans le but le plus humble et le milieu le plus étroit, jongler avec les formules et les instruments magiques, pour s'arroger le droit d'évoquer ou de bannir les esprits, d'agir sur les fluides invisibles et nocifs qui assiègent de toutes parts la vie de l'homme et sa fortune, il faut être de ceux qui, par hérédité sainte et don miraculeux, discernent ce qui échappe à la foule et déjouent les plus noirs sortilèges : il faut être brahmane, appartenir à la caste privilégiée ; il faut être brahman, sinon en tant qu'on saurait jouer ce rôle dans la liturgie du sacrifice de sôma, du moins en tant que l'Atharva-Véda est par excellence le livre du brahman, et qu'il n'existe point de manuel du médecin, de l'exorciste, du conjurateur et de l'envoûteur, en dehors du Véda des Atharvans et des Angiras et de la littérature qui s'y rattache.

---

1. Cf. supra.

2. Sur l'étymologie du mot *brâhman*. — Il y a des années que j'enseigne qu'il se rattache à la racine *bhrâj* « briller » et qu'il signifie « splendeur », qu'en tout cas il comporte un arrière-sens de « lumière », encore vaguement perçu aux temps védiques : voir notamment mon *A. V.*, x-xii, préface. Mais mon opinion, fortement contestée par M. Oldenberg, n'a encore, que je sache, recueilli aucune adhésion. J'avoue que j'aurais au moins compté sur celle de M. Hillebrandt, qui voit dans le dieu Brahmanaspati ou Brhaspati une incarnation de la lune : *Vedische Mythologie*, I, p. 408.
3. W. Caland *über das Vaitâna-Sûtra und die Stellung des Brahman im vedischen Opfer*, in *Wiener Zeitschritt für die Kunde des Morgenlandes*, 1900, p. 115-125.

§ 5. — Les opérations

Au seuil de cette section se présente une difficulté théorique qui divise les deux interprètes les plus autorisés des textes magiques de l'Inde ancienne [1]. Le Kauçika-Sûtra, on l'a vu, débute par une description sommaire des sacrifices de la nouvelle et pleine lune. Pourquoi ? que vient faire ce lambeau de technique cultuelle dans un livre par ailleurs étranger au culte proprement dit ? C'est, peut-on répondre, que le Kauçika est grhya-sûtra et que les sacrifices des syzygies relèvent au premier chef des prescriptions du culte domestique. Cette explication, valable en somme au point de vue du formalisme de la composition hindoue, n'est guère satisfaisante eu égard au contenu de tout le reste du traité. M. Caland a cherché et pense avoir trouvé mieux : pour lui, le sacrifice de syzygie fait partie intégrante et nécessaire de la plupart des conjurations magiques ; plus exactement, le sorcier qui opère n'est autre que le célébrant d'un service de nouvelle ou pleine lune, accessoirement modifié en vue de l'effet spécial qu'il se propose d'en obtenir.

En effet, tout ce qu'il fait boire ou manger au sujet, les liquides dont il l'arrose ou l'asperge, l'amulette qu'il lui attache, le véhicule où il le fait asseoir doit être enduit, respectivement mélangé, des résidus de beurre fondu (*sampâta*) [2] qui proviennent d'une oblation, et une semblable oblation (*âjyatantra*) est précisément caractéristique du sacrifice de syzygie comme de tant d'autres. Dès lors, « ce sacrifice apparaît comme le cadre où doivent s'enchâsser presque toutes les opérations magiques...

On commence par célébrer le service de lunaison, jusques et y compris la double libation de graisse (*âjyabhâgau*). Puis on déverse dans le foyer, entre les deux places où sont tombées les gouttes des *âjyabhâgau*, la libation médiane et principale (*pradhânahôma*), en l'accompagnant des récitations expressément prescrites pour le rite magique particulier que l'on a en vue. A chaque stance de l'hymne, suivie de l'exclamation rituelle *svâhâ*, on jette ou l'on répand dans le feu une menue portion de l'oblation indiquée, graisse, gâteau, etc. Le corps gras fondu laisse dans la cuiller un résidu, qu'on reverse dans une écuelle pleine d'eau et dont on frotte les ingrédients magiques. Après quoi, l'on rentre dans le cours normal du sacrifice de syzygie et on le conduit jusqu'au bout. »

Le développement est ingénieux, la base solide, et il n'y aurait rien à dire contre la conséquence, — à savoir, que les manipulations magiques ne sauraient sortir leur effet en tout temps, — si malheureusement dans cette hypothèse les jours fastes ne le cédaient infiniment aux jours néfastes. Il est fort naturel que la magie ait ses époques, comme toute pratique religieuse ; fort naturel aussi que le sorcier se réserve comme porte de derrière, en cas d'insuccès prévu, la possibilité d'alléguer que le moment n'est point favorable. Ce qui ne l'est pas, c'est qu'il se condamne à l'inaction vingt-huit jours sur trente, et l'on ne voit même pas, à moins que ses honoraires ne fussent chaque fois exorbitants, de quoi il pouvait vivre en chômant si assidûment et satisfaisant si peu sa nombreuse clientèle. Il faut qu'il ait disposé d'autres moyens sur lesquels la tradition est muette : ou bien il avait le droit de célébrer un *âjyatantra* ad hoc, en dehors de ceux des lunaisons ; ou bien encore, dans celui des lunaisons, il insérait un nombre indéfini de libations qu'il accompagnait des stances appropriées aux besoins en vue desquels il se savait le plus habituellement consulté, et il se procurait ainsi, d'une syzygie à l'autre, une provision de *sampâta* suffisante pour parer à peu près à toute éventualité.

C'est peut-être une solution du même genre qu'il conviendrait d'appliquer à un cas encore plus embarrassant, allégué d'ailleurs par M. Caland à l'appui de sa doctrine. Toute amulette, pour être efficace, doit avoir trempé, depuis le treizième jour de la nouvelle ou pleine lune, dans un mélange de lait aigri et de miel ; le jour de la pleine lune ou de la néoménie, on l'en retire, on l'enduit de sampâta, suivant l'ordonnance, et on la remet en cérémonie à l'intéressé. — Mais, réplique M. Bloomfield, à supposer qu'un guerrier qui doit se battre entre le 1er et le 15 du mois se résigne par force majeure à se passer du talisman qui le rendrait invincible, comment faire attendre à un malade qui perd son sang l'amulette

§ 5. — Les opérations

de boue séchée, infaillible hémostatique ? Il devait y avoir, pour les cas urgents, certains accommodements : la macération est de règle stricte ; sa fixation au treizième jour de la lune ne vise qu'un cas spécial, ou au plus, comme disent les jurisconsultes, ne statue que *de eo quod plerumque fit*.

Quoi qu'il en soit, à supposer qu'en effet l'opération magique exige impérieusement un sacrifice de syzygie qui l'encadre, il est clair qu'une semblable insertion est entachée de spéculation liturgique et d'invention postérieure. La sorcellerie primitive a bien eu à faire à la lune, et la triple Hécate, a par tous pays, servi de lampe aux loups-garous ; même il est certains rites qu'on ne doit accomplir que dans la nuit de la nouvelle ou de la pleine lune et alors le Kauçika-Sûtra s'en explique sans ambages. Mais il y a loin de ces prescriptions isolées au culte officiel de syzygies, férie calendaire tout à fait étrangère à la magie usuelle qui fait l'objet du présent ouvrage. La question est donc pour nous d'intérêt secondaire ; et si nous y avons quelque peu insisté, c'est surtout pour donner un exemple topique de l'incertitude où nous laissent parfois les documents de l'Inde sur les grandes lignes du cérémonial, alors qu'ils nous renseignent avec complaisance sur les plus infimes détails. La raison en est simple : ils ne sont pas des traités méthodiques, mais de pratiques et vulgaires mnémotechnies ; ils ont été écrits pour des opérateurs qui connaissaient parfaitement les grandes lignes de leur tâche, mais étaient sujets, çà et là, à en laisser échapper un détail accessoire.

Ce point douteux mis à part, les divers rites magiques ressortent des textes avec une netteté qui laisse rarement rien à désirer, et se réduisent à un petit nombre de manipulations d'une extrême simplicité, bien que compliquées par un formalisme rigoureux : l'opérateur fait manger ou boire au sujet certaines substances, soit produits naturels, soit mets préparés, la plupart du temps les mêmes pour les occurrences les plus variées ; comme dans un sacrifice, il met du bois au feu, notamment dans les conjurations qui incitent Agni à brûler les démons, et il y joint parfois des matières combustibles odoriférantes ; il verse au feu des libations de beurre ou de graisse ; il répand des graines, soit comme symbole de fécondité, soit comme appât aux esprits malins, et, si la nature n'en est pas expressément spécifiée, ce sont des grains d'orge, de riz ou de sésame [3] : enfin, il procède à l'égard du sujet par ablution ou fumigation, ou bien encore il lui remet une amulette de sa composition.

Nul ne peut, sans être « pur », entreprendre une opération magique [4] : le sorcier, et probablement aussi son client, doit donc se soumettre à certaines lustrations, préliminaires, sur lesquelles nous manquons de données précises ; pour certains charmes tout au moins, l'opérant s'est baigné, a jeûné et revêtu un vêtement neuf ; quelques autorités prescrivent le bain comme règle générale.

On a déjà vu que tous les objets remis, donnés à boire ou à manger, et l'eau d'ablution doivent être sanctifiés par l'addition du sampâta, c'est-à-dire des résidus de graisse provenant d'une oblation, qui a été préalablement versée au feu et accompagnée de la récitation des stances de l'Atharva-Véda prescrites pour la circonstance. Les mêmes stances doivent être récitées sur les objets au moment où l'on s'en sert [5]. Tandis que le magicien prononce cette bénédiction, et tandis aussi qu'il répand une libation dans le feu, le sujet tient en main quelques brins de darbha, herbe sacrée, dont il le touche [6]. C'est évidemment une façon d'établir entre eux par contact une communication de fluide, an moment précis où le célébrant en est censé tout entier imprégné. De plus, quelles que soient les substances parfois peu comestibles, qui ont été enduites du sampâta, le sujet doit en manger, ou tout au moins s'en oindre les yeux [7].

Il doit également humer quelques gouttes de l'eau bénite qui a servi à l'ablution ou à l'aspersion [8]. L'opération terminée, le brahmane l'essuie lui-même, en prenant soin de ne jamais le frotter que dans un seul sens, du haut en bas. Même règle pour les frictions curatives appliquées à un malade, à une personne mordue par un serpent [9]. Il s'agit d'attirer vers les pieds, où ils ne peuvent produire que le moindre mal, et de faire sortir par cette voie le venin, la maladie, le fluide nocif quelconque qui s'est insinué dans le corps. Cette prescription se retrouve dans un grand nombre de magies [10].

Lorsque le magicien a jeté au feu quelque substance, le sujet en doit aspirer la fumée [11] ; car elle aussi, naturellement, est riche en propriétés bienfaisantes, dont il ne faut rien laisser prendre.

A la suite de chaque oblation, l'on n'oubliera pas la part qui revient aux régions célestes (*diças*), en d'autres termes, aux six déesses qui personnifient les points cardinaux ; on répandra des parcelles d'offrande, en les invoquant, dans l'ordre suivant : est, sud, ouest, nord, nadir, zénith [12]. L'Atharva-Véda a un hymne spécialement composé pour cette cérémonie, qui relève d'ailleurs beaucoup plus de liturgie religieuse que la primitive et authentique.

Mais, où l'on reconnaît celle-ci dans ses traits les plus purs et sincères, c'est dans les précautions minutieuses imposées à quiconque procède ou concourt à un rite magique. Les ingrédients nécessaires ont été préalablement apportés hors du village, dans la direction du nord-

§ 5. — Les opérations

est [13] : c'est, par excellence, le quartier des dieux, la porte du ciel [14], puisque le soleil levant l'occupe au solstice d'été ; quand Prajâpati a créé les êtres, il était tourné vers le nord-est [15], et le magicien est un créateur. En cet endroit donc, et à quelque distance de tout lieu habité, on célèbre le rite, et l'on s'en revient, probablement sans autre forme de procès, s'il est de bon augure ; mais, pour peu qu'on y ait eu à faire à quelque puissance infernale, soit pour l'évoquer, soit pour la bannir, — le Kauçika ne fait pas même cette distinction, — célébrant et assistants se trouvent sous l'influence d'un contage funeste et meurtrier, qui les infecterait, eux, leurs demeures et leurs voisins, s'ils n'y mettaient ordre avant de rentrer. Aussi ont-ils pris soin de n'opérer qu'à proximité d'une eau courante : ils s'y baignent, en récitant les hymnes aux Eaux qui lavent de toute souillure ; ils tournent alors sur leur droite, touchent de l'eau et reprennent le chemin du village, en se donnant garde de jeter même un coup d'œil furtif en arrière durant tout le trajet [16]. Ainsi seulement ils échapperont au mystérieux danger qui les environne et les suit.

Il va de soi que le brahmane ne s'y exposait pas pour le bon plaisir du laïque et sans l'espoir d'une convenable rétribution (*dakshinâ*) ; mais les textes sont ordinairement muets sur le taux de ces honoraires. S'ils en parlaient, peut-être n'en serions-nous pas beaucoup plus avancés ; car les tarifs qui se rencontrent éventuellement dans les autres livres de liturgie paraissent bien se référer à un idéal théorique, au plus à un maximum rarement atteint, et il est difficile, par exemple, de croire, quelles que fussent l'importance du sacrifice de sôma et la cupidité de la gent sacerdotale, que l'on ne s'en pût tirer à moins d'un salaire de cent vaches, à répartir inégalement entre les seize officiants [17]. Pour les opérations de magie, il est probable que le prix s'en réglait de gré à gré entre les intéressés, et évident que la générosité du client était en raison directe du résultat obtenu. Un verset obscur semble bien dire que les accessoires divers du rite célébré sont abandonnés au célébrant à titre de salaire [18], mais ce serait tour à tour trop et trop peu : dans nombre de cas, ces objets sont de si infime valeur que le paiement serait dérisoire ; dans tel autre, croirons-nous que le paysan, à la suite d'une bénédiction agricole où ses bœufs de labour ont joué un rôle [19], ait dû se résigner à en faire présent au brahmane ? à quoi lui aurait servi d'inaugurer solennellement un labourage devenu dès lors impossible ? Plus explicites sont les versets où, dans une circonstance donnée, le salaire est fixé à forfait : une vache [20], etc. ; mais le cas ne se présente qu'exceptionnellement. Une fois, il est question de mille vaches ou d'un village [21] ; mais aussi s'agit-il du sacre d'un roi ; et puis, qui sait si le roi payait rubis sur l'ongle les dettes du prétendant ?

---

1. Caland, *ein altindisches Zauberritual*, p, vj sq. ; Bloomfield, recension de cet ouvrage, in *Göttingische gelehrte Anzeigen*, 1902, n° 7. (p. 495 sq.).
2. La prescription est formelle et explicite : K. S. 7. 15.
3. K. S. 7. 5.
4. K. S. 7. 29.
5. K. S. 7. 16.
6. K. S. 7. 21, Dans la liturgie officielle aussi, à certains moments solennels l'attouchement entre le laïque sacrifiant et les officiants est prescrit à titre de véhicule de sanctification.
7. K. S. 7. 27.
8. K. S. 7. 26.
9. K. S. 7. 17.
10. Je la relève jusque dans un tout récent roman de mœurs bukoviniennes : les matrones, après avoir enduit une malade d'un onguent précieux, « la massent sans relâche, en ayant soin d'opérer du haut en bas, afin que la maladie s'échappe par les pieds » ; M. Poradowska, *Mariage romanesque*, in *Revue des Deux-Mondes*, 5e période, xii (1902), p. 870.
11. K S. 7. 28.
12. A. V. iii. 26 ; K. S. 8. 34.
13. K. S. 7.13.
14. Çatapatha-Brâhmana vi. 6. 2. 4.
15. Ibid., vi. 6. 2. 2, 7. 2. 12.
16. K. S. 7. 14. Les hymnes aux Eaux (*apâm sûktâni*) sont : A. V. i. 4-6 et 33, vi. 22-24 et 57. — Cf. aussi Oldenberg-Henry, p. 286 et notes.
17. C'est le compte théorique fort bien établi par Eggeling dans sa note sur le verset iv. 3-4. 20 du Çatapatha-Brâhmana.
18. K. S. 8. 5.
19. K. S. 20. 1. sq.
20. K. S. 24. 42-43.
21. K. S. 17. 10.

§ 6. — Les ingrédients et accessoires

Les objets employés dans les conjurations sont assez variés, mais en général de l'espèce la plus vulgaire. Ce n'est point du chef des fournitures que l'opérateur pouvait beaucoup enfler son mémoire. Cependant il est question çà et là de remèdes importés de loin [1], et il n'est pas vraisemblable que ce soit partout pur charlatanisme. Ailleurs on lit la jolie stance [2] : « c'est la fillette du pays des Kirâtas qui déterre cette plante bienfaisante, à l'aide de pioches d'or, sur les cimes des montagnes. » La main-d'œuvre, ici, devait fort grever le produit.

L'accessoire le plus important, celui qui figure à peu près dans tous les rites, au moins à titre secondaire, c'est l'eau, l'eau de propitiation (*çântyudaka*) ; disons plus simplement « l'eau bénite ». L'eau est déjà par elle-même la pureté, la sainteté, la grâce vivifiante et divine ; à plus forte raison, lorsque s'y est incorporée la vertu des plantes salutaires qu'on y fait macérer, quand le brahmane, vêtu d'une robe neuve, l'a versée dans un vase de laiton, et, après s'être assuré solennellement de la présence de toutes les herbes nécessaires, a prononcé sur elle, au nom de Brhaspati, le chapelain des dieux, l'ineffable syllabe *ôm*, qui contient en trois éléments (*a, u, m*) et un seul caractère toute l'essence des Védas [3]. De cette eau, l'usage est souverain, tant interne qu'externe, pour l'effacement des souillures, la guérison des maladies et l'exorcisme des puissances malignes.

Parmi les autres ingrédients du sorcier, il convient de distinguer ceux qui sont comestibles ou potables et qu'on administre en cette qualité, de ceux qui ne le sont point : ce qui ne veut pas dire du tout qu'on ne les administre pas ; car la pharmacopée hindoue connaît des préparations à ce point dégoûtantes [4] qu'on se ferait scrupule de les mentionner toutes.

Les aliments ingérés, solides ou liquides, consistent en produits naturels ou en mets apprêtés. De ceux-ci le magicien n'offre pas grand choix ; car son art était sans doute déjà florissant alors que l'art culinaire demeurait dans l'enfance. Une bouillie, un potage au riz, un bol de farine d'orge rôtie tourné dans du lait, une sorte de flan semi-liquide (*purôdâça*) fréquemment aussi employé dans le culte des dieux, et une sorte de crêpe (*sthâlîpâka*) [5] : il ne sort guère de ce cercle pour les conjurations ordinaires ; mais, bien entendu, il a pour les cas de maladie des décoctions plus savantes, dont le nom a même passé aux plantes médicinales qui les composent, si je ne me suis pas trompé en cherchant dans le mot *ôshadhi* « simple » une dérivation ou une composition sur une base conjecturale *ôsha* « chaleur » [6].

Le beurre sous ses divers aspects, que toute la liturgie hindoue distingue avec grand soin (*âjya*, *ghrta*, etc.), est la matière ordinaire des libations versées au feu [7]. Dans les conjurations adressées aux démons, on le remplace par une graisse ou huile végétale (incomestible ?) provenant de la plante *ingida*. C'est une des mille applications de la loi de substitution et d'inversion, qui se retrouve plus ou moins dans toutes les magies, entre le culte des dieux et celui des puissances infernales. Mais on n'a point encore réussi à identifier sûrement cet *ingida* [8].

Au premier rang des produits naturels viennent les « quatre sucs » (*rasâs*), savoir : lait aigri, beurre liquide, miel et eau. Lorsqu'un objet qui doit servir a séjourné suivant l'ordonnance dans un mélange du lait aigre et de miel, le sujet, au moment de la remise, doit consommer ce mélange, quel que soit le genre d'ordure qui y a trempé [9]. Pour les rites, en fort grand nombre, qui intéressent peu ou prou la prospérité de la maisonnée, le lait doit provenir d'une vache *sarûpavatsâ*, « qui a un veau de même couleur qu'elle » [10] : il est probable que cette conformité signifie « concorde », et incontestable en effet que la concorde est le premier des biens.

Les graines alimentaires, riz, orge, blé, millet, sésame, etc. [11], interviennent assez souvent ; plus rarement, les fruits d'arbres. Ceux-ci doivent avoir été cueillis au lever du soleil et à telle hauteur qu'une vache n'ait pu y atteindre [12]. On reviendra en temps et lieu sur la

§ 6. — Les ingrédients et accessoires 61

première prescription. La seconde n'est vraiment pas claire : il semble que le contact du mufle de l'animal sacré entre tous n'eût dû rien gâter : au contraire. Mais toutes les liturgies ont de ces contradictions, qui relèvent du conflit permanent entre le sens commun et le raffinement théosophique.

Parmi les végétaux, comestibles on non, mais de bon augure, et employés à ce titre dans les frictions, les lavages, pour essuyer une plaie, pour la confection d'une amulette, et autres usages, le Kauçika énumère spécialement 17 espèces [13], entre autres : riz, orge, *dûrvâ* (sorte de millet), *çamî* (prosopis spicigera), *darbha* (poa cynosurides), et *apâmârga* (achyrantes aspera), dont le nom, par étymologie réelle ou simple jeu de mots, signifie « l'essuyeur ». Il énumère aussi 22 sortes de bois de bon augure [14](1), notamment : *palâça* (butea frondosa), *udumbara* (ficus glomerata), *vêtasa* (rotin), *bilva* (aegle marmelos), et *varana* (crataeva Roxb.), dont le nom signifie « empêchement, obstacle, rempart », et qui en conséquence joue un rôle de première importance dans les conjurations contre démons ou ennemis. Il est bien curieux que l'*açvattha* (ficus religiosa) objet de la plus profonde vénération de l'Inde, manque à cette liste ; mais l'usage en est néanmoins considérable en magie. Ces bois, éventuellement, trempent dans les eaux d'ablution ou de boisson, ou servent de combustible, chacun suivant sa nature propre et celle de la conjuration en cours, ou entrent dans la composition des amulettes de longue vie, d'invulnérabilité, qui comportent à l'occasion maints autres éléments : un fragment d'ivoire, une touffe de poil d'éléphant[15], un peu de terre herbeuse et terre de fourmilière cousu dans un sachet de peau de bête [16].

L'importance extrême attribuée à la terre de fourmilière, soit comme amulette, soit comme remède, mérite qu'on s'y arrête un instant. Il est probable que les mœurs des fourmis tropicales, leur intelligence prodigieuse et les travaux considérables qu'elles exécutent en comparaison de leur petitesse ont frappé d'étonnement les premiers observateurs et leur ont fait supposer chez l'insecte des dons surnaturels. Il n'est pas impossible non plus qu'ils aient constaté, dans la terre qu'il avait remuée, des propriétés vésicantes ou autres dues à l'acide formique. Quoi qu'il en soit, une fois ces thèmes donnés, l'imagination théurgique s'y est exercée à outrance et en a tiré les applications les plus saugrenues, qui même ont pénétré jusque dans le domaine du culte officiel. Dans une cérémonie des plus mystiques et compliquées, la construction du grand autel d'Agni, lorsqu'on a recueilli et amené sur place l'argile destinée à la cuisson des briques, l'adhvaryu doit « la regarder à travers une fourmilière [17] », c'est-à-dire, apparemment, par un trou qu'on y a percé, comme au travers d'une lorgnette. On ne concevrait guère le sens de ce rite, si l'on n'apprenait d'autre part que, dans la superstition allemande, l'individu qui se coiffe d'une taupinière acquiert le don précieux d'apercevoir les sorcières [18]. Il est donc probable que l'adhvaryu est censé ainsi constater la pureté de l'argile, s'assurer que les gnomes malins qui séjournent dans la terre ne l'infectent point de leur présence ou des venins qu'ils suintent. En leur qualité de fouisseuses, la taupe et la fourmi ont dû passer pour entretenir des relations avec ces puissances souterraines, les bien connaître et être capables de déjouer leurs manœuvres. Aussi la fourmi elle-même est elle assez souvent invoquée dans l'Atharva-Véda : elle y passe notamment pour mangeuse de scorpion dans une conjuration médicatrice contre les effets d'une piqûre venimeuse [19].

D'autres accessoires fréquents sont prévus dans les prescriptions générales : si l'on emploie une pierre, il faut qu'elle soit sans aspérités ; un tourteau de bouse, qu'il vienne d'un taureau de labour ; une peau, d'un animal « vivant » [20], ce que M. Caland entend d'un animal qui ne soit mort ni de maladie ni de vieillesse ; au contraire, le piquant de porc-épic doit être « vieux » [21], c'est-à-dire sans doute avoir vieilli un certain temps après avoir été détaché, et marqué de trois taches blanches, moyennant quoi le sorcier s'en sert en guise de fourchette pour administrer un morceau de viande [22]. Une des règles les plus déconcertantes concerne le plomb et ses trois succédanés, savoir : la limaille de fer, l'écume fluviale desséchée et une tête de lézard [23]. On ne voit pas comment ces deux derniers objets ont pu être assimilés au plomb. Le second était peut-être une sorte de terre alcaline, propre à servir de savon : en ce cas, l'éclat grisâtre, terne et semi-métallique de cette substance et de la peau du lézard ont pu rappeler celui du plomb. Mais il est plus probable que la confusion apparente ne relève que de la grammaire : les quatre accessoires figuraient dans les mêmes rites, entre autres dans une conjuration contre l'avortement, et on les a appelés *sîsâni* « les plombs », ce qui est en sanscrit une façon concise et bien connue de dire « le plomb etc. ».

Beaucoup d'objets ci-dessus énumérés peuvent être, à l'occasion, des remèdes. Quant aux remèdes proprement dits, presque tous empruntés au règne végétal, ils témoignent incontestablement par leur seule variété, et malgré la difficulté qu'on éprouve à les identifier tous, d'une étude et

§ 6. — Les ingrédients et accessoires

d'un soin remarquables apportés à la connaissance et à la cueillette des simples. Comme on retrouvera les plus usuels au chapitre des maladies, il serait tout à fait oiseux d'en dresser la liste, et peut-être le lecteur me saura-t-il plus de gré de transcrire quelques extraits d'un hymne où, dans l'enthousiasme que lui inspirent les forces curatives mises par la nature au service de l'homme, le magicien atharvanique a su s'élever jusqu'aux accents d'une poésie discrète, sincère et attendrie.

(A. V. VIII. 7). « 1. Les brunes et les blanches, les rouges et les mouchetées, les Plantes au teint sombre, les noires, toutes, nous les invoquons. — 2. Qu'elles sauvent l'homme que voici de la maladie envoyée par les Dieux, elles dont le Ciel est le père, dont la Terre est la mère, dont l'Océan est la racine, les Plantes ! — ... 4. Celles qui jonchent, les touffues, celles qui n'ont qu'une enveloppe, les Plantes qui vont rampant, je les invoque, elles y rayonnent, se divisent en nœuds, s'épanouissent en rameaux ; j'implore en ta faveur les Plantes qui relèvent de tous les Dieux, les puissantes qui font vivre les hommes. — ... 8. Aliment d'Agni [24], embryon des Eaux [25], elles qui croissent en rajeunissant les fidèles aux mille noms, qu'elles soient salutaires, appliquées ici, — ... 10. Les libératrices, qui écartent le mal de Varuna [26], les puissantes qui détruisent le poison et celles qui anéantissent la consomption, et celles qui neutralisent le sortilège, qu'elles viennent ici, les Plantes ! — ... 12. Miel en est la racine, miel la pointe, miel le milieu ; miel en est la feuille, miel la fleur ; pour qui les mange elles sont un aliment de miel et d'ambroisie : qu'elles se laissent traire et épanchent le beurre et tous les dons nourriciers de la vache. — 13. Toutes tant qu'elles sont sur terre, que les Plantes aux mille feuilles me sauvent de la mort et de l'angoisse. — ... 17. Les plantes qui relèvent des Angiras [27], qui croissent sur les montagnes et dans les plaines, laitières et propices nous soient-elles, salutaires au cœur ! — 18. Les plantes que je connais et celles que je vois de mes yeux, les inconnues et celles qui nous sont familières et dont nous savons l'indication, — 19. Toutes, toutes les plantes, qu'elles écoutent ma parole, afin que nous tirions du mauvais pas l'homme que voici ; — 20. Et, parmi les plantes, l'açvattha, le darbha, le roi Sôma [28], libation d'ambroisie, le riz et l'orge guérisseurs, fils du Ciel, immortels ? — 21. Vous vous élevez, quand Parjanya tonne et mugit, ô plantes, filles de Prçni [29], et vous arrose de son fluide fécondant. — ... 22. Le sanglier connaît la plante, l'ichneumon connaît le simple ; les plantes que connaissent les Serpents et les Gandharvas [30], je les appelle au secours de cet homme. — ... 24. Celles qui relèvent des Angiras et que connaissent les aigles et les faucons célestes, celles que connaissent les oiseaux, les flamants et tous les volatiles, celles que connaissent les fauves des bois, je les appelle au secours de cet homme. — 15. Toutes celles que paissent les bœufs et les vaches, que paissent les chèvres et les brebis, puissent-elles t'apporter protection, appliquées ici ! — 26. Toutes celles où les hommes experts en l'art de guérir reconnaissent un remède, toutes ces panacées, voici que je te les apporte. — 27. Celles qui s'épanouissent en fleurs ou en épis, celles qui portent des fruits et celles qui n'en ont point, toutes, qu'elles se laissent traire, comme des mères, pour le salut de l'homme qui souffre !... »

---

1. A. V. vii. 45 1. Cf. Henry. A, V., vii, p. 72 sq.
2. A. V. x, 4. 14.
3. K. S. 9. 8-9. La sainte syllabe appartient au rituel de toutes les écoles védiques ; mais il n'en est aucune qui ait spéculé sur elle à perte de vue comme l'a fait l'école de l'Atharva-Véda. Le Brâhmana de ce Véda, dit Gôpatha-Brâmana consacre un nombre indéfini de paragraphes à la retourner sous toutes ses faces, à l'analyser dans tous les éléments et à y découvrir le résumé de l'essence de la synthèse de l'Univers.
4. K. S. 22. 5.
5. K. S. 7. 1, 6 et 7.
6. *Mémoires de la Société de Linguistique de Paris*, x, p. 144.
7. L'âjya est le beurre qu'on fait fondre au feu et qu'on y verse (cf. supra p. 40) ; le ghrta, du beurre fondu, puis refroidi et solidifié ; le navanîta du beurre frais etc. Ces distinctions n'intéressent pas la liturgie magique, qui s'en tient généralement à l'âjya : K. S. 7. 3.
8. Voir le chapitre x du présent livre, notamment au § 1er.
9. K. S. 8. 19 et 7. 20.
10. K. S. 7. 2. Le seul mot *sârûpavatsa* suffit à désigner ce lait et à traduire la longue périphrase du texte.
11. K. S. 7. 5 et 8. 20.
12. K. S. 7. 11-12. Cf. infra la conclusion du livre, § 1er.
13. K. S. 8. 16. Voir l'Index pour les emplois spéciaux de chacun de ces remèdes ou ingrédients.
14. K. S. 8. 15, et l'Index, s. v. Bois.
15. C'est, bien entendu, à sa longévité relative que l'éléphant doit la préférence dont l'honorent les fabricants d'amulettes de longue vie, force et santé.
16. K. S. 13. 2-3, 26. 43, etc.
17. Hillebrandt, *Ritualliteratur* (in *Grundriss der Indo-Arischen Philologie*), § 83, où l'on trouvera les références.
18. Wuttke, *der deutsche Volksaberglaube*, n° 117.
19. A. V. vii. 56. 7. Cf. infra, chapitre viii, § 5.
20. K. S. 7. 23-25.
21. K. S. 8. 17.
22. K. S. 29. 12.
23. K. S. 8. 18.
24. En tant que bois à brûler.
25. C'est-à-dire « filles des Eaux », en tant que l'eau les fait croître : cf. le cycle cosmique esquissé au début du § 1er de notre conclusion.
26. Cf. infra, chapitre VIII, § 7 in fine.

§ 6. — Les ingrédients et accessoires

27. Cf. supra p. 21 sq. Ici les Angiras apparaissent comme des agents bienfaisants, mais le cas n'est pas rare ; on a déjà dit que les notions premières ont subi mainte déviation.
28. Cf. supra p 52. sq. Le sôma est la liqueur du grand sacrifice védique (cf. Oldenberg-Henry, p. 14 sq. et 385 sq.) et la plante d'où on l'extrait par pressurage. Elle est dite reine des plantes, de la le titre consacré de « roi Sôma ». Le sôma est d'ailleurs étranger à la liturgie propre et surtout à la magie des Atharvans, en sorte que la mention qui en est faite dans leurs hymnes n'a guère que la valeur d'un simple ornement poétique.
29. Parjanya, dieu spécifique de l'orage. Prçni est la vache « tachetée » (la nuée), mère des Maruts (génies de l'orage).
30. Génies célestes : cf. infra, chapitre IV, § 6.

Chapitre II : La divination

Le « discernement » (*vijñâna*), comme disent les Hindous, les pratiques par lesquelles l'homme, toujours inquiet de l'avenir et de l'inconnu, cherche à prévoir un événement futur, ou à percer un secret matériellement impénétrable, — gîte d'un objet perdu, sexe d'un enfant à naître, — rentrent à coup sûr dans la plus élémentaire et la plus innocente des magies. La plus tenace aussi ; car il n'est peut-être pas un seul d'entre nous, si peu superstitieux soit-il, qui n'ait machinalement, en montant en chemin de fer, additionné les chiffres du numéro de sa voiture, pour voir s'il était divisible par 3, ou jeté en l'air un écu, pour lui faire répondre par pile ou face sur le parti à prendre en une occurrence par ailleurs indifférente. Or la divination de l'Inde ne paraît pas s'être élevée au-dessus de ces procédés d'une simplicité toute primitive, que le premier venu pourrait mettre en œuvre de lui-même, si la présence du brahmane n'était indispensable pour en garantir l'efficacité. L'Inde a connu toutes les superstitions qui se sont développées chez d'autres peuples en imposantes institutions oraculaires ; mais elle n'en a, pour son compte, presque rien tiré. Elle sait très bien que certains vols ou cris d'oiseaux portent malheur ; mais elle n'a pas eu, comme les Latins, de collèges d'augures. Elle dépèce avec soin ses victimes de sacrifice, et n'ignore point que l'absence ou la contexture anormale de tel ou tel viscère est omineuse ; mais c'est là un « péché [1] » que l'on conjure, comme tout autre manquement fortuit, par un *prâyaçcitta*, et il n'en est point davantage ; l'art de l'aruspice n'est même pas un produit authentique de l'esprit indo-européen, puisque les Latins l'ont reçu tout fait des Étrusques. A plus forte raison, l'Inde antique n'a-t-elle pas connu d'oracles organisés sur le pied de ceux de Delphes et de Dodone : si ses sauvages ascètes ne furent sans doute pas étrangers à certains phénomènes d'hypnotisme et d'extase, au moins ne savons-nous sur ce point rien de précis ; et en tout cas rien ne paraît moins ressembler, que le méthodique sorcier du Kauçika-Sûtra, à ces thaumaturges hâves de jeûne, hurlants et échevelés [2].

Autre chose est de constater l'expansion universelle de la divination, autre chose d'en déterminer l'origine première. De très ingénieux esprits ont peut-être dépassé le but en cherchant à le serrer de trop près : c'est ainsi qu'on a enseigné, par exemple, que l'épreuve des poulets sacrés, chez les Romains, était la survivance de la coutume, répandue dans nombre de tribus sauvages, d'emporter avec soi quelque volaille pour lui donner à goûter et ne manger qu'après elle les graines ou fruits cueillis pour la première fois dans une région encore inconnue : ce qui n'était jadis que précaution fort légitime serait devenu, une fois incompris, un présage [3]. Il n'est peut-être pas nécessaire de pousser l'hypothèse si avant, pour trouver à la divination, comme à toutes les insanités imaginées par l'espèce humaine, un fondement rationnel : si l'on joue aux dés une décision ou l'issue d'une affaire, si l'on s'en rapporte du gain d'une bataille à l'appétit d'un poulet, si aujourd'hui encore on fait tirer par un enfant les numéros d'une loterie, c'est dans la conviction qu'un objet inanimé, une brute, un être innocent et ignorant ne pourra influencer le hasard ni, par suite, la solution qui en dépend. Un adulte le pourrait-il donc ? Oui incontestablement, dans les idées primitives : la parole de l'homme, on le sait et l'on en aura bientôt la preuve pour l'Inde [4], mais bien moins que sa parole, sa simple pensée, moins encore, un désir inconscient de sa part peut agir sur l'événement et troubler en conséquence la sincérité de la consultation. Pour que la concordance soit parfaite entre le signe et la chose signifiée, il faut que le signe soit entièrement soustrait à cette cause de perturbation, et, ne relevant d'aucune science humaine, paraisse dès lors ne relever que de prescience extraordinaire.

L'admission de cette concordance, à son tour, nous, étonnera-t-elle ? Nullement : elle rentre dans le grand principe, déjà expliqué, de la magie, équivalence de l'image et de l'objet [5]. Il est aussi naturel de prendre un événement incertain pour symbole d'un autre événement incertain, que de percer le cœur d'une poupée pour tuer un vivant. Le tout est que la poupée soit aussi ressemblante et le symbolisme aussi adéquat que possible ; et l'on verra que les sorciers hindous s'y sont ingéniés. D'ailleurs, à partir du jour où la magie se complique de sentiment religieux, le problème se présente sous un nouvel aspect, plus séduisant encore : ou priera le dieu, qui sait et peut tout, d'annoncer l'avenir au moyen du signe convenu entre lui et le fidèle, et vraiment la requête est trop humble pour qu'il n'y condescende pas ; on ne lui demande pas de changer le cours des choses, mais seulement de le manifester ! C'est ainsi que, durant des générations, des chrétiens pieux, catholiques ou autres, ont murmuré une prière, puis enfoncé une épingle entre les feuillets d'une Bible et cherché dans un verset convenu de la page ouverte la réponse du Très-Haut [6]. Or c'est bien là aussi l'état d'esprit où nous surprenons la divination de l'Inde antique, puisque toute opération s'ouvre par la récitation des stances qui célèbre l'omniscience d'un dieu ou la véracité immanente du principe mystique qui préexiste à toute existence contingente.

---

1. Cf. supra.
2. Cf. Oldenberg-Henry, p. 347.
3. M. Müller, *Nouvelles Études de Mythologie*, trad. Job. p. 341.
4. Cf. infra.
5. Cf. supra.
6. Tout récemment, M. É. Ollivier a raconté le fait de Bismarck à la veille de la guerre contre l'Autriche : *Revue des Deux-Mondes*, 5e période, xiv, p. 751. Et il y a des naïfs pour se leurrer de l'espoir que le rationalisme conquerra le monde.

§ 1er. — Divination générale

L'Atharva-Véda a deux hymnes dont la récitation est prescrite au début des manœuvres de divination applicables à l'issue d'une affaire quelconque ; mais, comme le fait pressentir la généralité de leur emploi, ils sont tous deux d'une fâcheuse banalité, et le premier même (1. 4), simple extrait du Rig-Véda (1. 23. 16-19) et séquence de stances à la louange des Eaux, ne paraît rien contenir qui s'adapte spécialement à la circonstance. Le second, bien que fort empreint de mysticité, est néanmoins beaucoup plus topique.

(A. V. II. 1.) « ... — 2. Qu'il le dise, le Gandharva qui connaît l'ambroisie, ce secret suprême : ses trois séjours gisent dans le mystère ; qui les saurait, il serait le père du père. — 3. Il est le père qui nous a engendrés, notre parent, et il connaît toutes les lois, tous les mondes ; lui qui seul a donné leurs noms à tous les dieux, tous les êtres le viennent interroger. — ... 5. J'ai fait le tour de tous les mondes, pour voir le fil tendu de l'ordre divin, là où les dieux, atteignant l'immortalité, ont grandi ensemble en une commune matrice. »

On met au feu un riz au lait et l'on récite sur lui la prière ; puis on se dit à volonté, « il est cuit » ou « il n'est pas cuit ». Si l'on a deviné juste, l'issue qu'on souhaite se réalisera [1].

On pose sur le feu une brindille de bois vert ou un menu morceau de cordelette : suivant que l'objet se tordra en hauteur ou dans un autre sens on augurera bien ou mal.

On cueille au hasard quelques brins de darbha, et l'on examine ensuite s'ils sont en nombre pair ou impair.

On lance en l'air un roseau ou une flèche, après avoir récité la formule et annoncé la direction vers laquelle le projectile doit retomber. Comme ici on a plus de chances contre soi, l'épreuve doit sans doute passer pour plus décisive ; mais, d'autre part, un sorcier habile peut s'arranger de façon à avoir le vent pour ou contre soi.

On emplit à peu près un verre d'eau ; puis on y verse à l'aveuglette une certaine quantité de lait ; si le vase déborde, c'est bon signe.

On met en équilibre sur sa tête un joug ou un rameau d'arbre, et l'on devine de quel côté il tombera.

On pose devant soi vingt-et-un petits cailloux ; puis on en prend une poignée dans la main droite, et le reste dans la main gauche, et l'on devine dans quelle main se trouve le nombre pair ou le nombre impair.

Enfin, l'on joue aux dés la solution cherchée : si l'on amène le coup auquel on a songé d'avance, elle sera favorable.

Ce ne sont là, bien entendu, que des exemples d'une consultation qu'on peut varier à l'infini. Mais, pour certains cas spéciaux, la divination védique s'est piquée d'un symbolisme plus raffiné.

---

1. Cette pratique et les suivantes sont décrites en détail pat M. Caland, en note des versets K. S. 37. 1 et 3, qui ne les enseignent que par voie d'énumération très succincte.

§ 2. — Les épousailles et la postérité.

Chaque matin, les corneilles arrivent à tire-d'aile vers les habitations humaines, comme les pigeons de Venise sur la place Saint-Marc, pour se nourrir des reliefs déposés à leur intention par le pieux chef de famille. Avant qu'elles ne s'éveillent, on fait, pour la jeune fille en âge de se marier, une offrande à Aryaman, dieu secondaire préposé à cette fonction, et on lui récite un hymne (A. V. vi. 60), en déposant tour à tour l'oblation aux quatre coins de l'autel qui correspondent aux points cardinaux. On guette ensuite le premier vol des oiseaux : le point d'où il arrive, c'est celui d'où viendra le futur époux [1]. Il y a là un rudiment de technique augurale, qui n'est d'ailleurs pas entièrement isolé.

Le choix d'une épouse n'est point une petite affaire : toute la prospérité de la maisonnée en dépend, et l'on n'y saurait apporter trop de soin. C'est encore l'hymne A. V. ii. 1. qui y pourvoit. On le récite sur une écuelle d'eau et l'on prie la jeune fille d'en faire jaillir un peu avec la main : si l'eau jaillit vers l'orient le présage est bon. Ou bien encore on le récite sur quelques mottes de terre, extérieurement pareilles, mais prises en divers endroits, en l'invitant à en choisir une : si elle choisit la terre de cimetière, elle mourra jeune ; de carrefour, elle sera infidèle ; de fourmilière ou la terre à gazon, on peut l'épouser en toute confiance [2].

A en juger par le nombre des textes qui nous en ont conservé les variantes, cette façon de courte-paille était un des rites favoris de l'Inde. Ailleurs, les détails sont moins circonstanciés quant aux présages à obtenir, mais davantage en ce qui concerne l'opération elle-même. « Il pétrit huit mottes de terre, prise respectivement à un autel, à un sillon de labour, à un étang, à une étable à vaches, à un carrefour, à une salle de jeu, à un emplacement de crémation et à une lande stérile, plus une neuvième où il mêle les huit sortes ci-dessus : toutes pareilles, mais marquées d'un signe qui les lui fasse reconnaître. Il les présente dans sa main à la jeune fille et lui dit : » L'ordre divin est souverain, nul ne transgresse l'ordre divin sur l'ordre divin est fondée cette terre puisse-t-il s'identifier à celle-ci « (il la nomme) ; puis il ajoute : » Choisis-en une. « Si elle prend une des quatre premières, qu'il l'emmène chez lui. Et même si elle choisit le mélange, du moins selon quelques autorités [3]. »

Pour assurer à une femme enceinte une heureuse délivrance, on récite une conjuration de six stances à cet effet (A. V. I. I I) sur les oblations ordinaires. Puis on épluche brusquement sur la tête de la femme quatre brins de *muñja* (saccharum munja), en tirant les tiges vers l'ouest et leurs enveloppes vers l'est si elles se séparent les unes des autres sans déchirure ou rupture, l'accouchement se passera bien [4]. Le symbolisme est ici transparent.

Moins claire est l'opération par laquelle on augure du sexe d'un enfant à naître, en faisant tenir à la mère quatre gousses de graine de lin sur lesquelles on verse de l'eau : si elles se collent ensemble, ce sera un garçon ; pourquoi [5] ? On peut encore déterrer en grande cérémonie un *sraja*, plante par ailleurs inconnue, mais choisie ici évidemment par l'unique raison que son nom fait calembour avec le verbe *srj*, « lâcher, engendrer, enfanter ». Si la racine n'a qu'une radicelle et n'a pas été rongée des vers, ce sera un garçon [6]. La radicelle unique paraît bien figurer l'organe viril de l'embryon ; l'absence de vers signifie sans doute que la vertu en sera intacte.

Qui s'attendrait à voir de la grammaire en cette affaire ? Mais les Hindous, grands grammairiens, en ont fait une selle à tous chevaux. Un descendant de brahmane — est-ce un jeune homme à qui l'on a bandé les yeux ou un enfant qui ne sait pas encore sa langue ? — touche au hasard la femme enceinte : suivant que le nom du membre touché est du genre masculin ou féminin, l'enfant sera un garçon ou une fille [7]. On ne nous dit pas ce qu'il en sera si l'organe touché est du genre neutre. Il est vrai que le danger n'est pas grand, chaque organe extérieur ayant généralement plusieurs noms. Mais alors que décider si l'organe touché a deux noms, l'un masculin, l'autre féminin ? On voit que la divination hindoue sait se réserver au besoin des portes de sortie.

§ 2. — Les épousailles et la postérité.

1. K. S. 34. 22-24.
2. K. S. 37. 7-12. Sur l'hymne afférent, voir supra p. 63.
3. Gôbhila-Grhya-Sûtra, ii. 1. 3-9.
4. K. S. 33. 1.
5. K. S. 33. 17-18. Les quatre graines, collées deux à deux (mais c'est ce que le texte ne dit pas), représenteraient-elles les testicules ?
6. K. S. 33. 12
7. K. S. 33. 19-20.

§ 3. — La prévision du temps

La pluie et le beau temps, c'est le grand sujet des soucis et des entretiens d'une population pastorale ou agricole, témoin la multiplicité et le succès persistant des *Mathieu* de tout surnom et des Almanachs des Bergers. Nos textes, pourtant, par une omission assez surprenante, ne parlent du temps qu'il fera qu'en prévision d'un voyage à entreprendre, et s'en expliquent en des termes qui prêtent largement à l'équivoque. Lisons d'abord l'hymne consacré à la cérémonie.

(A. V. VI 18.) « 1. Quand les astres firent du Çakadhûma leur roi, ils le gratifièrent de beau temps : « ceci », lui dirent-ils, « sera ton domaine ». — 2. Puissions-nous avoir beau temps à midi, beau temps au soir, beau temps à l'aube et beau temps durant la nuit ! — 3. Pour le jour et la nuit, pour les étoiles, le soleil et la lune, pour nous aussi, apprête le beau temps, ô roi Çakadhûma ! — 4. A toi, ô Çakadhûma, roi des astres, qui nous a donné beau temps, au soir, et nuit et jour, hommage soit à jamais ! »

Prière, et non point formule augurale, tel nous apparaît cet hymne ; à quoi, on va le voir, le rite afférent ne contredit pas ; en sorte que, sans les commentaires indigènes, nous serions fort empêchés de constater qu'il s'agit là ou qu'il s'y est agi à un moment donné d'une opération sincère et peut être semi-scientifique de prévision du temps, dont l'acteur principal serait le Çakadhûma. Ce mot, comme substantif, signifierait « fumée d'excréments » ; comme adjectif, « dont la fumée est celle des excréments » ; c'est-à-dire, probablement, des tourteaux de bouse sèche qui servent souvent de combustible ; « vapeur de fumier » peut-on traduire aussi. Dès lors, cet énigmatique *çakadhûma* sera, à volonté, soit cette vapeur ou cette fumée, soit le feu où l'on fait brûler des tourteaux de bouse, — et il faut convenir que cette interprétation concilie bien avec la majesté souveraine du dieu Agni les épithètes louangeuses de notre hymne, — soit enfin le brahmane qui prédit le temps d'après l'inspection de cette fumée ou de cette vapeur. Aucune indication sur ces alternatives, sinon que le Çakadhûma doit être « vieux »[1] ; or il se peut fort bien en effet qu'un brahmane âgé ait acquis en pareille matière une précieuse expérience ; mais la bouse, elle aussi, doit être vieille pour bien brûler !

La cérémonie annexée nous éclairera t-elle ? En aucune façon ; car elle ressemble bien plutôt à une simulation qu'à un pronostic normal. « En récitant VI. 128, il pose des tourteaux de bouse autour des membres d'un brahmane de ses amis et lui demande : » Çakadhûma, quel jour aurons-nous aujourd'hui ? — Bon et propice «, répond celui-ci[2]. » Ainsi le Çakadhûma serait bien le brahmane ? Mais à quoi voit-il qu'il fera beau ? et d'où vient, dans son nom, l'allusion à la fumée des tourteaux dont on le décore, alors que le rite ne paraît comporter fumée ni feu ?

De tout cela il semble bien ressortir que l'Inde védique avait connu une manière de prophétie du temps, qui même reposait peut-être sur des signes topiques, mais que la tradition s'en était plus ou moins perdue

Dans le même ordre d'idées paraît rentrer un genre d'oracle forestier qui, sous le nom de *çabalîhôma*, « oblation à Çabalî », s'est introduit, non sans subir d'importantes altérations, jusque dans le rituel religieux du grand sacrifice de sôma, ou du moins dans l'une de ses nombreuses variétés, dite *ahîna*, service divin de la durée de deux à douze jours. Au début du printemps, le sacrifiant se transporte hors du village, à l'heure matinale où l'on n'entend encore aucun cri ni bruit d'être vivant, et dans le silence de la solitude il appelle par trois fois, de toutes ses forces, « çabali » (vocatif) : si un animal autre qu'un chien ou un âne lui répond, son sacrifice sera agréé et son bétail prospérera ; s'il n'obtient pas de réponse, il en sera quitte pour recommencer l'année prochaine ; mais, si trois ans de suite il a vainement tenté l'épreuve, ou qu'une fois un chien ou un âne lui ait répondu, il doit renoncer à jamais voir prospérer ses troupeaux[3].

C'est le nom même du rite qui nous en fournira la clef. L'adjectif *çabala* signifie « moucheté », et son féminin est une épithète parfaitement appropriée à l'aspect de la nuée pluvieuse [4]. En l'appelant, le suppliant l'invite à dégorger ses trésors ; si elle tonne en réponse, elle est bien près de l'exaucer ; mais, si un ruminant vient à mugir, le présage est le même ; car la vache qui épand son lait ou le taureau fécondateur désigne couramment par métaphore le nuage d'orage, dont son beuglement imite le bruit. Ainsi, de fil en aiguille, on en vint à penser que la réponse d'un animal quelconque, sauf exceptions assez topiques, pouvait passer pour un acquiescement de la nuée. Puis, lorsque la cérémonie se fut incorporée dans le rituel çrauta, on en transporta l'application à un objet plus général et plus concret, la prospérité du bétail, si intimement liée d'ailleurs à l'abondance du don céleste de la pluie.

---

1. K. S. 8. 17.
2. K. S. 50. 15-16. Cf. infra p. 79.
3. Hillebrandt, *Ritualliteratur* (in *Grundriss der Indo-Arischen Philologie*). § 75, et les références y consignées.
4. Cf. supra.

§ 4. — L'issue d'un combat

On sait déjà que le brahmane conjurateur est, avant tout, le chapelain du roi ou chef militaire [1], et des populations guerrières presque toujours occupées à se razzier les unes les autres devaient attacher une importance capitale aux charmes de victoire : aussi les textes en renferment-ils une grande variété. Parfois, annexés à ces opérations, ou indépendamment d'elles, apparaissent des présages qui mettront le conseiller du roi en mesure de l'inviter à prendre l'offensive ou à décliner le combat.

En récitant A. V. I. 4, on creuse l'emplacement de la *védi*, autel destiné au sacrifice du lendemain ; puis on se dit que, le lendemain, par suite des affaissements qui s'y produiront d'ici là, la terre y sera plane, ou ne le sera pas : si l'on a deviné juste, on gagnera la bataille [2].

On récite A. V. IV. 31 et 32, hymnes d'imprécation empruntés au Rig-Véda (X. 84 et 83) et adressés à la Colère (*manyu*) personnifiée et divinisée. En même temps au moyen d'un tison pris à un feu de magie noire, on allume un bouquet d'herbes imprégnées d'huile d'ingida. La direction de la fumée indique l'armée qui sera vaincue [3].

On récite le long hymne A. V. V. 6, où il est dit notamment, au début, que « le principe saint (*brâhma*), en naissant le premier à l'orient, a ouvert la matrice de l'être et du non-être », avec jeu de mots, « du vrai et du faux », claire allusion à la prophétie souhaitée. On dispose sur un brasier trois bouts de corde d'arc, qui se recroquevillent à la chaleur. Le présage comme plus haut [4].

Mais, d'autres fois, le même rite fournit des indications plus variées et plus complètes. Des trois bouts de corde ou de tige de roseau, celui du milieu est censé représenter la Mort ; les deux autres, respectivement, les deux armées. Si, dans la torsion subie, l'une des armées passe par dessus la Mort, elle sera victorieuse ; si la Mort passe par dessus l'une d'elles celle-ci sera vaincue. De plus, selon que le sommet, ou le milieu, ou le bout de ces fétus se tordra en hauteur, ce seront les principaux, ou les gens moyens, ou la canaille, qui succombera dans la lutte prochaine [5].

Cette dernière complication vise un nouvel objet : la prévision du sort de tel ou tel combattant. L'interprétation indigène y rattache également un autre pronostic, malheureusement formulé en termes des plus ambigus : le chef fait passer devant un bassin plein d'eau ses soldats deux à deux ; celui dont il n'apercevra pas le reflet dans l'eau, il le tiendra à l'écart de la bataille [6], apparemment parce que, son image, son double faisant ici défaut, sa propre personne est compromise. Mais on peut à volonté traduire aussi : « s'il n'aperçoit pas leur réflexion, qu'il n'engage pas le combat » ; et il n'y a aucun moyen de se décider entre ces deux partis [7].

---

1. Cf. supra.
2. K. S. 37. 2.
3. K. S. 14. 30-31. Sur le feu *ângirasa*, cf. infra le chapitre x, 1er.
4. K. S. 15. 12-14, et cf. supra. Les textes et les commentaires n'appliquent ce rite qu'à la question de la survie d'un combattant ; mais, d'après ce qu'on en a vu plus haut, il peut évidemment avoir une portée plus étendue.
5. K. S. 15. 15-18.
6. K. S. 15. 9-10.
7. Les ingénieux rapprochements de liturgie et de folklore par lesquels M. Caland croit pouvoir expliquer ces versets obscurs sont eux-mêmes trop peu clairs pour aboutir à une solution même simplement probable. Il n'y a guère lieu non plus de comparer la formule d'exécration A. V. xiii. 1. 56, où l'on souhaite à un ennemi de « ne plus faire ombre ». Celle-ci doit être prise au sens littéral : ne plus faire ombre, c'est ne plus être debout, être mort ; ; cependant il n'est pas impossible que l'absence de reflet dans le rite ci-dessus soit symbolique de l'absence d'ombre en ce dernier sens.

§ 5. — Retrouver un objet perdu

L'hymne A. V. II. 1 s'applique avec succès à la recherche des objets perdus. On enveloppe d'un pagne neuf une cruche d'eau, on la pose sur un lit qu'on a changé de place [1], on y verse le sampâta ; puis on amène deux petites filles non encore réglées, — les menstrues sont une souillure, et l'enfance une garantie, — on leur bande les yeux, et on leur commande d'emporter la cruche : du côté où elles l'emporteront, on trouvera l'objet cherché. On procédera de même avec un dé (ou un jeu de dés) posé sur une charrue [2].

La recherche revêt un caractère tout particulier de solennité, lorsqu'elle se fait sous les auspices du dieu Pûshan[3]. Ce dieu qui marche devant les autres, qui connaît tous les chemins, qui protège le bétail et à qui l'on immole un bouc, comme à Dionysos, est évidemment une des mille incarnations de quelques-uns des attributs du soleil, et j'ai peine à comprendre, notamment en présence des termes si nets du morceau qu'on va lire, que M. Oldenberg conteste cette identification corroborée peut-être par la quasi-homonymie du $Hύθων$, hellénique [4]. Mais peu importe, après tout, pour l'objet qui nous intéresse.

(A. V. VII. 9.) « 1. Au lointain des chemins est né Pûshan, au lointain du ciel, au lointain de la terre : entre ces deux séjours bien-aimés, il va et vient, lui qui sait. — 2. Pûshan connaît toutes les régions célestes que voici : qu'il nous mène par la voie la plus sûre ; bienfaisant, ardent, patron des héros, qu'il nous précède vigilant, lui qui sait. — 3. O Pûshan, sous ta loi, puissions-nous ne subir aucun dommage ! Nous voici qui te louons. — 4. Que de l'orient Pûshan nous tende sa main droite ; qu'il nous ramène ce que nous avons perdu : puissions-nous retrouver l'objet perdu ! »

Sous la direction du sorcier, les chercheurs, en nombre indéterminé, se lavent et s'oignent les mains et les pieds ; en murmurant l'hymne, il leur essuie la main droite qu'il enduit du sampâta obtenu sous même récitation ; puis ils se dispersent, en partant d'un carrefour, où ils ont semé vingt-et-un cailloux [5]. Le carrefour est naturellement l'endroit d'où la recherche aura le plus de chances de succès ; quant aux cailloux, dont on sait la place, ils symbolisent, je crois, non pas l'objet à retrouver, mais, comme ceux du Petit Poucet, les signes de reconnaissance semés dans la forêt sombre, — au point de vue solaire, les étoiles éparses sur la voûte céleste [6], — pour permettre au soleil nocturne et aux chercheurs errants de s'orienter au retour.

En fait, ici, la direction demandée à un dieu omniscient s'efface derrière la prière adressée à sa toute puissance : « qu'il nous rende... » ; le charme divinatoire est devenu un charme de propitiation. Ceci nous amène tout naturellement à la dernière forme possible de la divination, celle où on ne consulte plus les dés pour prévoir le résultat souhaité, mais où on les pipe pour l'amener.

---

1. C'est ainsi que je comprends le *vikrtê* de K. S. 37. 4, que M. Caland applique à un changement accidentel qui se serait produit dans la cruche. Il est vrai que le même mot est employé deux fois incontestablement dans ce sens ; K. S. 19. 21 et 25. 32 ; cf. le chapitre VII, § 2. Mais la langue des Sûtras n'est pas si précise qu'il faille toujours rigoureusement traduire de même une expression identique ; et d'ailleurs, ici l'on ne voit — et M. Caland en convient — ni où ni comment un changement accidentel pourrait trouver place, tandis que l'on conçoit fort bien que, si le lit garde sa place habituelle, les fillettes auront par tâtonnement un point de repère et une ligne d'orientation, en sorte que l'épreuve manquera de sincérité. — Sur l'hymne II. 1, voir supra.
2. K. S. 37. 4-6. Je ne vois aucune raison d'introduire ici « deux charrues attelées » (Caland). Pourquoi *sîrê* serait-il un duel ? et pourquoi *sâkshê* ne signifierait-il pas ce qu'indique l'étymologie « pourvu de dé » ? toutes les probabilités sont pour *sîrê sâkshê* locatif singulier, corrélatif évident au *çayanê vikrtê* (locatif) du verset 4 : en d'autres termes, le verset 6 signifie qu'on procède « relativement à la charrue » tout comme relativement au lit dans le rite précédent. Maintenant est-ce à dire qu'on pose une cruche d'eau sur la charrue, et le reste comme plus haut ? (auquel cas on ne saisirait pas ce que viennent y faire les dés) ou plutôt que les dés jouent dans ce cas le même rôle que la cruche dans l'épreuve ci-dessus ? c'est ce que je m'abstiendrai de décider.
3. Sur Pûshan. M. Hillebrandt ne doute, non plus que moi et bien d'autres, du caractère solaire de ce personnage : *Vedische Mythologie*, III, p. 368 sq. Il le précise même : Pûshan aurait été primitivement le dieu Soleil d'un clan de pasteurs. Ainsi s'expliqueraient la plupart de ses attributs, d'aspect tutélaire, pacifique et patriarcal, et nommé-

§ 5. — Retrouver un objet perdu

ment la modeste bouillie qu'on lui sert, la simplicité de ses goûts, dont parfois le raille, insoucieuse de ses origines, la littérature d'un âge plus raffiné.

4. Cf. Henry, *A. V.*, vii, p. 53 ; Oldenberg-Henry, p. 196. Rien, il est vrai, ne ressemble moins au brillant vainqueur du Python, que ce Pûshan, vieillard édenté qui ne saurait se nourrir que de bouillie. Mais en mythologie plus que partout ailleurs « les attributs jouent avec les attributs », comme dit la sagesse hindoue ; et au surplus l'éphèbe Dionysos, qui est sûrement un dieu solaire, n'a-t-il pas pour compagnon habituel un certain Silène, qui ressemble trait pour trait à Pûshan ?

5. K. S. 52. 12-14. Nous rencontrons ici pour la seconde fois et nous retrouverons souvent ce nombre 21, qui semble, surtout en tant qu'il égale 7x3, la base de l'arithmétique de l'Atharva-Véda. En fait dans la vulgate usuelle, ce recueil commence par un hymne dit « des trois fois sept » (*trishaptîyam*, K. S. 7-8), qui, sans avoir par lui-même aucun sens très précis, et précisément parce qu'il n'en a pas, sert à un fort grand nombre de conjurations de la nature la plus diverse. Mais qui sont ces « trois fois sept, qui font leur tour portant toutes les formes » ? On peut songer aux Maruts, dieux des vents et des orages ; mais ceux-ci, bien que souvent nommés dans l'A. V., n'y sont point l'objet d'une vénération particulière. Le nombre 21 est aussi, à raison de sept respectivement sur terre, dans l'espace et au ciel, le nombre des « lacets » que tend aux pêcheurs le dieu Varuna (cf. infra, chap. x § 4), et l'école des Atharvans a fort affaire de ce dieu, qui, en punition des fautes, déchaîne ses fléaux et peut en absoudre. Toutes ces vagues raisons et d'autres encore ont sans doute concouru à cette curieuse prédilection. Ce nombre sacré figure également, à l'occasion, dans la liturgie du grand culte. D'après le rituel les plus récemment publié (*Mânava-Çrauta-Sûtra*, III, 8, 3), si le sacrifiant vient à se trouver mal, le célébrant « sème dans une aiguière en laiton 21 grains d'orge et y fait tremper 21 bouquets de darbha » ; puis, après diverses cérémonies et bénédictions, « quatre brahmanes de familles différentes » répandent sur le patient le contenu de l'aiguière.

6. Cf. Henry, *A. V.*, XIII, p. 39.

§ 6. — Divination simulée

Puisque certains présages sont réputés fatalement liés à une certaine issue, l'idée a dû venir de bonne heure de les forcer à se produire, afin d'agir par leur influence sur l'événement qu'ils commandent. Ce n'est là qu'une nouvelle et très simple application du perpétuel principe : identité du signe et de la chose signifiée, ou toute-puissance de la parole dans la bouche de l'homme qui sait les mots efficaces [1].

La cérémonie du sacre d'un roi comporte un grand nombre de rites, parmi lesquels une partie de dés. Le roi joue contre un brahmane, un guerrier (kshatriya), et un paysan (vaiçya) : il amène le point le plus fort (krta) ; les trois autres, les points plus faibles, respectivement trêta, dvâpara et kali. A la reprise, le paysan se trouve forclos ; le roi gagne encore, et c'est le kshatriya que la chance exclut. Enfin, le roi gagne encore contre le brahmane seul [2]. Ainsi il a triomphé et triomphera de tous ses adversaires.

Il est bien vrai que les textes envisagent son rare bonheur, non comme un présage de ses futures victoires mais comme constatation de son droit de propriété actuel et effectif sur tous les biens de ses sujets, qui ne les tiennent que de ses grâces, et non d'une vocation antérieure. Car, sur la prière qu'on lui en adresse, il proclame aussitôt : « Au brahmane j'abandonne ce que je lui ai gagné ; au guerrier j'abandonne ; au paysan j'abandonne : que le droit règne en mon royaume [3] ! » Mais on admettra malaisément que cette fiction de droit féodal remonte jusqu'au

§ 6. — Divination simulée

temps même de l'institution du rite, alors surtout que la contradiction inhérente à cette dernière formule en décèle l'origine récente. La partie de dés, comme la course de chars d'où ailleurs le roi sort victorieux [4], a eu tout d'abord un sens moins juridique et mieux en accord avec la magie primitive.

De même, à la suite du charme de labourage, il s'établit un dialogue fictif entre le paysan et sa femme. « Avez-vous labouré ? » dit-elle. — « Nous avons labouré. — Que vous en est-il revenu ? — Fortune, prospérité, bien-être, postérité, nourriture, abondance nourricière [5]. » Ces paroles de bon augure, dites sous les auspices du magicien qui a conduit l'opération, sortiront leur plein effet ; car nommer la fortune, c'est presque forcer la fortune, tout comme savoir le nom d'une sorcière, c'est déjà avoir déjoué ses mauvais desseins. Ici c'est la toute-puissance du nom, du mot, de la parole, de la pensée humaine bien conduite, qui entre en jeu : nous quittons la divination ; nous sommes en pleine magie opératoire. Poursuivons.

---

1. Cf. supra.
2. K. S. 17. 17, et cf. infra, chap. iv, § 6.
3. K. S. 17. 18-20.
4. Oldenberg-Henry, p. 404.
5. K. S. 20. 16-19. Cf. supra.

Chapitre III : Charmes de longue vie

Atteindre le terme normal de l'existence, que les dieux ont fixé à cent années [1], tel est le premier des vœux de l'Hindou védique, la prière qui serpente comme une trame continue à travers la poésie de ses hymnes. Plus tard, beaucoup plus tard, la littérature et la philosophie enseigneront que la vieillesse est douleur, qu'il est cruel de voir ses amis et ses proches mourir autour de soi, qu'une longue vie est une longue misère [2]. Au temps où nous nous reportons, un intense optimisme domine la conception de l'univers : la joie de vivre semble enfantine, irréfléchie, effrénée ; on remercie l'aurore, le soleil levant de « nous avoir donné un jour de plus à vivre [3] », et c'est après seulement qu'on songe à demander que ce jour soit heureux.

Les charmes de longue vie (*âyushyâni*) tiennent donc, dans le rituel magique, une place très importante, qu'il ne faudrait pas mesurer à l'étendue du présent chapitre ; car leur rebutante monotonie impose dans leur choix une extrême sobriété. Ils se confondent souvent d'ailleurs, ainsi qu'on doit s'y attendre, avec les charmes curatifs : dans une séquence de stances destinées à assurer la santé à un homme bien portant, s'en insèrent à l'improviste deux ou trois qui ont pour objet de la rendre à un malade [4] : confusion trop explicable dans une compilation aussi peu ordonnée que l'Atharva-Véda. D'autre part la remise des talismans de longévité est ordinairement rangée, par les textes ou les commentaires indigènes, sous la rubrique des charmes de prospérité, parce qu'en fait ces amulettes sont à deux fins et même à plusieurs. On ne saurait se faire scrupule de substituer une classification plus méthodique à celle des rituels. On distinguera donc : les sacrements proprement dits, qui ne s'administrent qu'une seule fois ; les autres cérémonies qui peuvent être réitérées, et la remise des amulettes de longue vie ou d'invulnérabilité.

---

1. Cela est dit expressément. R. V. i. 89. 9, et par voie d'allusion en mille passages des Védas.
2. Böhtlingk, *Indische Sprüche*, 476, 4315, etc., etc.
3. R. V. i. 113. 16. etc.
4. A. V. viii. I, spécialement stances 18 sq., etc. Ou bien, inversement, une prière incolore pour la longévité (A. V. iii. 11) est utilisée à titre de remède contre une certaine maladie de cause et d'effets bien déterminés : K. S. 27. 32 ; cf. infra, ch. viii, § 7.

§ 1er. — Sacrements

De la conception à la mort, — sans toutefois qu'il y ait rien de semblable a notre extrême-onction, — la vie de l'Hindou est enveloppée d'un véritable réseau de rites, qui en marquent les circonstances les plus saillantes, et dont l'objet essentiel, témoin les prières qui les accompagnent, est d'assurer au sujet la longévité, partant la santé, subsidiairement le bien-être matériel, De ces sacrements (*samsâdrâs*), les meilleures autorités en comptent jusqu'à dix-huit ; mais, comme ils font partie de la technique religieuse (rituel grhya) [1], qu'à ce titre ils échappent à la magie et ont trouvé place dans nombre d'ouvrages européens consacrés aux religions de l'Inde, qu'enfin la liturgie en varie sensiblement suivant les écoles, on se bornera ici à une brève énumération des principaux d'entre eux.

Les sacrements antérieurs à la naissance rentrent dans la catégorie des charmes dit sexuels dont il sera traité au chapitre v.

Aussitôt après la naissance, le père respire trois fois sur l'enfant, et on lui pose sur la langue un mélange de lait, de beurre et de miel. Un rite spécial est prescrit pour lui conférer l'intelligence ; après quoi, on l'approche en cérémonie du sein maternel. Diverses stances appropriées accompagnent et précisent cette bénédiction [2].

Au 10e ou 12e jour a lieu la « collation du nom » (*nâmakarana*). On donne à l'enfant deux noms : l'un doit rester secret et n'être connu que de ses parents ; ainsi, les sorciers adverses et, plus tard ses ennemis, ignorant son vrai nom, ne pourront diriger contre lui aucune imprécation efficace [3]. Dans la liturgie atharvanique, on pose l'enfant sur le giron de sa mère, en faisant couler sur lui un filet d'eau ininterrompu et récitant sur lui un long hymne [4], à la fin duquel on lui attache un talisman de *pûtudru* (bois résineux). « Prends possession », lui dit-on, « de ce charme d'immortalité : puisses-tu sans défaillance atteindre la vieillesse ! Je t'apporte le souffle et la vie : ne va pas vers les noires ténèbres ; demeure sauf. Vers la lumière des vivants va devant toi ; je t'amène pour que tu vives cent automnes ; dénouant les liens de la mort et du maléfice, je te doue d'une longue vie étalée dans l'avenir. Du vent j'ai retiré ton souffle ; du soleil, ton œil ; ton esprit, en toi je l'affermis ; unis-toi à tes membres, parle avec ta langue sans balbutier... Je t'assigne l'inspiration et l'expiration, la vieillesse pour mort, la longue vie : soit béni !... »

Au 3e jour de la 3e lunaison claire (croissante) après la naissance, le père, tenant l'enfant dans ses bras, lui fait adorer la lune. Sa première sortie (4e mois), son premier essai d'alimentation solide (*annaprâçana*, 6e mois), sa première tonte et la coiffure familiale qu'on lui impose à la suite (3 ans), ses premières boucles d'oreilles sont autant de prétextes à des rites de bon augure [5].

Mais tous ces menus sacrements le cèdent de beaucoup en importance à l'*upanayana* ou entrée à l'école, solennité fixée à l'âge de huit ans pour un brahmane, de dix et douze pour un enfant de 2e ou 3e caste. Il reçoit les insignes du rang de novice (*brahmacârin*), la peau d'antilope noire, la ceinture et le bâton, et son temps sera désormais partagé entre les soins pieux et l'étude du Véda [6]. On profère sur lui une interminable série de bénédictions, dans le goût des précédentes, dont je ne veux citer que deux ou trois stances, moins banales que le reste. « ... Que le noir et le tacheté ne te broient pas [7], les deux chiens de Yama, qui gardent les chemins. Va devant toi, n'égare pas ta pensée, ne détourne pas ton esprit du lieu où nous sommes. Ne prends point ce chemin-là, car il est redoutable, ce chemin par lequel tu n'as pas encore passé : là sont les ténèbres, ô homme, ne descends point ; par là-bas est la terreur, ici la sécurité... Je t'ai arraché à la mort. Que les haleines vivifiantes soufflent de concert ! Puissent les femmes échevelées, hurleuses lugubres, ne pas hurler sur toi !... [8] »

A la sortie de l'école, dont l'époque est variable et mal précisée, le novice prend un bain solennel et devient *snâtaka* [9]. Entre temps, vers seize ans, il a reçu le sacrement dit *gôdâna* « don de vaches » (parce qu'il est l'occasion d'une libéralité de cette nature à l'officiant), mais dont l'essence est la tonte de la première barbe, à telle enseigne que la barbe des joues a pris en sanscrit le nom courant de *gôdâna*. Pour ce rite aussi notre Véda a des hymnes et nombre de stances éparses : « ... Daignent le père Ciel et la mère Terre, de commun accord, t'accorder la mort de vieillesse, afin que tu vives cent hivers dans le giron de la déesse Aditi, gardé par l'haleine expirée et l'haleine inspirée... [10] »

Enfin, il est sans doute superflu d'ajouter que la liturgie du mariage, qui inaugure une nouvelle phase de l'existence, est une suite presque ininterrompue de charmes de longévité [11]. Mais, ici plus que jamais, nous empiétons sur le terrain religieux, qu'il est temps de quitter pour rentrer dans nos limites.

---

1. Cf. supra p. 25
2. C'est le *jâtakarma* « acte du nouveau-né » avec les subdivisions dites *médhâjanana* et *stanapratidhâna*. Cf. Hillebrandt, *Ritualliteratur*, § 14.
3. Cf. supra p. 31.
4. A. V. viii. 2 (les stances citées sont 1-3 et 11) ; K. S. 58.14.
5. Hillebrandt *op. cit.*, § 48-22 ; A. V vii. 53. 7, et K. S. 58.18, etc., etc. ; cf. Oldenberg-Henry, p. 363 sq.
6. Sur le caractère primitif et les détails de cette cérémonie voir Oldenberg-Henry, p. 399 sq.
7. Avec une correction au texte, telle que l'ai proposée, *A. V.*, viii-ix, p. 37, soit *pisâtâm* pour *présitau*. Le changement, qui semble exorbitant avec nos caractères, est insignifiant en graphie sanscrite.
8. Les pleureuses de funérailles. A. V. viii. 1 (les stances citées sont 9, 10 et 19), viii. 2, vii. 53, iii. 31, etc. ; K. S. 55-58.
9. Hillebrandt, *op. cit.*, § 35.
10. A. V. ii. 28 (la stance citée est 4) ; K. S. 54 ; Hillebrandt, *op. cit.*, § 23 ; Oldenberg-Henry, p. 363.
11. Hillebrandt, *op. cit.*, § 37.

§ 2. — Autres cérémonies

La technique fait une catégorie à part des rites destinés à procurer la vigueur, la force vitale, exactement « le lustre, l'éclat » (*varcas*). Elle y affecte plusieurs hymnes ou stances qui s'y adaptent tant bien que mal, mais qui ordinairement contiennent à satiété ce mot caractéristique, parfois remplacé par ses synonymes *tvishi* ou *yaças*. Aucune ne vaut l'honneur d'une citation [1] ; mais les manipulations qu'elles accompagnent ne manquent pas d'intérêt.

Le magicien, à chaque stance, jette au feu une poignée de bois d'udumbara, de palâça et de jujubier, arbres qui symbolisent la vigueur. A chaque stance aussi, il y répand des grains de riz, d'orge ou de sésame. On sait que pendant ce temps son client doit être en contact avec lui. Ensuite il lui fait prendre une bouillie de riz, un gâteau d'offrande ou « les sucs », le tout assaisonné du sampâta obligé [2]. A un brahmane on fait boire, avec la même addition, un mélange de lait aigri et de miel ; pour un guerrier, on y ajoute du *kilâla*, sorte de boisson sucrée de composition inconnue ; à un paysan on ne donne que du *kilâla* tout pur [3]. Il n'est point aisé de pénétrer le sens de ces subtiles distinctions.

Pour une femme, la force vitale réside surtout dans la fécondité c'est pourquoi, semble-t-il, dans ce cas, le charme s'adresse aux parties déclives. Si le sujet est une jeune fille, on se contente de réciter l'hymne en regardant sa cuisse droite (faut-il qu'elle soit nue) ? ; puis on fait oblation de l'épiploon d'une chèvre (conformité sexuelle) [4].

§ 2. — Autres cérémonies

La superstition, si répandue en tous lieux, qui consiste à manger certaines viandes pour s'assimiler les qualités propres ou conventionnellement attribuées aux animaux d'où elles proviennent, a pris dans l'Inde un caractère à la fois très arrêté et si étrange que l'application en devient invraisemblable. Pour acquérir la force vitale, il faut manger sept parties vitales de sept être mâles [5] : parmi ces parties figurent, d'après le commentaire, le cœur, la tête et le nombril ; parmi les sept individus mâles, un lion, un tigre, un bouc, un bélier et un taureau. Il y a déjà là de quoi rebuter un fort robuste appétit ; mais il est probable qu'on ne lui sert que des parcelles infinitésimales de ces mets, puisqu'il est prescrit de les enclore dans une crêpe enduite du sampâta. Ce qui déconcerte absolument, c'est que les deux autres mâles qui font les frais du repas sont... un snâtaka et un roi (un guerrier ?). Il est inadmissible qu'un pareil trait de cannibalisme ait persisté à l'époque tardive de la composition du Sûtra ; et au surplus comment se serait-on procuré ces atroces agapes, alors que les sacrifices humains étaient depuis très longtemps abolis dans l'Inde, si jamais même ils y ont eu cours à titre officiel [6] ? Pourtant le texte semble formel : s'agit-il d'un simple simulacre ? ou de rites magiques abominables et rares pratiqués dans le huis clos de quelques confréries ? On sait que pareilles accusations, calomnieuses ou non, ont été formulées au sujet de mainte communauté religieuse [7]. Mais ici ce sont les adeptes eux-mêmes qui s'en targuent, et ils ajoutent obligeamment qu'à la vérité un brahmane ne doit pas se repaître de sang [8] : ce qui sans doute signifie que la cérémonie est réservée aux autres castes, plus spécialement au guerrier, à qui elle paraît mieux adaptée.

Pour ceux à qui elle répugnerait, on nous en décrit une plus simple et plus inoffensive, d'ailleurs accompagnée des mêmes récitations. Le sorcier lave le sujet et l'essuie de la tête aux pieds ; il l'asperge ; il mouille d'une goutte de pluie une tige d'herbe longue de quatre doigts et s'en sert pour tourner une mixture d'onguents.

L'onguent est un symbole de santé et de force, et l'action vivifiante de l'eau de pluie est un des thèmes courants de la liturgie brahmanique. Le sujet dit alors : « Dans le chien soit la lèpre, sur le bouc le poil gris, dans le brin d'herbe la fièvre, la consomption dans celui qui nous hait et que nous haïssons », et il lance le brin d'herbe dans la direction du midi, la région des Mânes ; puis il se parfume, en récitant les stances spécifiquement prescrites pour cette opération [9]. En envoyant les fléaux ailleurs, il s'en préserve ; en abandonnant aux Mânes le brin d'herbe, il se dégage de l'influence nocive qui est censée s'y être attachée quand le fluide bienfaisant de la pluie a passé dans les onguents. C'est du moins ce qu'on croit entrevoir, autant qu'il est permis d'introduire quelque logique dans ces aberrations compliquées.

Outre ces conjurations contre tous périls éventuels, le rituel en connaît d'autres, dirigées contre un danger précis et prochain. Ainsi, au moment d'engager un combat, le chef se fait bénir par son chapelain, qui lui suspend au col un bouton d'arc ou une corde d'arc, une cordelette ou des racines de gazon ; et dès lors les flèches ennemies « feront le tour de son corps », ne l'atteindront pas [10]. Mais nous voici déjà en dehors du domaine des simples charmes : ces objets, encore qu'ils ne servent qu'à une destination déterminée, sont de véritables talismans ; c'est des talismans à toutes fins, de vigueur, longue vie et invulnérabilité, qu'il nous reste à parler.

---

1. A. V. i. 1 (cf. supra, p. 16, n. 2), iii 16 et 22, v. 3, vi, 38, 39 et 69, viii. 1 (cf. supra p. 84), xii 1. 23-25. — Il est probable que les mots caractéristiques désignent « le bon teint », indice de la santé générale.
2. K. S. 10. 4-6, et 12. 10-11 ; sur le contact, supra p. 45.
3. K. S. 12. 15-17.
4. K. S. 12. 12-13. Cf. le rite obscène décrit Oldenberg-Henry, p, 334.
5. K. S. 13. 6 ; mais cf. aussi infra p. 91.
6. Oldenberg-Henry, p. 310 sq.
7. Les païens l'ont dit des chrétiens, et les chrétiens des juifs, avec autant de fondement les uns que les autres.
8. K. S. 13. 7.
9. K. S. 13. 9-12.
10. K. S. 14. 2-13. L'hymne afférent est A. V. i. 2, où il est bien, en effet, question de flèche ou plutôt de roseau, mais dans un tout autre sens que celui d'un préservatif contre l'atteinte des traits : cf. infra, chap. viii 7. On n'imagine pas l'arbitraire effréné qui a présidé à l'utilisation artificielle de certaines formules, pourvu qu'elles continssent un mot où la technique trouvât à s'accrocher.

§3. — Amulettes

Un hymne d'une assez gracieuse inspiration célèbre la perle ou la coquille perlière qu'on suspend au cou du jeune brahmane, après son initiation, pour le préserver de tous maux [1], et peut ici servir de spécimen de la phraséologie védique en matière d'amulettes.

(A. V. IV. 10.) « 1. Née du vent, de l'espace, de l'éclair, du météore, puisse la coquille née de l'or, la perle, nous défendre de l'angoisse ! — 2. De par la coquille, reine des gemmes, née du sein de l'océan, nous tuons les démons, nous maîtrisons les êtres dévorants ; — 3. De par la coquille, la maladie et la détresse ; de par la coquille, les femelles malignes. Puisse la coquille panacée, la perle, nous défendre de l'angoisse ! — 4. Née au ciel, née dans la mer, amenée du Sindhu, la voici, la coquille née de l'or, le joyau qui sauve la vie. — 5. Joyau né de la mer, soleil né de la nuée, qu'elle nous protège en tous sens des traits des dieux et des démons. — 6. Ton nom est un des noms de l'or, tu es fille de Sôma, tu ornes le char, tu resplendis sur le carquois. Qu'elle prolonge notre vie ! — 7. L'os des dieux s'est fait perle ; il prend vie et se meut au sein des eaux. Je te l'attache pour la vie et la vigueur et la force, pour la longue vie, la vie de cent automnes. Que la perle te protège ! »

La même bénédiction finale est proférée sept fois, en refrain de stance, sur un guerrier à qui l'on remet un talisman dit *astrta* « invaincu », baigné du mélange ordinaire de lait et de miel ; (A. V. XIX. (46) « ... 5. En ce joyau sont cent et une virilité, mille souffles vitaux en cet invincible ; tigre, triomphe de tous ennemis ; quiconque te combattra, qu'il tombe à tes pieds : que l'invincible te protège !... »

Il est rare pourtant que l'amulette soit un simple produit naturel ; la plupart du temps elle est de confection magique. Celles qui révèlent de la récitation des mêmes stances que les charmes dits de force vitale sont assez nombreuses : il y en a une d'ivoire ; une faite de poils d'éléphant agglutinés avec de la gomme et liés d'un fil d'or ; une, de poils pris aux parties sexuelles de chacun des sept individus mâles [2], et ici du moins la mention du snâtaka et guerrier cesse de faire difficulté ; une, enfin, surnommée *daçavrksha* « de dix arbres », que l'on compose de dix brindilles des bois réputés de bon augure [3].

Car c'est essentiellement le bois qui fournit la matière première de ces « cuirasses » magiques : les animaux, en dépit de leur vigueur, sont de mauvais patrons, car ils vivent peu ; les arbres, qui voient passer sous leur ombre tant de générations humaines, incarnent vraiment la longévité, et ils la communiquent, pour autant que les chétifs mortels en sont susceptibles. On choisit à cet effet les plus résistants : le *palâça* (butea frondosa), au magnifique feuillage ; le *khadira* (acacia catechu), au bois dur comme fer ; le *sraktya* ou *tilaka* (clerodendrum phlomoides), ou bien à la faveur d'un calembour, le *varana* (crataeva Roxburgii), parce que la racine *var* signifie « obstruer » et que dès lors il est « le défenseur ». De chacun de ces bois on fabrique une amulette dont les vertus offensives et défensives font l'objet d'un hymne de la plus banale espèce du varana, en particulier, on taille quatre morceaux en forme de soc de charrue et on les fixe sur une tige d'or ; ou bien l'on en réunit quatre, cinq, dix sortes en un seul faisceau, qui naturellement cumule tous leurs attributs [4]. Les textes parlent aussi, sans plus de détails, d'une amulette de grains d'orge [5] qui, selon toute apparence, doit symboliser et procurer abondance de nourriture.

Peut-être convient-il de s'arrêter un instant sur le *srâktyâ* ou talisman de bois de sraktya. Avant la publication du Kauçika-Sûtra, on ignorait encore que le sraktya n'était qu'un autre nom du tilaka, arbre connu, et l'on traduisait *srâktya* comme un dérivé régulier du substantif *srâkti* « coin », soit donc quelque chose comme [talisman] anguleux ». Je me suis souvent demandé s'il n'y aurait pas lieu de revenir par un détour à cette première interprétation : il serait fort possible, en effet, que l'objet eût été nommé *srâktya* parce qu'il était de forme anguleuse ; après quoi, on aurait surnommé le tilaka *srâktya*, parce qu'il était la matière première du talisman *srâktya*. Au point de vue des lois générales de la

§3. — Amulettes

formation des mots en sanscrit, l'hypothèse est irréprochable. De plus, elle trouve quelque support dans la description, il est vrai, bien sommaire, que fait du talisman l'hymne qui lui est consacré, si, comme je l'ai conjecturé, les épithètes *prativarta* et *pratisara* [6], qui n'apparaissent que dans ce contexte et dont l'une fausse un vers, ne sont pas de plats ornements, mais tiennent à la nature même de l'objet ; car alors elles pourraient suggérer un contour qui revient plusieurs fois sur lui-même. Une fois cette piste relevée, il devient impossible de ne pas songer au talisman célèbre sous le nom de « sceau de Salomon », signe de bon augure et terreur des démons dans la croyance des Sémites : composé de deux triangle équilatéraux et égaux qui se coupent suivant des segments égaux, il présente un contour à angles rentrants et sortants, et doit sans doute sa vertu exceptionnelle aux nombreuses pointes qu'il dresse en tous sens pour percer les ennemis invisibles ou les embarrasser dans ses replis. L'infiltration très ancienne d'éléments sémitiques dans la magie jusque dans la religion de la Péninsule paraît, en tout état de cause, incontestable, et nous en rencontrerons, au cours de notre étude, d'autres exemples peut-être moins sujets à caution.

---

1. K. S. 58. 9. C'est le chatoiement de la perle qui suggère les images de l'oret du soleil. Quant à sa naissance de la nuée (st. 5), on connaît la superstition populaire suivant laquelle la perle est une goutte de pluie brillante recueillie par une coquille où elle s'est figée. Plus bas, le Sindhu désigne, soit le fleuve (Indus) par où la perle a été importée, soit la mer elle-même.
2. K. S. 13. 2 4, et cf. supra p. 8.
3. K. S. 13. 5, et cf. infra, chapitre VII, § 2.
4. Hymnes : A. V. iii. 5, viii. 5, x. 3 et 6 emploi : K. S. 19. 22-25.
5. K. S. 22. 27. (A. V. vi. 142. 3).
6. A. V. viii. 5.1 et 4.

Chapitre IV : Charmes de prospérité

Les rites talismaniques, on l'a vu, nous ont déjà fait empiéter sur le terrain très étendu que la classification hindoue assigne aux *pushtikarmâni* ou « opérations de prospérité » ; et maintenant en la forçant quelque peu, nous ne verrons nul inconvénient à annexer à celles-ci les rites spéciaux dits *sâmmanasyâni*, destinés à assurer entre les membres de la tribu ou de la famille la concorde et la bonne harmonie, conditions premières de la prospérité matérielle. Nous pouvons en effet les considérer comme dominant et commandant tous les autres, et, à ce titre, d'autant qu'ils sont peu variés et sans intérêt dans le détail, leur réserver au premier rang une place très étroite.

Pour prévenir ou apaiser la discorde entre les habitants du village, le sorcier en fait trois fois le tour, en lui présentant le côté droit, — donc dans le sens des aiguilles d'une montre, — et portant sur son épaule une cruche pleine d'eau, qu'il vide ensuite sur la place du milieu. Il procède de même avec une cruche de *surâ*, boisson fermentée de composition inconnue. La manœuvre se trouve plus ou moins expliquée par telle ou telle stance des hymnes qui la sanctifient [1] : « Que votre boisson soit la même pour tous, commune votre nourriture... » La communion alimentaire est partout symbole de fraternité, et le déversement du liquide au centre du village est à son tour symbole de communion ; quant aux trois tours préalables, c'est une simple cérémonie de bon augure.

La même idée se réalise en un repas commun : les personnes entre lesquelles on veut maintenir ou rétablir la concorde mangent ensemble de la viande d'une génisse de trois ans, coupée en menus morceaux et marinée dans une sauce piquante ; bien entendu, ces mets ont été enduits du sampâta, qu'on a également mêlé aux boissons des convives [2]. Les détails de cuisine sont difficilement explicables : il est probable pourtant que la sauce, toute « piquante » qu'elle est, passe ici pour « douce » en tant qu'elle flatte vivement le palais des dîneurs [3], et joue en conséquence un rôle symbolique analogue à celui du bois de réglisse mâché par un plaideur, au moment où il se présente devant une assemblée judiciaire, pour s'en concilier la bienveillance et les suffrages [4].

---

1. A. V. iii. 30, v. 1. 5, vi. 64, 73-74 et 94, vii. 52 ; K. S. 12. 5-7.
2. K. S. 12. 8-9 ; mêmes hymnes.
3. On sait avec quelle facilité les deux idées se marient et se confondent ; le slave *sladuku*, par exemple (lituanien *saldùs*), signifie étymologiquement « salé » ; mais usuellement « doux ».
4. K. S. 38. 17 ; A. V. i, 34.

§ 1er — La maison

Home, sweet home ! Bien avant les Anglo-Saxons, les Hindous ont trouvé des accents émus pour peindre la sécurité, la paix et le charme intime du foyer domestique. Dans un hymne à bon droit célèbre, qui la décompose pièce à pièce (A. V. IX. 3), la hutte de bois et de gazon (*çâlâ*) est déesse, invoquée sous le vocable de « Dame de la demeure » et célébrée comme dispensatrice de toute richesse. La maison (*vâstu*) est placée sous la protection d'un génie spécial, Vâstôshpati, et les morceaux du genre de celui qui va suivre sont rubriqués au rituel comme relevant de ce demi-dieu (*vâstôshpatîyâni*) qui se confond à demi avec elle. Aussi la cérémonie qui appelle la bénédiction et la joie sur la maison que l'on construit, sans plus rien contenir des rites sanguinaires qui la caractérisent chez d'autres peuples [1], reste-t-elle empreinte d'une solennité grave et sereine, écho lointain pour nous, mais sonore encore à nos cœurs, de toutes les délices et de toutes les angoisses qu'elle abritera de son ombre et de son rempart.

En récitant deux belles stances au « faucon céleste qui contemple les hommes » (le soleil, A. V. VII. 41), on apprête, on aplanit l'emplacement et l'on y amène les futurs habitants, y compris les animaux domestiques. On trace à la charrue le contour des fondations et l'on y charrie les matériaux de la bâtisse ; les hymnes à Vâstôsphati [2] et autres prières de bon augure accompagnent toute la cérémonie. Dans l'excavation centrale, où s'enfoncera le principal étai, on fait une jonchée de darbha ; dans les autres, on répand de l'eau bénite, de jeunes pousses d'herbe et du gravier. Tandis qu'on dresse le pilier central, qu'on y fixe la maîtresse-poutre, le brahmane, foulant le sol pour l'affermir, entonne l'hymne qui suit pas à pas le cours des opérations [3].

(A. V. III. 12.) « 1. Ici j'érige une hutte solide : qu'elle se tienne en repos, baignée de beurre. O hutte, puisse sous ta garde vivre notre mâle famille, au grand complet, bien portante, saine et sauve ! — 2. O hutte, tiens-toi ferme ici, riche en chevaux, en vaches, en bénédictions ; riche en nourriture, en beurre, en lait, dresse-toi pour la superbe prospérité... — 4. La hutte que voici, daigne Savitar la construire, et Vâyu, et Indra, et Brhaspati [4], lui qui sait ! Que les Maruts l'aspergent d'eau et de beurre, et que le roi Bhaga étende notre labour. — 5. O dame de la demeure, déesse protectrice et douce, ce sont les dieux qui d'abord t'ont érigée : toi qu'on revêt de chaume, sois bonne à habiter, et donne-nous la richesse avec une mâle postérité. — 6. O maîtresse-poutre, monte comme il faut sur le pilier ; reine puissante, tiens à distance nos ennemis. Que tes adorateurs ne souffrent point nuisance, ô hutte, et puissions nous en bonne santé vivre cent automnes ! — 7. Vers elle est venu l'enfantelet tendre, vers elle le veau et le bétail, vers elle l'urne pleine d'eau et les écuelles de lait aigri. — 8. Apporte, O femme, la cruche pleine, torrent de beurre mêlé d'ambroisie. Oins d'ambroisie ceux qui boivent ici. Puissent nos oblations et nos œuvres pies être à la hutte une sauvegarde ! — 9. Voici les eaux que j'apporte, les eaux qui ne connaissent pas la maladie et qui la bannissent ; et je m'assieds en ces demeures, avec le feu du foyer, dieu immortel. »

Les « œuvres pies » consistent, ici comme partout, dans les honoraires dont on gratifie les célébrants, et dans le festin qu'on leur offre, « composé de toutes les sortes possibles de mets », évidemment dans la pensée que, si un seul aliment venait à manquer, la maison à son tour en encourrait quelque jour la disette. Encore que le répertoire culinaire de l'époque ne fût point considérable, pareil repas, auquel sans doute on conviait les voisins et amis, n'allait pas sans grands frais ; mais l'occasion était exceptionnelle, et d'ailleurs, en échange, les brahmanes proféraient sur la maison toutes les bénédictions de leur propre répertoire [5]. La maison ainsi construite doit être réputée inébranlable. Si elle vient à menacer ruine, il y a remède. On enduit de sampâta six pierres polies, qu'on enterre, respectivement, aux quatre coins, en bas et en haut : en bas, cela doit s'entendre de la fondation du pilier central ; en haut, c'est moins clair, s'agit-il d'enkyster la pierre dans un cône de pisé qui agglu-

§ 1er — La maison

tine la commissure du toit de chaume ? Les prières afférentes sont des formules de prose vulgaire adressées, respectivement aussi, aux quatre points cardinaux, au nadir et au zénith [6].

---

1. Oldenberg-Henry, p. 310.
2. A. iii. 12, vi. 73 et 93, xix. 1. (le bel hymne à la Terre qui est un des joyaux du recueil) ; K. S. 8. 23.
3. K. S. 43. 3-11.
4. Sur la nature et les attributions de ces dieux, qui n'ont guère rien de particulier à la maisonnée (cf. supra p. 12), on consultera, si on le juge à propos, Oldenberg-Henry, s. vv. Bhaga est un dieu bienfaisant sans spécialité déterminée, qui dans un autre domaine est monté au rang suprême, puis unique : on sait que le slave *Bogŭ* signifie « Dieu ».
5. K. S. 43. 14-15. Les cérémonies intercalaires (12-13) sont sans grande importance.
6. A. V. v. 10 ; K. S. 51. 14.

§ 2. — Le feu et l'eau

Le feu et l'eau sont les deux plus précieux auxiliaires de l'humanité et — on vient de le voir — les facteurs magiques du bonheur domestique. Mais ce sont, ou des dieux plus puissants que l'homme, ou, si on le préfère, des esclaves qui le menacent de rébellion, s'il ne sait les paroles qui les contiennent et les dirigent. Il faut les opposer l'un à l'autre, eux ou leurs tenants respectifs, et les charmes qui les rendent inoffensifs nous offriront un nouvel exemple du principe de sympathie inhérent à toute magie : la plante ou l'animal aquatique, par sa seule présence, attirera l'eau ou bannira le feu.

Rien ne nous apprend si le rite prévu contre l'incendie [1] est purement défensif, ou s'il peut être préventif. Les paroles de l'hymne s'adaptent indifféremment aux deux destinations. « Sur le chemin qui t'amène ou te remmène, ô feu, puisse le gazon fleurir ? qu'il y naisse une source ou un étang de lotus ? C'est ici le rendez-vous des eaux, l'emplacement de la grande mare ; au sein de l'étang sont nos demeures : arrière tes gueules ! O hutte, nous t'enveloppons d'une matrice de fraîcheur : aie pour nous de froids étangs, et qu'Agni soit à lui-même son propre remède. » On creuse une mare « entre les deux maisons [2] », celle d'où vient (ou pourra venir ?) le danger, et celle qu'il menace ; et l'on fait à celle-ci un rempart ou une couverture d'*avakâ* (blyxa octandra), belle plante aux feuilles charnues qui croît dans les étangs [3].

Les rites de l'eau sont encore plus topiques et plus pittoresques : il

§ 2. — Le feu et l'eau

s'agit, cette fois, de détourner le cours d'un ruisseau, soit qu'il cause dommage ou doive ailleurs porter fertilité. Le livre sacré y consacre un hymne de sept stances, dont les quatre premières enferment quatre étymologies par jeu de mots sur les noms des eaux ; car l'étymologie est la voie mystique par où l'on pénètre les secrets du verbe, et le jeu de mots est un artifice courant pour amuser les dieux, capter leur bienveillance. Les deux stances suivantes font l'éloge des déesses Eaux : autre façon de les rendre accessibles à la prière. Avec la dernière s'ouvre la manœuvre décisive. Jusque-là, l'opérateur s'est contenté de marcher, en versant de l'eau dans le nouveau lit, pour indiquer au ruisseau le chemin qu'il devra prendre, et d'y disposer comme une piste de plantes aquatiques, notamment de bambou rotin. Maintenant, il se penche et dit « O Eaux, voici votre cœur », et il y dépose un lingot ou une pièce d'or ; l'or est le cœur des eaux, parce que les rivières roulent des paillettes d'or. Il dit : « O saintes, voici votre veau », c'est-à-dire « votre enfant chéri », et c'est une grenouille rayée de vert, qu'il a liée de deux fils croisés, rouge et bleu foncé. Enfin il recouvre le tout d'une touffe d'avakâ et ajoute : « Venez ici, ô puissantes, venez où je vous amène [4]. » Rien n'y manque, en vérité, et le brahmane n'y a point épargné sa peine, encore que la pièce d'or dût peut-être plus légitimement revenir à ceux qui ont donné les coups de pioche.

---

1. A. V. vi. 106 ; K. S. 52. 5-7.
2. C'est la traduction que j'ai proposée, *Revue critique*, li (1901), p. 203, en admettant *çâle* accusatif féminin duel, et non locatif neutre singulier, comme l'interprétait M. Caland ; et j'ai eu le plaisir de voir le savant et loyal exégète se rallier à ma solution (par lettre à moi adressée).
3. L'hymne est à trois fins : il sert aussi à guérir une brûlure (par ablution), et — emploi plus curieux — à garantir un accusé contre les effets d'une ordalie, K. S. 52. 8-9. Le sorcier le récite sur l'huile bouillante où le sujet devra plonger le bras pour en retirer une pièce d'or, et dès lors l'épreuve sera pour lui sans danger. On voit que le jugement de Dieu date de loin, et aussi les fraudes qu'on y oppose.
4. A. V. iii. 13 ; K. S. 40. 1-6 ; puis vient une clôture insignifiante (7-9).

§ 3. — Le bétail

Les Védas nous reportent, comme on sait, à une phase d'existence beaucoup plus pastorale qu'agricole : aussi la magie a-t-elle fort à faire des bestiaux, soit pour leur prospérité générale, soit en vue de certains moments critiques de l'élevage.

Dans la première catégorie rentre le charme de la *citrâ* « la brillante », qui ne peut se faire qu'au moment où la lune est en conjonction avec cet astérisme (l'Épi de la Vierge). Pendant la nuit, on enduit de sampâtâ une branche d'udumbara, un couteau, etc., et l'on verse du sampâtâ dans un vase plein d'eau. Le lendemain, on fait trois fois le tour du troupeau de vaches, en leur présentant le côté droit et les aspergeant d'eau ; le rameau sert de goupillon. On prend un veau né dans l'année, on lui pose sous chacune des oreilles un petit bloc d'udumbara comme support, et au moyen du couteau on le marque par incision d'un dessin représentant les organes sexuels mâle et femelle [1]. L'arrière-pensée essentielle est donc celle de la fécondité.

Dans le même but on fait boire aux vaches de l'eau salée, consacrée selon le rite [2]. Cela, évidemment, ne saurait leur nuire, si elles n'en abusent pas.

Voici qui est un peu plus compliqué. Celui qui désire que son troupeau prospère mêle au colostrum (premier lait après la parturition) d'une génisse primipare un peu de la salive de son veau, et avale le tout, assaisonné de sampâtâ. Il donne une vache au brahmane : cet article du

§ 3. — Le bétail

code brahmanique est assez important pour que l'Atharva-Véda consacre à le commenter un très long hymne tout entier (XII. 4), sans compter mainte allusion occasionnelle. Il vide au milieu de l'étable une écuelle d'eau consacrée. Il balaie l'étable ; puis, posant le pied gauche sur le tas d'ordure, de la main droite il en sème de nouveau la moitié à travers l'étable et récite en même temps un des hymnes prescrits : c'est sans doute que fumier de vache signifie fécondité des champs et, par extension abusive, fécondité du troupeau. Enfin dans le lait d'une vache qui a un veau de même couleur qu'elle, il jette de la fiente de taureau, du bdellium et du sel, ajoute de quoi faire de cette mixture une sorte de crêpe, la laisse mijoter derrière le feu domestique du 13ᵉ au 15ᵉ jour de la nouvelle ou de la pleine lune, et enfin... la mange [3]. J'ai déjà dit que la magie hindoue connaît des absorptions plus répugnantes encore ; mais de celle-ci, on ne sait ce qu'il faut le plus admirer, ou l'horreur, ou l'insanité.

Quand le bétail se rend au pâturage, on enduit de sampâta un pieu de bois de khadira, que l'on brandit à la suite du troupeau, alternativement l'élevant et l'enfonçant en terre : c'est un préservatif contre l'assaut des grands carnassiers, probablement un simulacre de combat contre eux. En même temps, on sème sur le chemin que suivent les vaches l'ordure qui provient du balayage de l'étable : c'est comme une partie intégrante d'elles-mêmes qui reste là et assure le retour de chacune d'elles, puisque chacune a sa part dans la composition de la piste [4]. Lorsqu'elles reviennent, il faut aller à leur rencontre, en leur récitant un hymne de bienvenue. Ce qu'il y a de remarquable dans toutes ces pratiques, c'est qu'elles ne supposent presque nulle part la présence d'un brahmane : on peut dire qu'elles la supposent par prétérition, puisqu'en fait aucun charme n'est valable sans lui ; mais il n'en reste pas moins que, par leur simplicité, par le rôle de première importance qu'elles assignent au laïque intéressé, elles semblent nous reporter à une époque patriarcale, où le chef de famille accomplissait lui-même tous ces rites de la vie domestique et rurale.

Lorsqu'un taureau a vieilli, il faut lâcher parmi les vaches un plus jeune reproducteur : le rituel y a pourvu par un hymne d'une stance, et un autre de vingt-quatre [5], tout enténébré de mysticisme ; car le taureau ainsi consacré, enduit du sampâta, est dieu ou peu s'en faut ; ou du moins il y a nombre de dieux qui sont taureaux. A la fin, l'on dit aux vaches : « Voici le jeune époux que nous vous donnons ici : ébattez-vous avec lui, errez à votre fantaisie ; ne nous laissez pas manquez de croît, ô bienfaitrices, et comblez nous de toutes prospérités. » Et les textes conseillent, à celui qui veut être sûr de l'effet de cette prière, d'immoler à Indra le vieux taureau.

Quand le veau est né, il peut arriver que la vache le repousse, ou que lui-même ne sache pas la téter : grave danger pour la pauvre petite bête. « Comme le moyeu s'ajuste à la jante », dit-on à la mère, « comme le cœur du mâle lascif s'attache à la femelle, ainsi, ô vache, que ton cœur s'attache à ton veau ! On lave le veau, on l'asperge de l'urine de sa mère, et on lui en fait faire trois fois le tour de gauche à droite ; puis on l'applique à la mamelle, en murmurant l'hymne par dessus la tête et dans l'oreille droite de la vache. Désormais ils ne se quitteront plus [6].

Un charme analogue, par aspersion d'eau et d'une poudre odoriférante, assure les vertus du cheval de course [7], et l'abominable crêpe à la bouse est également efficace pour la prospérité des bœufs de labour [8]. Nous passons ainsi à l'économie agricole.

---

1. L. S. 23. 12-14, et la note de M. Caland ; les hymnes sont A. V. vi. 4 et 141.
2. Le charme est également curatif : K. S. 19. 1-3 ; les hymnes sont A. V. i. 4-6, iv. 1 et 21, v. 15.
3. K. S. 19. 14-20 ; les hymnes sont A. V. ii. 26, iii. 14, vii. 75 et ix. 7 (ce dernier une longue séquence de prose mystique). — Il est également prescrit de saluer solennellement les vaches, lorsqu'elles se rendent au pâturage et qu'elles en reviennent : K. S. 21. 8-11 ; les hymnes sont, respectivement, A. V. vii. 75 et iv. 24.
4. K. S. 51. 1-2 ; A. V. iv. 3, dont les allusions sont particulièrement dirigées contre le péril provenant des bêtes féroces.
5. A. V. vii. 111 et ix. 4 (la stance citée est ix. 4. 24) ; K. S. 24. 19-22.
6. K. S. 41. 18-20 ; A. V. vi. 70 (la stance citée est la dernière).
7. K. S. 41. 21-26 ; A. V. vi. 92 et vii. 4 comme vi. 92 a trois stances et que vii. 4 n'en a qu'une, on répète celle-ci trois fois.
8. K. S. 20. 25.

§ 4. — L'agriculture

On a déjà mentionné la manœuvre assez compliquée qui inaugure les labours : simulacre de labourage ; oblations à Indra dieu de l'orage, et aux Açvins génies équestres de l'atmosphère, qui président à la température ; consécration du champ par effusion d'eau et de sampâta ; simulacre de semailles ; dialogue de bon augure entre le paysan et sa femme ; consécration du soc de la charrue, qui passera la nuit sur la jachère, prête ainsi pour le travail réel du lendemain. Deux hymnes très courts sont prescrits pour cette cérémonie, où la parole, en effet, s'efface devant la manipulation magique [1].

C'est au contraire un hymne très long, empreint d'un admirable sentiment poétique, un hymne à la Terre, que les magiciens ont utilisé dans une conjuration analogue ; car il n'a certainement pas été composé pour la circonstance ; il contient, pour cela, beaucoup trop de détails pittoresques sans aucun rapport avec le labourage. Et, par cette raison même, on n'en saurait rien détacher : il faut le lire tout entier pour en goûter tout le charme, d'ailleurs entièrement étranger à la magie [2]. En le récitant, on se place derrière le feu, avec la charrue attelée, qu'on asperge d'eau mêlée de sampâta. On peut aussi le substituer aux précédents dans la manœuvre aratoire simulée [3].

Un morceau spécial [4] est prescrit pour le simulacre de semailles, qui consiste à jeter trois fois, à la volée, une poignée de grains d'orge enduits de graisse ; après quoi, l'on procède aux semailles véritables [5], mais avec des graines dont on a préalablement, de façon assez singulière, béni la fructification. La veille, on a versé dans les sacs de semences divers fruits d'arbres de bon augure, du gravier, de la terre à gazon, de la terre de fourmilière ; on y a déposé un faisceau de trois branchettes de jujubier, lié d'une tige d'herbe et enveloppé d'une feuille de palâça ; on a fait un plantureux repas, dont on a versé les restes dans les sacs, sous bénédiction du brahmane : ainsi tous les emblèmes de vigueur et d'abondance feront cortège à la graine dans le sein de la terre où elle doit se multiplier [6].

Mais elle y rencontrera des ennemis : et, tout d'abord, les mauvaises herbes. On les bannit en enterrant dans le sillon trois tiges de silâñjâlâ et proférant une for mule de parfait charabia [7]. Nul ne saura jamais sans doute, ce que c'est que le silâñjâlâ, ni surtout ce que signifie la formule.

La défense contre les menus parasites, rat, taupe, insectes, est heureusement beaucoup plus nette, à cela près qu'on ne sait au juste ce que c est qu'un *tarda*. On fait le tour du champ en récitant l'hymne qui les bannit, broyant dans ses mains de la limaille de fer (substance omineuse) et semant du gravier (substance offensive). On lie avec un cheveu le museau d'un tarda, et on l'enfouit, la tête en bas, — deux précautions valent mieux qu'une, — au milieu du champ : ainsi, il ne mangera plus de grain, ni par conséquent ses congénères. Le reste du rite est religieux : on fait oblation aux divinités des régions célestes, aux Açvins, au génie du champ (*kshêtrapati*), et l'on garde le silence jusqu'au coucher du soleil [8].

Il y a une autre conjuration, connexe aux hymnes dirigés contre le voisinage ou la morsure des serpents, mais qui vaut contre toute vermine [9]. On trace des lignes autour de l'emplacement que l'on veut protéger, trois fois toujours, et de gauche à droite. On tue une vache ou une chèvre, on broie le contenu de la panse, et on le répand dans la demeure, ou on l'enterre dans le champ, ou on le jette au feu : c'est probablement une offrande propitiatoire ; car, dans les sacrifices sanglants, le contenu des entrailles est la part des démons, et les serpents sont, suivant l'occurrence, des démons ou des demi-dieux. On enfouit également, racines à rebours, des plantes antidémoniaques, entre autres l'apâmârga, qui se retrouvera en son lieu [10].

Pour effrayer l'orage qui menace la moisson, on court à sa rencontre en disant : « Le taureau premier-né, le mâle né de la matrice, né du vent et de la nuée, vient à nous en mugissant et charriant l'ondée... » On lui lance à chaque stance un « foudre d'eau », c'est-à-dire un paquet d'eau violemment projeté ; c'est le combattre par ses propres armes. On tient en main un glaive, un tison ou un gourdin ; ou bien on court sur lui, tout nu, en s'essuyant le front du haut en bas : la nudité, sans doute parce qu'elle reporte l'homme aux plus antiques traditions de sa race, lui confère une puissance surnaturelle ; mais le but de la manœuvre accessoire n'est guère discernable. Lorsqu'elle a réussi, on fait sur un réchaud de charbons une oblation de feuilles de raifort et de gravier [11].

Le même hymne peut servir à faire cesser une pluie excessive ; mais alors il faut, à la fin de la récitation, enfouir vivement un *arka* (calotropis gigantea), plante dont le nom signifie « lueur » : en enterrant l'éclair, on supprime la pluie qu'il provoque [12].

Mais il n'est pas moins important de la faire jaillir à volonté. Ce n'est pas une petite affaire : il faut commencer par observer douze jours de jeûne très rigoureux ; la maigreur, elle aussi, est une condition essentielle de pouvoir surhumain [13] ; et puis, durant ce temps, la pluie a quelque chance de survenir. Sinon, on fait, des offrandes aux dieux pluvieux, et l'on simule une pluie de tiges d'herbe dans une jarre d'eau. Voici qui est plus curieux : on suspend à la maîtresse-poutre une tête de chien et une tête de bélier, ou bien une paire de chaussures en cheveux (?), et on les fait s'entre-choquer [14]. Quel peut être le sens de cette pratique ? M. Oldenberg [15] se demande si la tête de bélier doit enfoncer la voûte céleste ; mais la description ne cadre point avec cette hypothèse. Il faut creuser plus avant : le chien est le hurleur ; le bélier, le fécondateur ; de leur rencontre naîtront le tonnerre et la pluie. Quant aux souliers, j'avoue n'y rien comprendre : donne-t-on le change aux génies des eaux célestes en leur faisant croire que l'homme marche dans leur domaine ? mais ils seraient capables de s'en venger tout autrement qu'en répandant leurs trésors.

Certains charmes pluviaux se sont glissés jusque dans le rituel officiel des grands sacrifices. Telle est la *kârîrîshti*[16], qui fait partie de l'une des trois fêtes saisonnières [17], celle qui marque la fin de l'été. Elle consiste à jeter, par dessus les autres oblations, des fruits de *karîra* (capparis aphylla) [18], et les Brahmanas enseignent que cette offrande supplémentaire a pour objet de hâter la venue de la saison des pluies, impatiemment attendue sous ce climat torride.

1. K. S. 20 1-24 ; A. V. iii 7 et 17 ; mais de brèves formules de prose, jetées au travers des rites, semblent vouloir rappeler qu'ils remontent au temps où l'on ne versifiait pas encore. Il est impossible de ne pas songer ici à la fête des semailles présidée chaque année par l'empereur de Chine ; ce qui ne veut pas dire, bien entendu, que la Chine ait rien emprunté à l'Inde, ou réciproquement.
2. Cf. Henry, A. V., x-xii, p. 179 ; et 215 ; Bloomfield, A. V., p. 199 et 639.
3. K. S. 24. 35-36 ; A. V. xii 1 ; et aussi A. V. vi. 33, K. S. 23. 17.
4. A. V. vi. 142. « Crois et multiplie-toi de par ta propre force, ô blé : écrase tous les boisseaux ; que la pierre céleste ne te frappe point. Toi qui nous écoutes, ô dieu blé, ici où nous t'invoquons, crois haut comme le ciel, et comme l'océan sois inépuisable. Inépuisés soient tes magasins, inépuisées tes meules ; inépuisés les donateurs de blé, inépuisés ceux qui te mangeront.
5. K. S. 24. 1.2 et note Caland.
6. K. S. 21. 1-7 ; les hymnes sont A. V. iii. 24 pour les préliminaires et vi. 79 pour les semailles.
7. K. S. 51. 15-16 ; A. S. vi. 16. 4.
8. K. S. 51. 17-22 ; l'hymne est A. V. vi. 50.
9. K. S. 50. 17-22 ; A. V. vi. 56 et 128, xi. 2, xii. 1. 46, et cf. infra, chapitre viii, § 5.
10. Cf. infra, chapitre vii, § 4, et chapitre viii, préambule.
11. K. S. 38. 1-6 ; A. V. i. 12 (la stance citée est i. 12. 1).
12. K. S. 38. 7 ; cf. supra. — Le mot inexpliqué *pratilômakarshitas* de ce verset signifie « à rebrousse-poil », donc quelque chose comme « échevelé » par la violence de l'orage contre lequel court l'opérateur ; malheureusement, le sanscrit *lôman* ne se dit que des poils du corps, et non des cheveux.
13. Cf. Oldenberg-Henry, p. 343.
14. K. S. 41. 4-7 et 14 ; les hymnes sont A. V. i. 4-6 et 33, iii. 13, iv. 45. vi. 19, 23, 24, 51, 57. 3, 59, 61 et 62, et vii. 18.
15. *Op. cit.*, p. 432.
16. Le symbolisme de la kârîrîshti est très caractéristique. Cette cérémonie comporte plusieurs accessoires ; un cheval noir, une fourrure noire, un vêtement noir à franges noires ; et l'on délaie les fruits de karîra dans une mixture sucrée teinte en noir : toutes allusions à la couleur du ciel orageux. « Le noir est la couleur de la pluie » : Oldenberg-Henry, p. 386.
17. Oldenberg. *op. cit.*, p. 371.
18. Il est à supposer que la plante est de celles qui réclament le plus particulièrement l'eau en abondance.

§ 5. — Les voyages et le commerce.

L'Hindou des temps védiques était moins sédentaire qu'on ne serait de prime abord disposé à le croire ; car les textes fourmillent de prescriptions à l'usage de ceux qui partent, sont en voyage ou rentrent chez eux. Mais ces rites sont tous d'une extrême simplicité : saluer le feu domestique, y mettre du combustible de bon augure, boire au départ une mixture bénie par le brahmane, faire le premier pas du pied droit, saluer au retour la maison du plus loin qu'on l'aperçoit, toucher en rentrant les deux chambranles avec une formule d'action de grâces, etc. [1] Tout au plus est-il intéressant de savoir que celui qui doit voyager par eau se fait attacher une amulette en forme de bateau [2] ; chez nous, c'est au retour qu'on suspend ces ex-voto aux murs des chapelles.

« Du bon va vers le meilleur », telle est la prière inaugurale d'un voyage d'affaires, « que Brhaspati marche devant toi ; fais que cet homme, sur toute l'étendue de la terre, soit sain et sauf et tienne à distance tout ennemi. » On murmure ces quatre vers en mettant du bois au feu, et le véhicule, le cheval, le bateau, ainsi que les denrées à vendre, ont été enduits du sampâta obtenu sous la même bénédiction [3].

Car le négoce, bien entendu, est le motif essentiel de ces déplacements, toujours coûteux, pénibles et dangereux : aussi l'acte de mettre du bois au feu est-il également prescrit, avec des stances appropriées, au commerçant qui veut augmenter ses gains [4]. Il doit aussi invoquer Vâcaspati « le maître de la parole », en s'inclinant devant le soleil levant : la parole facile conquiert les clients. Il se baigne, met un vêtement neuf, puis un autre également neuf par-dessus, qu'on a lavé en récitant les stances adressées à ce demi-dieu ; et enfin il donne un vêtement neuf au brahmane [5] : c'est là sans doute le point d'importance.

---

1. K. S. 18. 27-31, 24. 11-17, 50. 1-11, 52. 1-2 respectivement A. V. v. 6, vii. 60, i. 21, 26, 27, vi, 3 et 76, vii. 55, etc
2. K. S. 52. 10. On récite les stances A. V. vii 6. 2-4, où la terre est célébrée comme un « navire divin au bon aviron ».
3. A. V. vii. 8 ; K. S. 42. 1-5. — Ailleurs (50. 12) ce dernier charme s'accompagne de l'hymne iii. 15. où le dieu Indra est invoqué en qualité de « commerçant », sans doute parce qu'il vend ses faveurs aux gens pieux en échange de leurs oblations.
4. K. S. 41. 8-9 ; les hymnes sont A. V. iii, 20, v. 7 et vii. 1
5. K. S. 41. 15-17 ; A. V. vi. 62 ; les *vâcaspatiyâs* sont les stances A.V. xiii. 1-20.

§ 6. — Le jeu

Le jeu est dans l'Inde une fureur : ses grands poèmes sont remplis d'histoires de guerriers qui jouent aux dés, non pour s'y délasser de leurs prouesses, mais pour y gagner des fortunes, ou qui, à la suite d'une martingale acharnée, se voient réduits à la pire détresse ; et le Rig-Véda déjà nous a conservé un « hymne du joueur [1] », ardent de verve, criant de vie, qui tranche sur le ton uniforme de la grande collection hiératique. Les magiciens n'ont pu négliger cette source de gains et d'émotions, grosse d'ailleurs de profit pour eux-mêmes ; malheureusement, faute de connaître les règles et la signification des termes techniques du jeu, nous sommes parfois fort empêchés de comprendre leurs formules, si topiques qu'elles paraissent. Voici du moins ce que nous pouvons entrevoir.

Les Apsarâs et, par contre-coup, leurs lascifs amants, les Gandharvas, sont les patronnes et patrons des joueurs. M. Oldenberg se demande quelque part [2] pourquoi ces génies de l'atmosphère, ces nymphes des nuées ou des eaux terrestres, sont censés jouer aux dés, jeu médiocrement mythique. La solution me semble plus simple qu'on ne serait d'abord tenté de le supposer : elle réside tout uniment dans la restriction abusive du sens d'un mot. De temps immémorial, le mythe enseignait que les Ondines s'ébattent, jouent (*krtîdanti*) dans leur domaine : du jour où, parmi les hommes, le jeu de dés fut devenu la *krîdâ* par excellence, la phrase toute faite léguée par la tradition parut forcément signifier que les Ondines jouaient aux dés [3].

Deux jolis hymnes les appellent au secours du joueur. Il faudrait pouvoir rendre la vive allure et le rythme sautillant du premier.

(A. V. IV. 38.) « 1. L'épanouie, la victorieuse, l'ondine habile au jeu, l'ondine qui gagne les enjeux, je l'invoque ici. — 2. Celle qui divise et qui entasse [4], l'ondine habile au jeu, l'ondine qui rafle les enjeux, je l'invoque ici. — 3. Celle qui va dansant avec les dés, qui se fait un revenu du tablier, qui pour nous souhaite de vaincre, puisse-t-elle, par son pouvoir magique, amener le coup suprême !... — 4. Celles dont les dés sont les délices, qui apportent douleur et colère, la délicieuse, la délirante ondine, je l'invoque ici !... »

Le second hymne déifie, avec les ondines, les dés eux-mêmes, et surtout leur chef, Kali, le point de l'as, le plus faible, par conséquent le plus redoutable.

(A. V. VII. 109.) « 1. Hommage au puissant brun [5] qui règne sur les Dés ! J'offre le beurre à l'As : qu'il nous fasse merci en récompense ! — 2. Amène, ô Agni, le beurre aux Apsarâs, aux Dés la poussière, le sable et les eaux [6] : agréant la libation, chacun pour la part qui lui revient, les Dieux du jeu font leurs délices de l'une et de l'autre offrande. — 3. Les Apsarâs s'enivrent du festin que je leur offre entre le chariot d'offrande et le soleil : qu'elles emplissent de beurre [7] mes deux mains ; qu'elles mettent en mon pouvoir le joueur mon adversaire. — 4. Désastre à l'adversaire ! Inonde-nous de beurre ! Foudroie comme un arbre quiconque jouera contre nous ! — 5. Celui qui, en vue du jeu, nous a procuré la richesse que voici, qui nous a appris à lancer les dés, à amener le coup suprême, puisse ce Dieu agréer notre oblation ! puissions nous, avec les Gandharvas, nous enivrer au festin ! — 6. Dieux cohabitants, tel est votre nom ; car vous êtes, ô Dés, puissants d'aspect, soutiens de la royauté... — 7. Parce que, dans ma détresse, j'invoque les Dieux du jeu, parce que nous avons observé chasteté, alors que je saisis les Dés bruns, qu'ils nous fassent merci en récompense !

Le troisième hymne ne parle point des ondines : il fait intervenir d'autres déités plus puissantes, mais qui n'ont pour le jeu de dés rien de spécifique, Agni, Indra, les Maruts ; et, à côté de cette décoration divine, tout artificielle, il étale un fond de documents humains qui nous seraient fort précieux si nous les pénétrions mieux ; car il entrelace, dans un pêle-mêle savant des stances prises à d'autres recueils, sans rapport avec le jeu proprement dit, bénédictions banales à peine détournées de leur

§ 6. — Le jeu

sens primitif par une variante qui fausse le vers et d'autres stances très topiques, qui nous semblent contenir jusqu'à des expressions techniques de l'argot des joueurs. Je ne citerai que ces dernières, en rappelant prudemment que ma traduction, qui remonte à plus de dix années, n'a jamais été donnée que pour conjecturale, bien que le mot à mot et le sens logique s'y accordent sans violence [8].

(A. V. VII. 50.) « 1. L'arbre meurt quand l'a frappé la pierre meurtrière de la foudre infaillible : ainsi, les joueurs, puissé-je, à coups de dés, les frapper, infaillible ! — 2. Des lestes et des veules, de toutes gens, sans résistance, vienne de toute part s'accumuler la part d'enjeu et la part de prise au creux de ma main ! — ... 5. Je t'ai vaincu, je t'ai ratissé de fond en comble, et j'ai gagné jusqu'à ta réserve. Comme un loup secouerait une brebis, ainsi je secoue ton gain. — ... 8. Le gain en ma main droite, le triomphe en ma gauche est placé : puissé-je gagner des vaches, gagner des chevaux, gagner la richesse, gagner de l'or ! — 9. O dés, donnez-moi un jeu fructueux, pareil à une vache laitière ; à un flot torrentueux de gain [9] unissez-moi, comme un arc à sa corde. »

Pour comble d'obscurité, les pratiques liées à ces récitations nous sont décrites avec une concision déconcertante. Il y a d'abord, semble-t-il, une observance de chasteté [10], à laquelle le Véda fait une vague allusion, mais dont le Sûtra ne dit mot. Le charme qu'il prescrit est essentiellement astrologique et repose sur le nom de deux astérisrnes dits les *ashâdhâs* ou « les invincibles » : quand la lune est en conjonction avec le premier, on creuse l'emplacement du tablier ; avec le second, on cueille les noix de vibhîdaka (?). Le point capital paraît être que les dés avec lesquels on jouera aient trempé, durant le temps voulu, dans le mélange de miel et de lait aigre : on les en retire en récitant tout bas l'un des hymnes [11], et probablement, sous même incantation, on les passe à l'eau pour les dépoisser, puis au sable pour les sécher : ce qui justifie l'oblation de gravier et d'eau qu'on est censé leur faire lorsqu'on les divinise [12]. Peut-être serait-il plus expédient de les piper ; mais de cela les textes ne parlent point.

---

1. R. V. x. 34. Cet hymne a peut-être lui-même été utilisé en tant que conjuration de bonne chance : Henry, *l'Antithèse védique*, in *Revue de Linguistique*, XXXI (1898), p. 1 sq., spécialement p. 86.
2. *Op. cit.*, p. 211, n. 1.
3. Accessoirement, toutefois, le fracas des dés sur le tablier a pu suggérer celui du tonnerre dans la nuée, première patrie des Apsarâs.

Chapitre IV : Charmes de prospérité

4. Le sens de ces termes nous échappe : ce sont évidemment des allusions à quelque habileté technique, soit à manier les dés, soit à faire les mises.
5. On se sert, en guise de dé, de la noix de vibhîdaka (terminalia bellerica), qui est de couleur brun-foncé.
6. Cf. infra. — Plus haut la traduction « en récompense », exactement « pour le pareil » (*idṛçê*), est conjecturale mais infiniment probable.
7. Calembour probable de *ghṛta* « beurre » à *kṛta* « gain ».
8. Pour la justification des points de détail de mon interprétation, tant sur cet hymne que sur le précédent, je dois me borner à renvoyer à mon *A. V.*, vii, p. 18, 42, 75 et 118.
9. Toujours le même jeu de mots par à peu près.
10. A. V. vii. 109, 7.
11. K. S. 41. 10-13. — Une opération, beaucoup plus simple (K. S. 38. 27-30), utilise l'hymne A. V. vii. 12, qui n'a pas été composé pour le jeu, mais d'une façon générale, en vue du succès et de la faveur dans les assemblées.
12. A. V. vii 109. 2.

Chapitre V : Charmes sexuels

La nomenclature indigène confond, sous le nom de *strîkarmâni* « affaires de femmes », les charmes érotiques et toutes les pratiques destinées à procurer une gestation aisée, un heureux accouchement, une postérité mâle. La magie, naturellement, met en œuvre toutes ses ressources pour assurer le bonheur des amants, la constance des époux, l'accroissement de la famille, et c'est peut-être dans cet ordre d'idées qu'elle a atteint ses inspirations les meilleures, son expression la plus touchante, comme aussi elle y étale effrontément ses visions les plus cornues. Délicatesse et grossièreté, licence et pudeur, il y a de tout dans ses petits poèmes et ses menus rites, survivances adoucies de la barbarie native au sein d'une société déjà monogame et avancée en civilisation. Je voudrais qu'il me fût donné, sans en trop dissimuler les inévitables tares, d'en faire ressortir toute la naïve et ingénieuse beauté.

§ 1er. — L'amour et le mariage

(A. V. vi. 8.) « 1. Comme de toute part la liane s'enlace à l'arbre, ainsi, ô femme, je m'enlace à toi, afin que tu m'aimes, que tu ne te détournes point de moi. — 2. Comme l'aigle, au moment de prendre l'essor presse de ses ailes sur le sol, ainsi ô femme, je presse sur ton cœur, afin que tu m'aimes, que tu ne te détournes point de moi. — 3. Comme le soleil, chaque jour, fait le tour du ciel et de la terre, ainsi, ô femme, je fais le tour de ton cœur, afin que tu m'aimes, que tu ne te détournes point de moi. »

(A. V. iii. 25.) « 1. Que l'aiguillonneur t'aiguillonne, que ta couche ignore le sommeil ; la flèche cruelle de l'Amour, je t'en perce le cœur. — 2. La flèche dont la penne est le souci, la pointe le désir, la hampe le vouloir, que l'Amour l'ajuste droit et t'en perce le cœur. — 3. Celle qui brûle les entrailles, l'ardente flèche de l'Amour, bien ajustée, au vol sûr, je t'en perce le cœur. — 4. Consumée de brûlante ardeur, la bouche sèche, glisse-toi auprès de moi, docile, apaisée, toute à moi, caressante et tendre. — 5. Obéis à l'aiguillon dont je te frappe, quitte père et mère, demeure en mon pouvoir, sois docile à ma pensée. — 6. O Mitra et Varuna, bannissez d'elle sa propre pensée : qu'elle n'ait plus de volonté et soit tout entière à la mienne. »

C'est ainsi que l'amant, ou le sorcier qu'il délègue, parle à celle qu'il veut attirer dans ses bras, et ces appels passionnés n'épuisent point son répertoire ¹. Avec la première récitation, il broie entre deux copeaux, l'un pris à un arbre, l'autre à la liane qui l'enlace, une hampe de flèche, de l'onguent de sthakara, du *kushtha* (costus speciosus, herbe de bon augure), du bois de réglisse et du gazon déraciné par un orage, le tout enduit de beurre, et il en fait une pâte dont il touche la jeune fille à leur première rencontre ². La seconde cérémonie ³, beaucoup plus compliquée, reproduit symboliquement toutes les métamorphoses de l'incantation qui l'accompagne.

En murmurant l'hymne, l'amant touche du doigt la jeune fille : c'est l'aiguillon dont il la frappe. Il est question d'ardeur brûlante : aussi jette-t-il au feu vingt-et-une épines ⁴ dont la pointe est tournée vers l'orient ; puis il y place vingt-et-une branchettes de jujubier liées d'un fil rouge, car le rouge est la couleur de la passion ; enfin, il chauffe au feu, trois jours durant et trois fois par jour, des brins de kushtha enduits de beurre frais. Ce n'est pas tout : il met son lit sens dessus dessous et s'y couche : c'est la couche qui doit ignorer le sommeil. Dans cette position, il fait osciller, en la heurtant de ses deux gros orteils, une bouilloire d'eau très chaude suspendue par trois cordons au pied du lit : c'est le cœur de la bien-aimée qui doit se pénétrer d'ardeur et palpiter à toute volée. Il moule une figurine de glaise : d'un arc à corde de chanvre, il lui décoche à l'endroit du cœur une flèche à plumes de chouette, dont la pointe est une épine et la hampe une tige de bois noir. Voilà bien encore ce qu'on pourrait nommer un rite « intégral ».

Il ne servirait de rien d'avoir enflammé d'amour la jeune fille, si l'on ne lui donnait les moyens d'échapper à la surveillance inquiète de sa famille : la tenir éveillée, à la bonne heure ; mais il s'agit d'endormir toute la maisonnée. « De par le taureau aux mille cornes, le puissant qui s'est levé du fond de la mer, nous versons sur ces gens le sommeil. — Le vent ne souffle pas sur la terre ; nul ne regarde : ô compagnon d'Indra, verse le sommeil sur les femmes et les chiens. — Les femmes couchées sur des lits, des divans, des litières, les femmes qui exhalent un parfum voluptueux, nous les endormons. — ... Que la mère dorme, que le père dorme, que le chien dorme, et dorme le maître de la maison ; dorment tous ses parents, dorment tous alentour... » L'amant murmure cette incantation en regardant de toutes ses forces la maison qu'il veut endormir : il l'asperge d'eau mêlée de sampâta et verse de cette eau par la fente du seuil ⁵. Ainsi, dit un peu plus loin M. Caland, Canidie frotte d'herbes magiques le lit de Varus ⁶.

§ 1er. — L'amour et le mariage

Les femmes de l'Atharva sont plus réservées que les enchanteresses romaines : elles ne disposent, en tout, que de trois petits hymnes pour se faire aimer d'un homme. Le contenu en est fort banal, et non moins, le charme qui s'y joint : la femme sème des fèves — la fève est érotique en tant qu'emblème du testicule — et des smara, plante inconnue dont le nom signifie « souvenir » ; contre une figurine d'argile, elle lance, de toutes les directions de l'espace, des pointes de roseau enflammées [7]. Théocrite et Virgile nous en ont appris davantage sur les philtres et les incantations de l'antiquité [8].

Dans l'Inde, ce qui importe à la jeune fille, c'est moins d'être aimée que d'être épousée : aussi tout le savoir-faire du magicien est-il tourné vers ce but, auquel il s'efforce d'intéresser tous ses dieux. « Cette femme », dit-il à Aryman, « est lasse d'avoir assisté aux fêtes nuptiales des autres femmes : que maintenant les autres assistent aux siennes. » Aryaman est par excellence, le patron des fiançailles ; Sôma (la lune) est l'époux de Sûryâ (la vierge solaire), et les Açvins, leurs garçons d'honneur [9] ; Savitar est le soleil lui-même ; Dhâtar, le créateur ; Indra, le mâle fougueux ; Bhaga, le bienfaisant : ils défilent tous dans la prière qu'on profère en apprêtant le « mets d'hospitalité » qu'on servira à la jeune fille, emblème de celui qu'on destine à l'hôte désiré. Sur un autel fait de terre prise à une tanière de bête fauves, on fait diverses oblations : une stance de l'hymne rappelle que cette tanière a été en son temps une chambre nuptiale. On fait monter le sujet sur une barque, qui symbolise le navire céleste des Açvins, les divins entremetteurs. On jette sur le dos d'un taureau un vêtement neuf enduit de sampâta ; on le lâche, et la direction où il s'enfuit, c'est par là que viendra le prétendant qu'il est censé incarner [10].

S'ils savent donner le mal d'amour, les charmeurs doivent pouvoir le guérir ; mais leurs antidotes ont bien moins de cachet que leurs poisons. Une terne prière à Agni, avec refrain, « qu'il brûle et bannisse notre mal » ; la murmurer en semant des cailloux vers la demeure de celle qui cause le tourment, en les broyant dans la main, ou même sans les broyer : ces insignifiants accessoires ne sont guère qu'une contenance [11].

---

1. Y joindre A. V. i. 34, ii. 30, vi. 9 et 102.
2. K. S. 35. 21.
3. K. S. 35. 22-28.
4. Sur le nombre 21, cf. supra p. 76, n. 5.
5. A. V. iv. 5 ; K. S. 36. 1-4.
6. Sur A. V. vi. 77 et K. S. 36. 5-9 : cf. Horace, épode 5.

7. A. V. vi. 130-132 ; K. S. 36. 13-14.
8. Respectivement idylle 2 et églogue 8.
9. Cf. Oldenberg-Henry, p. 177 sq.
10. A. V. ii 35 et vi. 60 ; K. S. 34. 12-24, et cf. supra p. 65).
11. A. V. iv. 33 ; K. S. 36. 22-24.

§ 2. — Les rivalités

L'homme qui se défend contre un rival recourt, pour l'ordinaire, à un procédé souverain : il l'attaque en ses œuvres vives, dans sa virilité ; ce charme se retrouvera plus bas. La femme jalouse doit recourir à d'autres armes : le magicien connaît mais nous ne saurions identifier la « plante à feuilles de flèches » qui lui assurera la victoire.

(A. V. III. 18.) « 1. Je déterre cette plante, la puissante entre les plantes de par qui sont confondues les rivales et conduis les époux. — 2. O plante aux feuilles étalées, propice, assistée des dieux, triomphante, heurte et chasse ma rivale, que l'époux soit tout à moi. — 3. Car il n'a pas proféré ton nom, et tu ne reposes pas en son épousaille. Au lointain le plus lointain nous bannissons la rivale. — ...... 6. Autour de toi j'ai placé la victorieuse ; au-dessus de toi, la plus victorieuse. Que ton cœur me suive à la course, comme le veau suit sa mère, comme l'eau suit sa pente. »

Si ces dernières paroles s'adressent à l'homme, la phrase précédente semble bien dirigée contre la rivale ; car, en la proférant, le brahmane dépose une feuille sous son lit, puis une autre par dessus. Auparavant il a broyé la plante dans le lait d'une chèvre rouge étendu d'eau et il a répandu la mixture aux alentours de ce même lit [1]. Les termes et les détails paraissent surtout convenir à une femme légitime qui redoute quelque maîtresse. Le charme suivant est à l'usage d'une jeune fille qui veut ramener un fiancé hésitant.

« Comme d'un arbre , dit-elle, « on détache une liane, j'ai détaché de celle-ci son bonheur et son éclat ; comme une montagne à la large base, puisse-t-elle longtemps demeurer assise chez ses parents ! » Le bonheur et la beauté ont pour emblème la guirlande de parure, liane fleurie et frêle. On s'est procuré une guirlande de la rivale, que l'on écrase en poudre fine ; ou bien, avec des cheveux de la rivale, on l'enveloppe, jointe à divers objets de rebut, dans un lambeau de la peau d'une vache immolée dans une cérémonie funéraire, et l'on enfouit le tout, sous trois pierres, dans la fente d'un mortier à piler le grain : pratique d'envoûtement qui se retrouvera ailleurs. On peut aussi faire de ses cheveux trois anneaux, chacun noué d'un fil noir et les enfouir comme suit : un anneau, une pierre dessus ; un anneau, etc. ; sans oublier sur chacun l'exécration prescrite [2].

Toutefois, si la femme ainsi attaquée emploie à son tour des conjurateurs experts, ils se mettront en quête de la cachette, et en la découvrant ils diront : « Si l'on a enfoui son bonheur sous trois, sous quatre pierres, aujourd'hui je le déterre avec postérité et richesse. » Ainsi l'envoûtement sera mis à néant [3].

---

1. K. S. 36. 19-21. L'hymne, comme maints autres de l'A. V., appartient aussi au R. V. postérieur (x. 145).
2. K. S. 36. 15-17 ; l'hymne est A. V. i. 14 ; la stance citée, i. 14. 1.
3. K. S. 36. 18.

§ 3. — La constance

Deux hymnes de pareille teneur, mais récités, l'un par un homme, l'autre par une femme, visent à maintenir l'accord entre amants ou époux : non pas à ramener un époux où une maîtresse volage, car le charme suppose les deux intéressés en présence ; mais à garantir la fidélité de celui qui part en voyage et de celle qui gardera la maison. Il faut cueillir une certaine plante avec sa racine et la placer sur la tête de l'objet aimé, sans doute la tresser dans ses cheveux. A plus proche examen, les deux conjurations apparaissent, non seulement comme parallèles, mais comme réciproques et simultanées. Il y a longtemps que j'en ai rapproché [1] un touchant adieu dont le prince Henri d'Orléans a été témoin chez une peuplade barbare de la haute vallée de l'Assam.

« Au départ j'assiste à une curieuse scène de famille entre Kioutsés, dans une maison du village : une jeune femme, qui porte un enfant sur le dos, prend trois fils de chanvre, en tresse une petite corde et l'attache en manière de bracelet au bras d'un porteur ; celui-ci fait de même pour la jeune femme. Je suppose qu'au moment de la séparation pour vingt et quelques jours c'est un gage d'amour échangé entre eux [2]. »

C'est mieux qu'un simple gage d'amour : c'est un lien qui doit les unir en dépit de la distance ; ou bien si le bracelet de chanvre est la survivance du brin de darbha qui attachait la plante, celle-ci étant attachée au sujet, le sujet est censé attaché à la plante, comme Dolabella à son épée dans la facétie de Cicéron [3] : il est son captif, elle le ramènera auprès de l'autre plante sa sœur, attachée dans les cheveux de la femme. Et peut-être bien un effluve aérien renforcera-t-il cette attraction de sympathie ; car, sans savoir ce que c'est que le *sauvarcala* du Sûtra, l'on croit comprendre que c'est une plante à l'odeur forte, « qui tire les larmes » ; ou même serait-ce un aphrodisiaque ? Mais je m'arrête : un terme obscur de l'hymne m'avait fait conjecturer que cette plante, comme la mandragore, imitait la forme humaine ; j'estime à présent que ce serait vouloir trop faire dire à un texte qui dit peu de chose [4].

« ... De par cette plante », dit la femme, « dont usa la fée maligne pour faire déserter à Indra le cénacle des dieux, je te soumets à mon pouvoir pour rester ta bien-aimée... Que tu sois par delà les demeures des hommes, par delà la grande rivière, cette plante, comme un prisonnier enchaîné, te ramènera auprès de moi. »

« ...O brune gracieuse qui fais aimer , dit l'homme, « qui excites l'ardeur, réunis-nous ; réunis-nous, cette femme et moi, et fais que nous n'ayons qu'un seul cœur... Comme l'ichneumon rajuste le serpent qu'il a déchiré, rajuste, O puissante, la déchirure d'amour [5] ».

On ne relèvera que pour mémoire un rite de contrainte, qui consiste à fixer un lien de la maîtresse-poutre au pilier central qui l'étaie, en vue de contenir une femme d'humeur vagabonde [6]. De celui-ci au précédent il y a toute la distance de la barbarie à la civilisation, de la violence au sentiment moral, de l'esclave à la compagne.

---

1. *Journal Asiatique*, 9ᵉ série, xi, p. 328.
2. *Revue de Paris*, 1897, n° 3, p. 467.
3. Macrobe, *Saturnales*, ii, 3.
4. Cf. mon *A. V.*, vii, p. 68.
5. A. V. vii. 38 (les stances citées sont 2 et 5). vi. 139 (les stances citées sont 3 et 5) ; K. S. 36. 12 mentionne en outre A. V. vi. 129 ; dont les termes sont infiniment plus vagues.
6. K. S. 36. 5-9 ; A. V.vi. 77.

§ 4. — Les réconciliations

Le charme conciliatoire fournit un exemple assez rare de discordance totale entre la parole et l'acte. On récite : « Comme une corde de l'arc, je détache de ton cœur la colère. » Et il faut bander un arc dans l'ombre de la personne à qui l'on s'adresse : évidemment, les deux extrémités de l'arc figurent le couple désuni. A cela près que l'hymne parle « d'enterrer la colère sous une pierre », les autres pratiques ne s'y accordent pas mieux on marche vers la personne, une pierre en main ; on la pose à terre : on crache dessus, ou tout autour. Je croirais volontiers que la pierre est censée la fondation nouvelle d'une affection un instant ébranlée ; le mortier qui doit la fixer est gâché de la salive, c'est-à-dire de la substance même de l'intéressé. Cela revient à admettre, ou que le versificateur n'a pas compris le rite, ou que le rite s'est incorporé tant bien que mal un morceau de facture vague, qui n'avait pas été composé pour lui [1].

Pour apaiser la jalousie, on fait boire au sujet de l'eau qu'on a tiédie en y plongeant un fer de hache rougi. « C'est un feu qui le brûle », dit l'hymne, « comme un incendie dévore la brousse en tous sens : éteins sa jalousie comme l'eau éteint le feu [2]. » L'accord, ici, ne laisse rien à désirer. D'autres paroles impliquent qu'on souffle sur le ventre du jaloux : c'est encore une façon d'éteindre le feu qui lui mord les entrailles. On peut aussi le toucher avec un objet quelconque sur lequel on a récité l'un des hymnes appropriés.

Chapitre V : Charmes sexuels

Ces deux rites sont unilatéraux. Il y en a un réciproque, qui consiste à se regarder en disant les paroles saintes et à porter sur soi des cheveux l'un de l'autre [3].

---

1. A. V. vi. 42 ; K. S. 36. 28-31.
2. A. V. vii. 45 (la stance citée est 2), vi. 18, vii. 74. 3 ; K. S. 36. 25-21.
3. K. S, 36. 10-11 ; A. V. vi. 89.

§ 5. — La virilité

La doctrine sépare entièrement les pratiques destinées à accroître ou à rajeunir la vigueur virile, de celles qui se proposent de l'anéantir : celles-ci sont des charmes sexuels ; mais les autres sont des « remèdes ». Si fondée que soit la distinction, mieux vaut ici n'y point avoir égard.

Les simples prescrits contre l'impuissance sont probablement — on devine pourquoi — des plantes à tige très raide : l'une d'elles, du moins, est un roseau (calamus fasciculatus). On les déterre avec une bêche de fer, autre emblème de dureté, en disant : « Ce sont des mâles qui te déterrent ; tu es un mâle, ô plante ; tu es un mâle, ô toi qui es riche en virilité ; c'est pour un mâle que nous te déterrons. » On en fait boire au sujet deux infusions dans du lait très chaud, symbole d'ardeur. Tandis qu'il boit, il tient dans son giron un arc bandé, ou bien il est assis sur un bloc ou une massue qui figure le phallus. Tous les détails sont topiques, et l'hymne ne l'est pas moins ; car il brave la citation intégrale, et d'ailleurs ne la mérite pas. « Toi, la plante que déterra le Gandharva pour Varuna quand sa vigueur décrut, toi qui donnes la vigueur, nous te déterrons. Puisse l'Aurore, le Soleil et mon charme, et Prajâpati le taureau exciter cet homme de son feu procréateur !... O plante, tu es la sève première-née des eaux et des plantes, tu es le frère de Sôma, tu es la vigueur de l'antilope mâle... La force de l'étalon, du mulet, du bouc et du bélier, la force du taureau, donne-la-lui, ô Indra, toi qui règne sur les corps [1] ! »

Un autre hymne [2] dont on ne saurait rien citer du tout, accompagne la remise d'une amulette faite du bois d'un arka (calotropis gigantea) poussant sur une seule tige et d'un fragment d'écorce du même arbre, ou bien d'un peu de peau d'antilope noire, liée d'un poil de la queue du même animal.

Les conjurations pour « nouer l'aiguillette » sont encore plus grossières. Il y a un rite très caractéristiques qui consiste à briser un arc de bois de bâdhaka (bois fort solide) dans la trace du pas d'un eunuque [3]. Les autres ne relèvent que du mauvais œil : on regarde fixement le sujet en murmurant l'hymne ominoux [4].

Les textes, enfin, mentionnent parmi les envoûtements en général une abominable pratique qui tend évidemment au même but : prendre l'urine, de la fiente et les testicules d'un veau, et broyer le tout en miettes avec un pilon de bâdhaka. Je laisse à penser les vœux que l'hymne formule contre le sujet : le seul traduisible, c'est qu'il porte désormais une mitre, coiffure des eunuques [5].

---

1. A. V. vi. 4 (les stances citées sont 1, 5 et 8) ; K. S. 40. 14-16.
2. A. V. vi. 2 ; K. S. 40. 16-18 ; l'hymne vi. 101 comporte l'un et l'autre rite.
3. K. S. 36. 35-37 ; A. V. vii. 90.
4. K. S. 36. 39-40 ; A. V. vii. 114.
5. K. S. 48. 32-33 ; A. V. vi. 138.

§ 6. — La fécondité et la postérité mâle.

La stérilité de l'épouse est la malédiction du foyer : aussi les charmes de fécondité sont-ils nombreux, mais peu variés, et en général d'une grande simplicité. En voici un : courte prière « ... daigne le Créateur créer !... » ; le brahmane répand des libations de beurre dans le giron de la femme et lui fait manger de la viande d'une chèvre rouge enduite du sampâta [1].

Un autre hymne invoque tour à tour toutes les déités féminines, puis Prajâpati, le grand procréateur, qui a de sa substance fait jaillir tous les êtres : le tout pour aboutir à faire manger à la femme deux plats de riz et sésame. Le premier doit être apprêté comme un mets d'hospitalité : l'hôte attendu, ici, c'est l'enfant qui doit naître. Le second doit avoir été passé par le trou d'un joug : nous retrouverons ailleurs le rôle bizarre que fait jouer la magie à cet accessoire ; ne symboliserait-il pas, dans le cas présent, l'orifice où doit entrer le flux fécondateur ? Cela est d'autant plus probable, que le mari doit, lui aussi, se soumettre à une pratique peu claire, mais peu décente, pour aborder sa femme avec chance d'union fructueuse [2].

Une composition fortement empreinte d'esprit mystique, la seule de ce genre qu'il soit à propos d'insérer dans le présent livre, offrira tout à la fois un spécimen, et de la poésie mystique de l'Atharva-Véda, et du tour artificiel que lui impriment les brahmanes pour l'accommoder au but essentiellement pratique de leurs conjurations.

(A. V. 1. 3) « 1. Prêtez attention, ô hommes, le grand secret va être proféré : il n'est pas sur terre, ni au ciel, le principe de par lequel respirent les plantes. — 2. Elles se tiennent debout dans l'espace, comme se tiendrait qui serait las d'être assis. Le point d'appui de cet univers, les hommes pieux le connaissent, ou bien ils ne le connaissent point [3]. — 3. Ce que dans votre vibration, ô Ciel et Terre, vous avez façonné, cela de toute part est humide comme les courants de l'océan. — 4. L'un recouvre tout, sur l'autre tout s'étaie : au Ciel qui voit tout et à la Terre j'ai fait hommage. »

Il est évident qu'à la stance 12, le magicien entend *asyâ bhûtâsya* « de cet univers » au sens, d'ailleurs plus littéral, de « cet être-ci », c'est-à-dire « de l'enfant qui doit être conçu ». L'allusion aux eaux toujours fécondes se reflète dans le rite ; la femme est assise au bord d'une rivière ou d'un ruisseau, sur des branches de *çimçapâ* (dalbergia sisu), plante qu'on doit supposer très reproductive, et on lui verse de l'eau bénite sur la tête. Rentrée chez elle, on lui donne un gâteau de sacrifice et des onguents enduits de sampâta [4].

Une amulette baignée selon le rite sert au même usage : c'est un bracelet dont on ne précise pas la matière. « Tu tends », lui dit l'opérateur, « tu tends les deux bras, tu écartes les démons : conquérant de richesse et de postérité a été ce bracelet. O bracelet, ouvre la matrice afin que l'embryon s'y loge ; ô talisman, donne un fils, fais-le bien venir ici toi le bienvenu. Le bracelet dont s'est parée Aditi désireuse d'enfanter un fils, que Tvashtar l'attache à cette femme, afin qu'elle conçoive un fils [5]. »

Ici le simple *garbhâdhâna*, « rite de conception », se confond avec le *pumsavana*, « rite de postérité mâle » ; car Tvashtar est père d'Indra, et Aditi, en fait d'enfants, n'a eu que des fils, les sept ou huit Adityas. Même confusion dans un rite qui se célèbre au bord d'une eau courante, et qui vaut tout à la fois, soit pour la femme qui désire un fils, soit pour celle qui redoute le retour d'un avortement [6]. Même encore, dans les quatre stances incolores dédiées au Créateur, où il n'est question que de postérité et de richesse : le brahmane les récite, les yeux fixés sur le giron de la femme, et le souhait d'un fils ne réside que dans sa pensée [7]. Mais il est à cet effet des conjurations plus explicites et plus spécifiques.

« Comme une flèche dans le carquois, un germe mâle pénétrera en ton sein », telles sont les paroles qui servent de motif à l'acte [8]. Aussitôt après la menstruation, si la lune est en conjonction avec un astérisme dont le nom soit masculin, on épluche sur la tête de la femme un roseau de l'espèce qui sert à faire des flèches, et on lui suspend au col une flèche

§ 6. — La fécondité et la postérité mâle. 135

baignée. On fabrique une écuelle du bois d'une charrue ; on y met du riz et de l'orge dans du lait d'une vache qui nourrit un veau — mâle sans doute — de même couleur qu'elle ; on laisse cailler et l'on ajoute divers autres ingrédients végétaux : du mélange séché on fait une poudre fine, qu'on introduit avec le pouce de la main droite dans la narine droite du sujet. La charrue figure ici comme outil de fertilité agricole.

« L'açvattha a sailli la çamî, et il est né un fils » ; car Agni est un mâle héros, et la comparaison de l'acte générateur avec le mouvement du vilebrequin allume-feu est un des thèmes courants de la poésie védique. Après avoir allumé un feu par la friction de ces deux bois, le brahmane en jette des brindilles enflammées dans le beurre d'une vache qui a un veau mâle, pulvérise et administre comme ci-dessus ; il en sème aussi des fragments dans une mixture miellée, qu'il donne à boire. Il enveloppe un morceau de chacun des deux bois, auxquels peut-être il donne une posture suggestive, dans la laine d'un animal de sexe masculin et cri fait une amulette que portera la femme [9].

Ce bref exposé n'épuise pas, il s'en faut bien, la liste des pratiques qui doivent assurer la perpétuité de la race. Elles ont envahi en tous sens le culte officiel : il n'est pas de grand ni de petit sacrifice où ne se rencontre, sinon un rite formel, au moins une ou plusieurs allusions à ce souci constant des époux. On y intéresse, notamment, les ancêtres défunts ; et, en fait, ils y sont, après le chef actuel de la famille, les premiers intéressés, puisque faute d'un fils les oblations mortuaires qui les nourrissent dans l'autre monde n'auront plus de continuateur. Dans les cérémonies funéraires, on les prie de « donner ici un garçon couronné de lotus », et l'épouse du sacrifiant mange un peu de la pâte de farine qui leur est offerte [10] : par là descendra en elle leur bénédiction ou, plus matériellement, quelque chose de leur vertu génératrice ; car chacun deux a engendré un fils, autrement leur culte serait aujourd'hui périmé.

La contre-partie de ce symbolisme propice n'est pas moins familière à la sorcellerie. Elle dispose de deux hymnes, l'un pour faire échec à la postérité mâle, l'autre pour causer absolue stérilité : « Les cents canaux et les mille canalicules de ton corps que voici, tous j'en ai, avec la pierre obstrué l'orifice ; je te mets la matrice sens dessus dessous, qu'il ne t'advienne conception ni délivrance ; je te fais stérile, incapable de concevoir, et de la pierre je te fais un couvercle. » On broie deux cailloux en poudre fine, on y mélange de l'urine de mule, et l'on introduit cet électuaire dans la nourriture et les onguents du sujet. On récite la conjuration en fixant le regard sur la raie médiane de ses cheveux [11] : le moment est venu de définir le rôle important : que joue cet accessoire dans l'obstétrique hindoue.

---

1. Plus exactement, les stances au Créateur (A. V. vii. 17. 1. 4) se récitent en tenant le regard fixé sur le giron de la femme ; l'hymne qui comporte les deux autres charmes est A. V. vii. 19 ; K. S. 35. 6-19.
2. 2) K. S. 35. 5-7 ; A. V. v. 25. — Le point de savoir à quelle fin la magie emploie volontiers les orifices étroits est fort loin d'être éclairci « L'Inde » dit M. (Odenberg (*Op. cit.*, p. 422), « connaît, comme bien d'autres pays, la coutume de faire passer par d'étroites ouvertures, de façon à râcler les surfaces qu'on veut débarrasser de leurs parasites : Apâla a une maladie de peau et Indra la fait passer par traction à travers le trou du char, le trou du chariot, le trou du joug : il lui donne une peau d'or en la purifiant trois fois. Le rite nuptial qui consiste à poser le trou du joug sur la tête de l'épouse n'est très probablement qu'une survivance symbolique de ce mode de purification. » Ainsi il ne s'agirait ici, primitivement, que d'un procédé fort grossier de râclage appliqué à une personne souillée ou menacée de quelque impureté. Selon M. Caland (*ein altindisches Zauberritual*, p. 31, n. 5), le symbolisme de l'opération serait beaucoup plus profond et plus raffiné : le passage par un orifice étroit serait une nouvelle naissance ; l'individu ainsi enfanté à nouveau serait censé recommencer une existence exempte des troubles et des tares de l'ancienne. etc. Quoi qu'il en soit, on voit que l'une et l'autre explication ne saurait viser que le cas où le charme s'applique à une personne, malade, envoûtée ou suspecte de pouvoir l'être : ce serait, dès lors, par voie d'extension abusive qu'on aurait appliqué le même procédé à un remède ou à un ingrédient quelconque de sorcellerie.
3. C'est-à-dire « ou bien c'est un mystère insondable ». Même expression et clausule de l'hymne mystique et cosmogonique R. V. x. 129 (7).
4. K. S. 34. 1-2.
5. A. V. vi. 81 ; K. S. 35. 11.
6. K. S. 32. 28-29 ; la récitation est l'hymne à tout faire A. V. i. 1, cf. supra, p. 76, n. 2.
7. Supra p. 61.
8. A. V. iii. 23 ; K. S. 35. 1-4.
9. A. V. vi. 11 ; K, S. 35. 8-9.
10. K. S. 89. 6.
11. K. S. 36. 33-34 ; A. V. vii. 34-35. — La mule est stérile, ou ne peut concevoir sans périr, dans la croyance hindoue.

§ 7. — La grossesse et l'accouchement

Le *sîmantakarma* ou « rite de la raie des cheveux » est un sacrement que prescrivent tous les rituels domestiques pour la protection de la femme enceinte et de son fruit. Il consiste essentiellement en deux opérations : diviser au sommet les cheveux de la femme au moyens d'un piquant de porc-épic marqué de trois taches blanches ; la ceindre de fruits encore verts du figuier udumbara. Il ne se célèbre qu'à la première grossesse et, sauf variantes, à mi-terme, quand l'embryon va donner signe de vie : il n'est pas mûr encore, mais il mûrira sous les auspices du fruit symbolique. Rien ne serait plus satisfaisant, si l'on se doutait le moins du monde de ce que les cheveux ont à voir en cette affaire : est-ce là, se demande M. Oldenberg [1], une forme rituelle du changement de coiffure qu'imposent à la femme enceinte beaucoup de coutumes sauvages ? ou une façon de lui changer la physionomie pour la rendre méconnaissable aux démons qui la guettent ? s'agit-il de chasser les esprits malins, qui pourraient par le sommet de la tête, pénétrer dans le crâne et le corps de la femme ? ou, au contraire, de faciliter l'entrée à l'âme de l'enfant, qui doit venir l'animer et trouvera une fente toute frayée au sommet du crâne ? Autant de questions qui resteront toujours sans réponse : la liturgie védique nous livre ses procédés, non ses motifs, et peut-être tous ceux-là et d'autres encore insoupçonnés gisent-ils à la base de ce rite singulier. Cependant, si j'avais à choisir entre eux, j'avouerais ma préférence marquée pour le dernier, en faveur duquel milite l'époque prescrite pour le sacrement : jusqu'à mi-terme, l'enfant n'a point d'âme, puisqu'il ne bouge pas ; il faut maintenant qu'une âme pénètre dans la mère, et elle ne peut le faire par les parties déclives, chemin trop peu noble pour elle ; mais, si elle tentait d'entrer par la tête, les cheveux épars pourraient la gêner ; on les rassemble et les divise pour lui marquer sa route.

Le Kauçika-Sûtra, n'étant pas, à proprement parler, un manuel du culte domestique, n'a point affaire du sîmantakarma ; mais ses commentateurs en connaissent le nom et l'usage, et c'est à ce sacrement, à tort ou à raison, qu'ils rapportent la remise d'une amulette composée de graines de moutarde blanche et jaune prescrite sans plus de détails pour la défense de la femme enceinte, mais fixée, semble-t-il, au 8e mois, et accompagnée d'une des diableries les plus caractérisées que jamais certainement ait produites aucune littérature fantastique. L'imagination hindoue, travaillant sur les survivances incohérentes de l'imagination sauvage, s'est donné libre et ample carrière, et il en est résulté un hymne qu'illustrerait dignement un *Sabbat* de Téniers ou l'une de ces *Tentations* où les vieux maîtres se sont complu à accumuler toutes les laideurs monstrueuses, grotesques ou répugnantes [2].

La femme enceinte est exposée à certains périls exceptionnels et doit s'imposer quelques précautions spéciales. Voilà ce que l'expérience enseigne, et voici comment la superstition le transpose : mille démons environnent la mère future, invisibles et formidables. Ils sont lascifs, ils se font incubes, et ce que peut être le produit de leur viol, il faut le demander aux commères qui discourent autour du berceau de Quasimodo ; car ces croyances n'ont guère changé dans le trajet du Gange à la Seine. Ils sont gloutons et cruels : s'ils pénètrent dans le corps, ils dévoreront l'enfant dans le sein de la mère. Ils sont experts dans l'art de nuire : ils savent les secrets qui provoquent l'avortement ceux qui métamorphosent en femelle l'embryon mâle, ceux qui lui infligent les infirmités et les difformités dont eux-mêmes sont atteints. Et la liste en est longue et lamentable : il y en a de louches, d'aveugles, de puants, d'impuissants, d'hermaphrodites ; ceux-ci ont le nez en fer de lance ; ceux-là, le cou tors ; les autres, deux gueules, quatre yeux et cinq pieds ; d'autres encore, les talons en avant et les orteils par derrière ; et le monstrueux tourne à l'amphigouri absurde, si je ne me suis pas trompé en en signalant un qui se porte lui-même sur ses propres épaules. Car leurs attributs sont parfois aussi indéchiffrables que leurs appellations sont baroques : plusieurs de leurs noms présentent des consonances insolites et ne

§ 7. — La grossesse et l'accouchement

semblent pas sanscrits : on dirait un pandémonium de sauvages autochthones, adopté tel quel par les envahisseurs blancs et demeuré immuable dans les couches inférieures de leur mythologie. Rien de plus vraisemblable, surtout si l'on songe que les demi-civilisés témoignent souvent une sorte de respect superstitieux aux arcanes grossiers des barbares qu'ils ont foulés aux pieds, et qu'il est certainement arrivé à plus d'une créole d'aller consulter l'obi nègre. Mais la fantaisie déréglée n'est point ici seule en cause, et les visions réelles y interfèrent, vertiges, nausées ou hallucinations de grossesse. Les allusions répétées à « ceux qui font de la lueur dans la brousse [3] » décèlent aussi l'étroite parenté des démons violateurs avec les feux-follets.

Autant cet hymne est varié et mouvementé dans son déhanchement sautillant et cahotant, autant sont pâles les stances qui accompagnent une autre conjuration dont l'époque n'est point déterminée. Mais quelques-unes, du moins, disent bien ce qu'elles veulent dire : « Comme cette vaste terre a reçu le germe des êtres, ainsi s'affermisse ton germe, pour que tu enfantes, le temps venu ; comme cette vaste terre affermit les grands arbres que voici,... ; comme cette vaste terre affermit les monts, les hauteurs,... ; comme cette vaste terre supporte les êtres vivants qui s'y répandent en tous sens,... » Le conjurateur fait trois nœuds, emblèmes de solidité, à une corde d'arc, qu'il suspend au cou de la femme ; il lui fait manger, à chaque stance, une pilule de glaise, allusion à la terre ; il parsème le tour de son lit d'un rempart de cailloux noirs qui arrêtera les démons [4].

Le risque d'avortement est naturellement plus grave, si la femme a déjà éprouvé pareil accident. Dans ce cas, elle n'est point seulement menacée, mais possédée d'une puissance maligne, qu'il faut bannir à tout prix par les moyens les plus énergiques. L'assaillante, la dévorante », s'écrie le sorcier, « la femelle au long hurlement sinistre, avide de sang humain, toutes les femelles démoniaques, nous les anéantissons. » Il construit trois cabanes, qui se suivent de l'ouest à l'est ; chacune a deux portes, l'une à l'ouest, l'autre à l'est. La femme, vêtue d'une robe noire, entre dans la cabane occidentale par la porte occidentale : on verse sur des plombs [5] l'eau mêlée au sampâta ; la femme marche sur ces plombs, posés sur une feuille de palâca, et l'on répand sur elle l'eau que le sampâta a consacrée. Cette ablution fait passer dans les plombs et la robe le fluide nocif dont elle est imprégnée : elle se dévêt donc et sort par la porte orientale ; car, si elle sortait par où elle est entrée, le fluide pourrait la ressaisir au passage. Puis l'opérateur met le feu à la cabane, et le principe malfaisant est ainsi détruit. Mais il se peut qu'il en reste : on recommence sur nouveaux frais dans les deux autres cabanes, et, moyennant quelques pratiques accessoires moins claires, elle peut désormais s'estimer hors de danger [6].

Les charmes d'heureuse délivrance ont déjà en partie trouvé place au chapitre de la divination [7]. Il y en a un qui ne manque pas d'originalité : le brahmane défait tous les nœuds qui peuvent se trouver dans la maison ; c'est ainsi que, dans l'Allemagne du Nord, quand la mère arrive à son terme, on ouvre toutes les serrures des portes, des coffres et des armoires. Le *sraja* remplit l'office qu'il doit à son nom : on le déterre après le coucher du soleil ou, si l'astre est encore sur l'horizon, en interposant un parasol, apparemment pour conserver à la plante toute sa fraîcheur ; on enveloppe de darbha la racine, et on l'attache dans les cheveux de la femme, qui le gardera jusqu'après la sortie du délivre. « Je fends ton méat, ta vulve, tes reins ; je sépare le fils de la mère, le garçon avec le délivre : que le délivre se détache ! Comme vole le vent, l'esprit, les oiseaux, ainsi, ô embryon de dix mois, avec le délivre envole-toi ! que le délivre se détache [8] ! »

L'enfant est né. Pour lui s'ouvre alors la série des sacrements du premier âge qui défendront sa frêle existence et nous ramènent au début du chapitre III. Ainsi se clôt le cycle des opérations auxquelles préside en temps normal la science du brahmane. Il nous reste à envisager son intervention, non moins active, dans les circonstances exceptionnelles.

---

1. Oldenberg-Henry, p. 397.
2. A. V. viii. fi, et cf. Henry, *A. V.*, viii-ix, p. 17 et 54 ; K. S. 35. 20.
3. A. V. viii. 6. 12 et 14.
4. K. S. 35. 42-15 ; A. V. v. 1. 1. (mystique), vi. 47 (c'est l'hymne cité) et vi. 88, qui est censé commencer par « inébranlable ».
5. Cf. supra p. 55.
6. K. S. 34. 3-11 ; A. V. ii. 14 (la stance citée est 1), dont la clausule porte : « J'ai repoussé tous vos assauts ; disparaissez d'ici, ô femelles démoniaques. »
7. Cf. supra p. 66 sq.
8. K. S. 33. 4-15 ; A. V. i. 11 (les stances citées sont les deux dernières, 5-6).

Chapitre VI : Rites de la vie publique

Strictement parlant, cet intitulé ne serait pas irréprochable : comme l'a fort bien montré Oldenberg [1], il n'y a guère de vie publique dans l'Inde védique, point de nation, presque rien qui y ressemble. Il y a des intérêts communs ; mais ces intérêts sont tous concentrés et incarnés dans la personne du prince, propriétaire virtuel des biens de ses sujets. Ce que, dans nos mœurs, dans celles des cités de l'antiquité, nous nommerions rites de la vie publique, ce sont, en somme, ici les rites de la vie privée du chef, et l'on sait déjà qu'ils relèvent d'un unique et très grand dignitaire, du chapelain royal. Soit qu'il officie, au nom de la personne ou de la famille du roi, en vue de l'un quelconque des objets énumérés dans les chapitres précédents, soit qu'il se meuve dans la sphère plus élevée du bien-être général, c'est toujours, en fait et en droit pour le roi qu'il officie, et les textes n'y font aucune différence. Il n'y faut que sous-entendre la solennité particulière qu'impriment à ses conjurations l'immense importance qui s'y attache et, dans la plupart des cas, la présence d'un auditoire nombreux et recueilli.

---

1. *Op. cit.*, p. 316 et 402.

§ 1er. — En paix

Mentionnerai-je à cette place, quoique purement privé encore, le rite à la fois austère et ignoble auquel s'astreint celui qui ambitionne la propriété de sept villages, c'est-à-dire, somme toute, une petite souveraineté ? Je m'en excuse, mais ne crois pas pouvoir l'omettre. Il garde la chasteté durant un an, puis verse du sperme humain dans une coquille perlière, y mêle des grains de riz et mange le tout, enduit du sampâta [1]. « Le roi dévore ses sujets », dit la sagesse hindoue [2] ; elle ne s'en plaint pas, elle le constate, car il ne fait qu'user de son droit. Ceci est le dicton hindou mis en action. Mais passons vite.

Les cérémonies du sacre d'un roi appartiennent au culte des grands sacrifices et sont susceptibles de variantes suivant les diverses liturgies [3]. Je me bornerai, ici comme presque partout, aux prescriptions de l'Atharva-Véda, les seules qui relèvent exclusivement de la magie proprement dite.

Le prêtre a apprêté l'eau bénite au bord d'une grande rivière et fait cuire une crêpe. Le prince se tient au sud (à droite) de l'autel sur une jonchée de gazon : on verse sur lui l'eau consacrée ; puis on l'invite à s'asseoir sur un siège qu'on a recouvert d'une peau de taureau, emblème de vigueur. Il se relève, il emplit une coupe d'eau, le prêtre en fait autant, ils échangent leurs coupes : image frappante de l'étroit rapport qui doit désormais les unir ; car ils ne font qu'un dans le concept religieux de l'Inde. Le chapelain : « Commun nous soit le bien que nous ferons tous deux, commun le mal. » Le prince dit : « Qui de nous deux fera mal, le mal l'atteigne ; qui fera bien, ce bien nous soit commun. » Le prince mange la crêpe enduite du sampâta. Il monte sur un cheval frotté du sampâta, et le brahmane lui fait faire quelque pas dans la direction du nord-est, dite « l'invincible [4] ». L'hymne récité sur tous ces accessoires n'est qu'une séquence de formules de prospérité du caractère le plus banal [5]. Tel est le rite prescrit pour le sacre d'un prince vassal. Pour un prince suzerain, il change et se complique quelque peu [6] : la peau de taureau est remplacée par une peau de tigre : quand le roi s'y est assis, quatre princes du sang transportent le siège jusque dans la salle du trône ; un esclave lui lave les pieds ; il gagne trois parties de dés ; après la crêpe il savoure en outre un mets miellé et « les quatre sucs » ; enfin, il pénètre dans les appartements des reines, privilège le plus envié parmi les précieux apanages de la royauté.

Chaque matin, de bonne heure, le chapelain psalmodiera sur son roi une grave et harmonieuse prière [7] « O Indra, fortifie ce prince, mon prince, fais qu'il soit le mâle des mâles des tribus ; châtre tous ses ennemis ; livre les-lui, s'ils osent l'affronter... Que, pour lui, le ciel et la terre, comme deux vaches au tiède lait, se laissent traire de tous leurs trésors ; qu'il soit cher à Indra, le roi que voici, cher aux vaches, aux plantes, aux bestiaux... Prends l'aspect d'un lion, et dévore toutes les tribus ; l'aspect d'un tigre, et massacre les ennemis ; mâle des mâles, ami d'Indra, triomphant, razzie les biens de quiconque te sera hostile. »

On vient de voir le brahmane et le roi alliés dans la bonne et dans la mauvaise fortune : si le roi est détrôné, son chapelain le suit dans l'exil ; il y demeure son ministre officiant, son conseiller fidèle, et, s'il le peut, restaurera sa dynastie. Il sait, pour cela, maint secret efficace. Le moment venu, il fera cuire un riz au lait sur un feu de branches de *kâmpîla* (crinum amaryllacee) qui ont repoussé sur une souche tronquée du même arbre : renaissance qui symbolise celle de la royauté abolie ; et le lait est d'une vache qui nourrit un veau de sa couleur, emblème de la concorde à rétablir entre le prince et son peuple. Ou bien il confectionne une amulette de fer, de plomb, de cuivre, de laiton ou d'argent, en forme de roue, à quatre rayons, — autant qu'il y a de stances dans le début de sa récitation, — et à moyeu d'or, et la traite suivant la formule : image évidente du soleil, roi des cieux. Ou enfin, — rite des plus caractéristiques, — il célèbre une sorte de sacrifice très simple, en prenant pour autel une motte de terre à gazon venue du royaume du prince proscrit, et il lui fait manger une bouillie de riz dont tous les ingrédients, ainsi que

§ 1er. — En paix

les autres accessoires, sont de même provenance. Si tous ces rites se cumulent, ils forment un ensemble infaillible ; le quatrième jour de la cérémonie, après que le roi a mangé le gâteau d'oblation, sa tribu le rappelle [8].

A chacun d'eux correspond un ou deux hymnes : en tout quatre [9] ; il y en a un qui vaut la citation.

(A. V. III. 3.) « 1. Il a mugi, le bon ouvrier ; qu'il nous assiste ! Dresse-toi, ô Agni, entre ciel et terre. Qu'à toi se joignent les Maruts, maîtres de toute richesse ; ramène ce prince qui te fait offrande et hommage. — 2. Si loin soit-il, que les chevaux rouges amènent ici au galop le prêtre Indra, pour qu'il s'allie à nous...... — 3. Que des rivières te rappelle le roi Varuna ; que Sôma te rappelle des montagnes ; qu'Indra te rappelle en faveur des gens de ton clan : fais toi aigle, et vole vers ton clan. — 4. Qu'un aigle ramène le prince légitime, qui erre exilé sur la terre étrangère ; que les Açvins lui fraient un beau chemin ; et vous, ses hommes-liges, groupez-vous autour de lui. — 5. Que tes adversaires te rappellent, puisque tes amis t'ont élu. Indra, Agni et tous les dieux ont instauré la paix en ton clan. — 6. Quiconque, ô Indra, propre ou étranger, fera obstacle au choix que tu secondes, mets-le en fuite, et ramène en ses foyers mon prince que voici. »

La dernière stance donne à penser que la restauration pourrait bien ne pas s'opérer à l'amiable : le roi devra monter à cheval pour reconquérir son royaume ; nous voici parti en guerre.

---

1. K. S. 22. 7 ; les hymnes sont A. V. v. 1-2 (mystiques)
2. Déjà dans le R. V. (i. 65. 7). Dans Homère aussi, mais à titre de reproche et d'outrage : *Illiade*, I, 241.
3. Cf. Oldenberg, p. 403. où sont distingués l'aspersion simple (*abhishêka*) et le sacre solennel (*râjasûya*).
4. Cf. supra — K. S. 17. 1-10.
5. A. V. iv. 8 (7 stances).
6. Mais l'hymne est toujours le même K. S. 67. 11-27.
7. A. V. iv. 22 (7 stances, dont j ai cité 1, 4 et 7) ; K. S. 17, 28.
8. K. S. 16. 21-33.
9. Respectivement : A. V. i. 9 (4 stances) ; i. 19 (6 stances) ; iii. 3 et 4.

§ 2. — En guerre

C'est dans ce domaine que le chapelain royal se revêt de tout son prestige et que sa science magique se déploie dans l'infinie variété de ses ressources. Debout sur le char de guerre de son prince, et sans doute exposé aux mêmes périls que lui, il suit d'un œil anxieux toutes les phases du combat et paraît avoir pour chacune d'elles son rite, son incantation, sa déité spécifique : tantôt il renforce un corps d'armée qui plie ; tantôt il commande contre l'armée ennemie certaines manœuvres qui ne sont pas toutes de vains simulacres, ou qui du moins, simulacres entre ses mains, sont de vrais procédés offensifs ou défensifs entre celles des guerriers. Surtout il connaît, outre le panthéon ordinaire qu'il ne se fait pas faute d'invoquer, nombre d'êtres inférieurs, originairement simples accessoires mythologiques, personnifiés par la métaphore et devenus autant d'hypostases démoniaques qu'il déchaîne contre les forces ennemies : le foudre d'Indra, « à trois nœuds », l'éclair bifide, qui est le démon Trishandi ; le même, figuré par un serpent Arbudi, et son quasi-homonyme Nyarbudi ; enfin, jusqu'à une vision hideuse, Apvâ, qui est la Panique, la pâle Déroute, que V. Hugo dresse devant les bataillons de Waterloo, et peut-être même, par une interprétation plus concrète et moins noble tirée de l'étymologie possible de son nom [1], le relâchement d'entrailles qui suit et accroît le paroxysme de l'épouvante.

Les conjurations de victoire abondent dans l'Atharva-Véda, soit composées tout exprès pour la circonstance, soit simples formules de

§ 2. — En guerre

bénédiction et de bon augure artificiellement spécialisées. Avec certaines d'entre elles, le brahmane se contente d'une adoration sans rites, en tête et au nom de son armée : cela suffit pour la rendre invincible [2]. Pour lui assurer la victoire, il faut davantage : il fait une oblation de beurre ou de gruau ; il allume un feu où brûlent des arcs, et à chaque stance de l'hymne qu'il récite, il l'alimente du même combustible ; de même un feu de flèches ; il enduit de sampâta l'arc du roi, l'essuie et le lui remet. — « De par cette offrande je fracasse les bras des ennemis. — Que les ennemis soient sans mains, nous aveulissons leurs membres, et puissions-nous, ô Indra, nous partager en cents parts leurs richesses ! — Contre l'arme ennemie qui se dresse pour nous meurtrir, nous étendons autour de nous les bras d'Indra, rempart contigu. — Qu'ils ne nous blessent point, ceux qui percent ni ceux qui frappent : ô Indra, disperse les flèches et fais-les tomber loin de nous. Qu'elles tombent loin de nous, les flèches, celles qu'on a lancées, celles qu'on va lancer : flèches divines, flèches humaines, percez mes ennemis. » — Ainsi parle le prêtre [3], qui parfois, au contraire, emprunte son langage aux raffinements les plus obscurs de la mystique et célèbre alors un sacrifice particulièrement difficultueux et solennel [4].

Dans une écuelle de bois d'açvattha il étend trois couches de bouse de vache sèche, la place sur le dos d'un éléphant ou sur la tête d'un homme, et y allume un feu où il fait les oblations ordinaires de beurre en marchant et se dirigeant vers l'ennemi ; ensuite, il jette l'écuelle à terre : il est à supposer que ce feu consacré consumera les forces adverses. Il édifie un autel avec de la terre fouie par le groin d'un sanglier : elle a conservé quelque chose de la vertu de l'animal au choc pesant et impétueux ; et sur cet autel il accomplit les rites ignés ci-dessus prescrits. Dans un feu qui a servi à la création d'un guerrier tué d'un seul coup de flèche, il verse les libations de beurre au moyen d'une cuiller qui passe parle moyeu d'une roue de char disposée au-dessus : nous retrouvons ici la vertu magique des objets qui ont passé par un orifice étroit ; quant à la première indication, elle se conçoit d'elle-même ; il s'agit de donner aux soldats un tir, si sûr que chacun de leurs traits tue au lieu de blesser. Il y a une stance, d'ailleurs parfaitement banale, qui assurera infailliblement la victoire, pourvu que le chapelain n'oublie pas, en la récitant, de regarder en face l'armée ennemie [5].

Au moment d'engager l'action, il murmure les hymnes au Courroux fougueux (*manyu*), en planant du regard sur les deux armées [6] : ainsi il imprime aux siens l'élan formidable qui enfoncera les lignes du front ennemi. S'il souhaite de réduire en captivité les troupes rivales, il sème sur leur passage des lacets de chanvre et de muñja enduits de beurre d'ingida [7], puis frottés du sampâta. Si son but est de les anéantir, il sème de même des tessons d'argile séchée au soleil : la terre où gisent les morts, est une substance omineuse [8] ; à plus forte raison, si elle n'a point passé par le feu, qui en détruit ou en atténue le contage sinistre.

En même temps, pour porter la confusion dans les rangs adverses, il lâche contre eux « une qui a les pieds blancs » : une brebis, disent les commentaires, ce qui ne signifierait pas grand'chose ; une flèche aux blanches pennes, selon M. Caland [9]. « Acérée est ma formule sainte, acérée cette troupe de héros ; acérée et immortelle soit notre seigneurie, vainqueurs ceux que je précède, moi leur chapelain. »

(A. V. III. 2) « 1. Qu'Agni, notre messager, les aborde, lui qui sait, brûlant la malédiction et la puissance démoniaque ; qu'il égare les pensers des ennemis et les prive de leurs bras. — 2. Agni que voici a égaré les pensers qui sont en votre Cœur : que son haleine fougueuse vous chasse de votre poste, vous chasse de partout. — ...... 5. Passe sur eux, ô Apvâ, affole ces gens-là, tords-leur les membres, assaille-les, brûle leurs entrailles de ta flamme, accable-les de crampes et de ténèbres. — 6. Cette armée ennemie qui vient à nous, ivre de force et d'orgueil, noyez-la, ô Maruts, de ténèbres infernales, égarez-les au point de ne se plus reconnaître entre eux. »

Cet hymne est l'un des deux qui accompagnent l'oblation d'une crêpe à la déesse Apvâ [10]. Le magicien projette dans la direction de l'ennemi vingt et un cailloux, soit trois ou quatre après chaque stance. Auparavant il a fait offrande de gousses ou de bale de riz dans un bouillon de riz : les gousses et la bale sont, dans les sacrifices, la part réservée aux démons.

Rien n'est oublié de ce qui doit répandre l'effroi dans les cœurs : l'armée s'ébranle au bruit des tambours, au mugissement des énormes trompes de guerre. Auparavant le chapelain les a lavés, frottés de poudre magique, enduits du sampâta ; il frappe trois fois sur le tambour et le remet au frappeur [11]. « Que ton souffle chasse devant toi le ciel et la terre, que les gens épars te choient avec amour ; auxiliaire d'Indra et des dieux, ô tambour, plus loin que le lointain fais fuir les ennemis. Mugis, inspire-nous force et vaillance ; tonne, et renverse les obstacles ; bannis loin d'ici la noire magie, ô tambour ; tu es le poing d'Indra, sois robuste. Triomphe de ceux-là ; que ceux-ci soient vainqueurs ; que le tambour nous parle et nous serve de drapeau ; que nos héros volent sur

§ 2. — En guerre

les ailes de leurs coursiers ; ô Indra, fais que nos chars emportent la victoire. »

Je suis obligé de me borner, à peine de monotonie. Rien n'égale l'horreur funèbre des hymnes à Arbudi et consorts [12] ; mais les manœuvres qui les accompagnent ne diffèrent pas sensiblement des précédentes, et le lecteur a déjà fait suffisante connaissance avec les visions hideuses que sait évoquer l'imagination surexcitée des poètes védiques. Plus intéressants seraient les procédés recommandés pour rompre la ligne des éléphants ennemis ; mais ici, au contraire, l'hymne est tout-à-fait incolore [13], et la technique n'a de la magie que les apparences extérieures ; en réalité, elle relève tout entière d'une tactique pratiquement irréprochable, quoique inférieure à celle des Romains contre Pyrrhus, — fondre sur eux au galop des chars de guerre, des chevaux, des éléphants, préalablement frottés de sampâta, en faisant bruire les trompes et les tambours consacrés comme ci-dessus, en agitant une outre remplie de cailloux bénits [14], en brandissant un aiguillon à éléphant. — Je terminerai donc cet exposé par la description du rite très important du « feu d'armée » auquel les textes précédemment cités renferment plus d'une allusion, et dont un hymne de médiocre valeur poétique suit une à une les diverses manipulations [15].

A l'endroit où il va allumer son feu, le brahmane étend de l'étoupe pourrie : en soufflant sa fumée sur les ennemis, elle les réduira en pourriture. Il fait du feu par friction d'açvattha contre bâdhaka : l'açvattha fracassera les adversaires (allitération) ; le bâdhaka les abîmera de coups (*vadhais*, jeu de mots). Il entretient ce feu en y jetant divers bois, notamment du *tâjadbhanga* (ricinus communis), dont le nom signifie « qui se rompt d'un seul coup » : qu'ils se brisent comme cette frêle tige. On dispose, sur ce passage de l'armée ennemie, des lacets en bois d'açvattha et des filets de chanvre, dont les manches sont en bois de bâdhaka : « c'est le monde entier qui fut l'immense réseau d'Indra l'immense ; de ce réseau d'Indra, des ténèbres, moi, j'enveloppe tous ces gens-là. » A la suite de chacune des opérations sus-énoncées, le brahmane verse de la main droite dans le feu d'armée une libation de beurre, — c'est pour les siens, — et de la main gauche, une libation d'ingida, — c'est pour les ennemis, qu'il voue ainsi aux démons [16]. — Enfin, au nord (à gauche) du feu, il dresse une branche d'açvattha teinte en rouge, couleur du sang ; il la lie d'un fil rouge et d'un fil bleu foncé, puis la lance vers le sud, région des Mânes. « En noir-et-rouge, ceux-là, je les enveloppe ! »

Qui peut ainsi déchaîner les démons doit savoir les contenir. Le brahmane nous est déjà apparu çà et là dans cet office [17]. Nous allons l'y voir faire appel à toute la pénétration, à toutes les armes, à toutes le ruses dont il dispose.

---

1. Racine *pû* « purifier », précédée de l'*a* privatif, soit donc : « ordure » ou « action de souiller ».
2. K. S. 14. 25 ; A. V. iii. 26-27 et vi. 13.
3. A. V. i. 2. 19 (stances 1-2 sont les dernières de la citation). 20 et 21, vi. 65 (1/2 st 2 c d citée en tête), 66 (st. 3 citée), 67 (2 « ô ennemis, vaguez affolés, comme des serpents décapités ! »), 97, 98 et 99 (dont la stance 2 est citée au texte) ; K. S. 14. 7-11. — Les hymnes A. V. iv. 22-23 se prêtent au même charme : K. S. 14. 24.
4. K. S. 15. 1-8 ; A. V. v. 1-2.
5. A. V. v. 2. 4 (on y peut substituer A. V. vi. 13) ; K. S. 15. 6.
6. A. V. iv. 31 et 32 (= R. V. x. 84 et 83) ; K. S. 14. 26-27.
7. Cf. supra. — K. S. 14. 28.
8. Oldenberg-Henry, p. 357 sq. — K. S. 14. 29.
9. K. S. 14. 22-3 et note ; A. V. iii. 19 (la stance citée est 1).
10. A. V. iii, 1-2, et cf. Supra ; K. S. 14. 17-21.
11. A. V. v. 20-21, vi. 126 (= R. V. vi. 47. 29-1, stances citées) ; K. S. 16. 1-2.
12. K. S. 16. 21-26 ; A. V. xi. 9-10.
13. A. V. i. 1 ; K. S. 14. 1-6.
14. Au nombre de 21 sans doute, étant donne l'hymne prescrit.
15. K. S. 16. 9-20 ; A. V. viii. 8 (les stances citées sont 8 et 24 sur celle-ci, voir l'index. s. v. Noir-et-rouge).
16. Cf. infra, chap. x, § 1er.
17. Cf. supra p. 31, 9. 109 et 140.

Chapitre VII : Rites antidémoniaques

Ce serait peine perdue que d'essayer une classification méthodique des démons de l'Atharva-Véda : ils sont légion, mais légion confuse et amorphe. Si, déjà pour le Rig-Véda, M. Oldenberg renonce presque à chercher la valeur précise des termes de *rakshas*, de *yâtu*, de *piçâca*, qui les désignent [1], ce n'est point à la démonologie inférieure et grossière des sorciers qu'il nous est possible de la demander. Le trait caractéristique et constant des Piçâcas, d'un bout à l'autre de la littérature, c'est sans doute le cannibalisme ; mais les Rakshas non plus ne paraissent s'en faire faute ; et, d'une manière générale, tous ces noms et bien d'autres ne semblent désigner, suivant que la mesure du vers ou le hasard de l'inspiration les appelle, qu'une seule et même entité, plus ou moins noire, cornue, difforme, infecte et malfaisante. Le Gandharva, génie aérien que nous avons vu, en accord avec sa vraie nature, jouer avec les Apsarâs dans les nuées ou sur terre, se dépouille, dans les exorcismes, de ses attributs gracieux ou nobles et y devient un vil démon pareil aux autres, plus redoutable que les autres aux femmes et aux vierges, puisque son tempérament lascif le prédispose aux rôles d'incube, de cauchemar et d'agent abortif [2]. Quant à l'Asura, qui, dans tous les morceaux vraiment anciens du Rig-Véda, est encore un dieu, un dieu immanent et suprême, souvent avare et jaloux, mais en somme tutélaire et empreint d'adorable majesté, l'Atharva-Véda ne le connaît plus guère sous cet aspect que précisément dans les morceaux que ses compilateurs ont empruntés au Rig-Véda :

dans le recueil spécifique des Atharvans, comme au surplus dans toute la littérature postérieure, le mot *asura* ne signifie plus que « démon [3] » et, s'il s'y rencontre plus rarement que ses fourmillants synonymes, il n'est pas l'objet d'une moindre exécration.

Que si la distinction est presque nulle entre les diverses classes des démons, elle n'est guère plus accentuée entre ceux-ci et les sorciers qui les emploient. Le mot *yâtu-dhâna*, soit « récipient du démon » ou « du maléfice », paraît bien, d'après son étymologie, désigner spécialement le sorcier accointé à l'enfer ; mais il est maint passage où l'on hésitera pour *yâtu-dhâna* entre le sens de « sorcier » et celui de « démon », et où l'on ne se trompera qu'à demi en les faisant alterner. La *krtyâ*, de par la racine *kar* « faire », est proprement « la fabriquée », la figurine, la poupée d'étoupe et de chiffons qu'on enfouit pour propager un contage funeste ; mais, en vertu du pouvoir que lui a conféré le magicien, elle est aussi une femelle vivante, une femelle démoniaque ; et sorcière, poupée ou diablesse, tout cela se nomme *krtyâ*. Qu'on ajoute, brochant sur le tout, les confusions inévitables entre ennemis humains et surnaturels : à leur arrivée dans l'Inde, les Âryas y trouvèrent de pauvres indigènes, au teint noirâtre, probablement assez laids, et qui leur parurent hideux ; ils les appelaient les Dasyus [4] et les exterminaient comme vermine, mais en même temps redoutaient leur magie, s'en gardaient de leur mieux et peut-être parfois y recouraient. Il est question quelque part d'êtres affreux « qui ont pour dieu une racine » [5], c'est-à-dire, selon toute probabilité, de sauvages camards et mal peignés qui adorent un végétal-fétiche. Racine, dieu, démon (puisque dieu hostile), sauvage qui l'adore, sorcier qui s'en sert, maléfice qui en résulte : ces six ne font qu'un dans l'esprit de l'exorciste, et sa terminologie complaisante vague incessamment de l'un à l'autre ou plutôt les embrasse indistinctement tous à la fois.

---

1. Oldenberg-Henry, p. 221 sq.
2. A. V. viii. 6, 19, et cf. supra.
3. Sur cette évolution du sens d'*asura*, cf. : Bergaigne, *Religion Védique*, iii, p. 67 sqq. ; Oldenberg, *op. cit.*, p. 135 sqq. Hillebrandt, *Vedische Mythologie*, III, p. 431 sqq.
4. Oldenberg. *op. cit.*, p. 126 sqq.
5. A. V. viii. 3. 2, et cf. Henry, *A. V.*, viii-ix, p. 43.

§ 1er. — Nirrti

Cependant, si tous les démons et les sorciers se ressemblent, une grande et sombre figure divine se détache sur ce fond uniforme : celle de Nirrti, « la Perdition », que tout récemment, à la suite d'une pénétrante analyse, on a identifiée dans ses origines à Nerthus, la déesse chthonienne et suprême des anciens Germains [1] (1). Rien de puis plausible, car la Terre a deux aspects : mère de tous les vivants, rendez-vous de tous les morts ; et l'expression favorite de la dévotion aux dieux infernaux *nirrtêr upasthê* « dans le giron de Nirrti », a pu fort bien signifier à l'origine « au sein de la terre ». Cette Nirrti, à la différence des démons ordinaires, on ne l'exècre pas, on ne la bannit point : elle est, pour cela, trop auguste et vénérable ; on l'adore et on la prie, mais en prenant contre ses effluves omineux toutes les précautions requises. Voici à peu près comment on peut se représenter l'état d'âme du suppliant : son ennemi a soudoyé contre lui un magicien, qui a fait oblation à Nirrti, prière et, charme, tout le nécessaire enfin pour déchaîner son courroux meurtrier ; il s'agit de l'apaiser par hommage, offrande et supplications contraires, et, en même temps, d'anéantir respectueusement le charme auquel son action funeste demeure attachée. C'est à quoi va s'employer l'exorciste : voyons-le à l'œuvre.

Celui qui entreprend un *nairrta* se rend, le premier jour de la pleine lune, après le coucher du soleil, au bord d'une eau courante, couvert d'un vêtement noir. La nouvelle lune étant le temps des fantômes et de la magie noire, la période opposée de nuits claires est naturellement le moment opportun pour les conjurer. Il est bon que l'eau courante fasse un coude brusque vers la droite, qui est la région de Nirrti (sud ou sud-ouest [2]). Une sorte de radeau en roseaux tressés, calfaté de vase, est disposé sur le ruisseau et attaché au rivage : c'est là-dessus qu'on fait le feu, qu'on l'attise et qu'on y répand les oblations de beurre ; après quoi, l'on y fait cuire une crêpe, qu'on enduit du sampâta et que mange le sorcier (ou son client ?). Il jette à l'eau le vêtement noir, qui s'est imprégné du fluide de Nirrti et qui va retourner à elle. Il enterre le radeau sur la place même qu'il asperge d'eau bénite : cet accessoire aussi pourrait propager le contage. C'est fini : il met un vêtement neuf et des chaussures faites du cuir d'un animal qui n'est mort ni de vieillesse ni de maladie, et rentre au village sans retourner la tête, prescription commune à toutes les cérémonies célébrés en l'honneur des déités funèbres. Le lendemain, 2e jour de la pleine lune, il accomplit un rite quelconque de prospérité [3].

Ces dernières prescriptions sont générales et s'appliquent indifféremment à toute autre forme possible de nairrta ; car le rituel en connaît jusqu'à cinq, qui toutes requièrent le voisinage de l'eau et le port du vêtement noir qu'on y jette.

Le conjurateur chausse de vieilles sandales ; il prend dans la main gauche un vieux parasol, dans la main droite une poignée du chaume de son toit. Les objets de rebut, figurent souvent dans les oblations aux démons c'est ainsi qu'on leur consacre la bale du blé, les gousses des graines employées dans le sacrifice ; façon quelconque de les utiliser tout en s'en débarrassant. Le chaume du toit, au contraire, est un objet de bon augure et de propitiation ; mais on ne voit pas bien l'usage qui en est fait dans le cas présent. Il est probable qu'il sert à allumer le feu qui brûlera sur le radeau. Dans ce feu, où l'on a répandu la poudre antidémoniaque de l'andropogon, on fait une oblation à Nirrti, en tournant le visage vers le sud-ouest, et l'on y fait brûler l'ombrelle et les chaussures [4]. Le reste comme ci-dessus.

Dans le feu parsemé d'andropogon on fait trois oblations successives de riz, de blé et de gravier. « A la grande, à la gigantesque qui embrasse toutes les régions célestes, à la Nirrti aux cheveux d'or, j'ai fait hommage. A la propice dont le teint est d'or, qui repose sur un divan d'or et se drape d'une robe d'or, à l'Arâti j'ai fait hommage [5]. »

Avec un croc de fer on suspend un gâteau d'offrande, enduit du sampâta, à la patte gauche d'un oiseau noir (corbeau, corneille), qu'on fait, envoler dans la direction du sud-ouest. « Envole-toi d'ici, mauvais heur, disparais d'ici, envole-toi là-bas : avec un croc de fer nous l'attachons à l'ennemi [6]. »

Par dessus le vêtement noir, le sorcier endosse une robe rouge ; il se coiffe d'un turban blanc. Avec un croc de fer et de la main gauche, il se décoiffe et jette le turban à l'eau : « Le mauvais heur, odieux, ailé, qui est monté sur moi comme la liane sur un arbre, ailleurs que chez nous et loin d'ici, ô Savitar, fais-le résider, et que ta main d'or nous prodigue la richesse. » Même jeu pour la robe rouge : « Pour chaque mortel cent et un heurs sont nés dès sa naissance en même temps que son corps : les pires d'entre eux, nous les bannissons d'ici ; les propices, ô Agni, donne-les-nous. » En jetant la robe noire : « Ainsi les ai-je discernés les unes des autres, comme des vaches éparses sur la friche : qu'ils reposent ici, les bons heurs ; les mauvais, je les ai fait fuir d'ici. » Ils s'en vont au fil de l'eau avec les vêtements qui les emprisonnent dans leurs plis [7].

---

1. Speyer, *eene Indische Verwante van de Germansche Godin Nerthus*, in *Handelingen en Mededelingen van de Maatschappij der Nederl. Lelterkunde*, 1901-1902 (Leiden, Brill, 1902).
2. Il est aisé de comprendre pourquoi le sud est la région de Nirrti, des Mânes et du dieu des morts Yama : c'est dans cette région que « meurt » le soleil, là qu'il descend aux enfers, lorsque, s'éloignant de plus en plus de l'hémisphère boréal, il semble, au solstice d'hiver, vouloir s'enfoncer dans les profondeurs de l'horizon méridional. À plus forte raison pour le sud-ouest, et cf. ce qui est enseigné du nord-est.
3. K S. 18. 1-9, et cf. supra., etc. L'hymne général est le trishaptîya (1. 1.).
4. K. S 18. 10-12.
5. A. V. v. 7 ; j'ai cité les deux dernières stances (9-10) ; *arâti*, « le fait de ne point offrir, l'impiété », est un autre nom très fréquent de la femelle démoniaque et du démon en général ; K. S. 18. 13-15.
6. A. V. vii. 115. 1 ; K. S. 18. 16.
7. K. S. 18. 17-18 ; A.V. vii. 115. 2-4.

§ 2. — La plèbe démoniaque

Les conjurations contre les menus démons. si redoutables soient-ils, manquent d'originalité, en comparaison de celles qu'on vient de décrire. Elles sont d'ailleurs beaucoup moins solennelles : on se contente d'énumérer ces êtres inférieurs, par leurs noms on leurs principaux attributs, — loups-garous, vampires, chouettes, difformités de tout genre [1], — de les exécrer en bloc ou en détail, de les accabler de coups, surtout d'implorer Agni pour qu'il les consume ; mais parfois on appuie ces pratiques d'une oblation, destinée à les satisfaire, à les concilier, eux-mêmes ou la puissance infernale qui les a déchaînés.

Ainsi, après avoir fait trois fois le tour du feu dans une fosse pleine d'eau chaude, en proférant une exécration énergique, on dépose dans ce feu un gâteau d'offrande, ou du beurre, des grains, etc. [2].

Le symptôme extérieur de la possession, c'est, dans l'Inde comme partout, l'attaque de nerfs ou la crise d'épilepsie. Pour la prévenir ou la calmer, on verse dans le feu toutes sortes de substances odoriférantes, et des restes de cette oblation mêlés au beurre fondu on frictionne le sujet de la tête aux pieds, toujours dans le même sens. Plus efficace est sans doute le charme identique accompli dans un carrefour : le feu, représenté par une braise, est contenu dans une écuelle posée sur une guirlande de darbha qui protège contre la brûlure la tête du patient : le démon chassé trouvera à qui se prendre dans ce lieu très fréquenté. Ou bien le malade marche dans le lit d'un ruisseau, à contre-courant ; le brahmane secoue sur lui un crible où il a versé les poudres parfumées, et en même temps un acolyte lui fait par derrière des aspersions d'eau : le démon suivra les parfums, l'ablution détachera les principes morbides qu'il a distillés, et le tout sera emporté par le courant dans la direction opposée à celle du cortège. Enfin l'on dépose les résidus de beurre et de parfums dans un vase d'argile crue, qu'on asperge d'eau, et qu'on attache, au moyen d'une cordelette tressée de trois brins d'herbe muñja, sur un arbre, devant l'orifice d'un nid : apparemment, les oiseaux, en s'envolant, disperseront en tous sens les substances nocives, qui ainsi ne retrouveront plus la piste du possédé [3]. Il va de soi que toutes ces médications peuvent avantageusement se cumuler : c'est affaire de temps, sans doute aussi d'honoraires.

Le talisman *daçavrksha*, composé de dix brindilles de divers bois de bon augure que noue un fil d'or, est souverain contre ce genre d'attaques. L'hymne qui le célèbre peut être pris pour type des incantations par lesquelles le magicien annonce comme obtenue la guérison espérée et agit ainsi par suggestion sur l'esprit du névropathe, « O dix-bois, délivre cet homme du démon, de la goule, qui l'a empoigné aux quatre membres, et ramène-le, ô roi des arbres, au monde des vivants. Il est venu, il s'est levé, l'homme que voici : il est rentré dans la foule des vivants ; le voici devenu père, il a des fils, et il est le plus heureux des hommes. Il a repris connaissance, il a abordé les demeures des vivants ; car il dispose de cent médecins et de mille remèdes... [4] »

Cette amulette, dont la pose exige le concours de dix brahmanes amis du malade, est prescrite pour le cas de possession par un *brahma-rakshas*, c'est-à-dire, selon toute apparence, par un brahmane réincarné en un démon : indication qui à elle seule fait comprendre l'intérêt que peut avoir le guérisseur à s'assurer préalablement de la nature précise des êtres malfaisants auxquels il a à faire. Malheureusement, ce genre de diagnostic est traité de façon fort sommaire et assez obscure [5]. Pour se l'expliquer, il faut savoir que la conjuration éventuelle contre un Piçâca comportera un feu de tiges de moutarde et une jonchée de roseaux. On suspend donc, en un endroit quelconque de la maison supposée hantée, une botte de ces végétaux : si, le lendemain, on constate qu'elle a changé de forme, d'odeur ou de nuance, on en conclura qu'en effet il y a un Piçâca sous roche, et l'on agira en conséquence. Il est à supposer que le démon, voyant les apprêts de la cérémonie qui doit le bannir, s'est évertué à en gâter les ingrédients pour les rendre inefficaces et a par là trahi sa présence ; car les démons sont fort puissants, mais généralement assez niais, tout comme le diable de nos légendes.

Il peut être intéressant d'apprendre que, lorsqu'on redoute l'attaque d'un Piçâca. — soit donc probablement toujours une crise d'épilepsie. — il faut se racler la langue avec un cordon de chanvre, plante salutaire, et lui dire : « Sors de ma maison [6] » Il s'agit de l'empêcher d'entrer dans le corps par la bouche. Mais les autres rites antidémoniaques n'ont rien que de vulgaire : jeter au feu diverses substances, entre autres des copeaux détachés d'une massue, et faire respirer la fumée ; enfoncer à ras de terre des blocs de bois de khadira, de fer et de cuivre, qui cloueront les démons au sol ; semer autour du lit des cailloux rougis au feu ; faire dans le feu de moutarde une oblation de grains d'orge non émondés, etc. Les hymnes qui accompagnent ces manipulations sont dits « bannissements » (*câtanâni* [7]), et j'en veux donner un seul spécimen.

(A. V. I. 7.) « 1. O Agni, fais venir ici le sorcier et le démon, et fais qu'il se nomme avec emphase [8] ; car c'est toi, ô dieu, qui tues le démon, lorsqu'on te loue. — 2. Sublime, omniscient et tout-puissant Agni, goûte le beurre et l'huile et fais gémir les sorciers. — 3. Qu'ils gémissent épars, les sorciers, les dévorants, les démons. Et vous, ô Agni et Indra, daignez accueillir notre oblation. — 4. Qu'Agni d'abord les empoigne ; que le bras robuste d'Indra les secoue. Que tout sorcier comparaisse ici et dise : Je suis un tel. — 5. Déploie ton héroïsme, ô omniscient ; dénonce-nous les sorciers, toi qui vois les hommes : que, sous l'élan de ta brûlure, ils viennent tous ici se déclarer. — 6. Saisis-les, ô omniscient : c'est pour notre bien que tu es né. Sois notre messager, ô Agni, et fais gémir les sorciers. — 7. O Agni, amène ici les sorciers, pieds et poings liés ; et puis Indra, de son foudre, leur fendra la tête ! »

---

1. A. V. viii. 4. 22, = R. V. vii. 104. 22, etc.
2. K. S. 31. 3-4 ; l'hymne est A. V. vi. 32.
3. K. S. 26. 29-32 : les hymnes sont A. V. ii. 2 et vi. 111.
4. A. V. ii. 9 (les stances citées sont 1-3) ; K. S. 27. 5-6.
5. K. S. 25. 22-34, spécialement 31-32 ; l'hymne accompagnateur est un *câtana* quelconque.
6. K. S. 25. 28.
7. A. V. i. 7-8, ii. 14, 18. 3-5, 25, iv. 20, 36-37, v. 29, viii. 3-4 ; cf. K. S. 8. 25.
8. C'est ainsi que je comprends *stuvânam* « se louant » : il se vantera de son pouvoir, et ainsi, tout à la fois, il sera convaincu de maléfice, *et l'on saura son nom*.

§ 3. — Exorcismes par représailles

Chasser le maléfice est bien ; l'éparpiller, mieux encore ; mais le comble de l'art, c'est de le retourner contre son auteur. Il y a double profit : se venger, d'abord ; et surtout renvoyer l'être nocif parmi les siens, en son lieu natal, qui lui est familier, qu'il retrouvera sans doute avec plaisir, auquel il s'attachera et qu'il quittera plus malaisément que tout autre pour chercher d'autres victimes. Aussi insiste-t-on à satiété sur cette dernière considération, la retourne-t-on en cent manières, dans la longue cérémonie qui a pour objet spécial de faire retomber sur un envoûteur l'effet des pratiques infâmes auxquelles il s'est livré [1].

L'opérateur commence par se munir d'un talisman srâktya traité suivant la formule. Devant le feu, on immole un taureau rouge-brun ; derrière le feu, un bouc rouge : ils fourniront la viande et le bouillon nécessaires au contre-charme. Puis on apprête les eaux bénites avec une solennité particulière. De nuit, pieds nus, coiffé d'un turban, le brahmane se met à la recherche de la poupée magique (krtyâ). il s'avance en murmurant des formules et faisant des aspersions. Dès qu'il a découvert la poupée, il la foudroie d'un regard farouche ; il lui arrose trois fois les chevilles avec du lait caillé, provenant d'une vache qui nourrit un veau de sa couleur ; au moyen d'un copeau d'un bois de bon augure, il lui fourre en bouche des gorgées de viande et de bouillon. Ensuite il se met en devoir de la disséquer : il la cloue à terre par sa peau extérieure en défait un à un les liens avec une pince de fer, lui enduit de beurre les yeux et les pieds, lui serre la taille d'un brin de darbha et lui commande de se lever. Le cortège se reforme : un acolyte, portant la poupée ; derrière lui, le brahmane, une calebasse pleine d'eau dans la main droite, un flambeau dans la gauche ; puis, leurs clients et les assistants éventuels. On va vers le sud-ouest, cherchant un lieu d'enfouissement : on évite les terrains affouillés par les eaux et ceux où se voient des traces de bêtes à cornes, car ils sont de bon augure et l'on ne doit point les contaminer ; on choisit de préférence un sol incliné vers le sud, ou naturellement crevassé ou nitreux, ou encore si on le peut, la demeure d'un ennemi. Là on enterre profondément l'objet maléficié ; le brahmane, en prononçant la dernière stance de sa conjuration, vide sa calebasse sur sa torche, tourne sur sa droite et rentre au village. Mais il faut encore purifier les victimes probables du maléfice : il récite sur elles les prières de la « grande expiation [2] » ; il asperge d'eau bénite toutes les places où l'on pourrait avoir déposé ou déposer contre elles un envoûtement, leur champ, leur enclos funéraire, etc., et il les laboure avec une charrue attelée de bœufs noirs. A l'appui de toutes ces manœuvres se déroule un hymne interminable et curieux, plus explicite qu'elles encore, mais dont je ne citerai que les stances vraiment caractéristiques soit de l'envoûture [3] soit de la contre-conjuration.

(A. V. x, 1.) « 1. Celle que disposent, comme une épousée pour le cortège nuptial, les hommes experts qui la fabriquent et savent la revêtir de toutes formes, qu'elle s'enfuie au loin, nous la heurtons et la chassons. — 2. Celle qui a une tête, un nez, des oreilles qui a été ajustée par l'envoûteur et par lui revêtue de toutes formes, qu'elle s'enfuie au loin, nous la heurtons et la chassons. — 3. Faite par un çûdra, faite par un guerrier, faite par une femme, faite par des brahmanes, comme une épouse chassée par son mari retourne dans sa famille, qu'elle s'en aille retrouver son auteur : là est sa parenté. — ...... 8. Celui qui par la pensée a articulé tes membres, comme Rbhu ceux du char d'Indra, va-t'en à lui, c'est là ton chemin ; l'homme que voici est pour toi un inconnu. — ...... 13. Comme un vent secoue et chasse de la terre la poussière et de l'espace le nuage, ainsi, que tout être malfaisant, heurté par la formule, s'enfuie loin de moi. — 14. Va-t'en en brayant comme une ânesse qu'on a déliée ; retourne-t'en à ceux qui t'ont faite, heurtée par ma formule héroïque. — ...... 19. Le maléfice appliqué, médité, enfoui, hostile, rampant, nous l'avons découvert : qu'il aille au lieu d'où il a été apporté ; qu'il y retourne comme un cheval à l'écurie ; qu'il tue la postérité de l'envoûtement. — 20. Il y a dans notre maison des glaives de bon métal, et nous

§ 3. — Exorcismes par représailles 161

connaissons, ô envoûture, tes articulations, une à une : lève-toi, va-t'en d'ici ; ce lieu t'est inconnu, qu'y viens-tu chercher ? — ...... 25. Ointe sur le corps, ointe aux yeux, ointe en tous sens, portant sur toi tous les fléaux, va-t'en ; ô envoûture, reconnais celui qui t'a faite, comme une fille reconnaît son père. — ...... 29. Le meurtre d'un innocent est chose odieuse, ô envoûture : ne tue chez nous vache ni cheval ni homme. En quelque endroit que tu sois déposée, nous t'en faisons déguerpir : sois plus légère que la plume. — ...... 32. Comme le soleil se dégage des ténèbres et rejette loin de lui la nuit et les lueurs de l'aurore, comme l'éléphant secoue la poussière qui le souille, ainsi j'écarte loin de moi tout être malfaisant, tout maléfice composé par un envoûteur. »

On ne s'étonnera point d'apprendre que, pour ces conjurations souveraines, encombrées de minutieuses complications et de mystérieux dangers, le brahmane exige un honoraire de dix vaches, plus les bœufs qu'il a employés au labour [4].

---

1. K. S. 39. — L'hymne du début est A. V. ii. 11 ; ceux de la bénédiction des eaux, iv. 17-19 et 40, v. 14 et 31, viii. 5 (l'hymne du srâktya ; puis vient l'hymne spécifique (x. 1.)
2. Ce sont les hymnes énumérés ci-dessus : on. voit que la cérémonie doit être fort longue.
3. J'ai forgé ce mot parce qu'il est plus topique que « poupée » ou « figurine » et que « voult » ne convenait pas, le sanscrit *krtyâ* étant féminin : cf Henry, A. V. x-xii, p. 39.
4. K. S. 39. 30.

§ 4. — Autres exorcismes

Mille accidents, naturellement beaucoup moins grave ; qu'une possession, requièrent cependant, pour ne point amener de suites funestes, une récitation expiatoire et un charme de bannissement [1] : mauvais œil, signes funestes, cauchemars, présages tirés d'oiseaux ominaux, tels que corneille, ramier ou gélinotte. Mais, dans ces menus cas, les rites fort simples n'offrent en général que peu d'intérêt ; les stances afférentes, moins encore ; et il doit suffire d'en rapporter ici quelques exemples.

Si l'on craint le mauvais œil en mangeant, — il pourrait empoisonner la nourriture, — il faut murmurer une certaine prière et tenir les yeux fixés sur les mets : ainsi l'on ne rencontrera pas le regard chargé d'effluves malins [2].

Si l'on a été souillé par le contact d'un homme infirme, mutilé, aux dents noires, aux ongles difformes, etc., on fait un feu d'*apâmârga* (achyranthes aspera) et on y jette des copeaux du même bois. Le nom de la plante, soit étymologiquement, soit par corruption et calembour, signifie « celui qui essuie » ou « le fait d'essuyer » : de là sa fonction [3].

Si l'on entend mal parler de soi, si l'on craint d'avoir été l'objet d'une médisance, d'une calomnie ou d'une exécration, on mange lin mets de farine d'orge rôtie, triturée dans du lait, où l'on sème la poudre d'une feuille de *khalatula*. Celte plante n'est pas identifiée ; mais, après la

§ 4. — Autres exorcismes

teneur de la récitation, elle doit avoir un goût sucré. Il semble qu'ensuite on ouvre la porte du logis, pour laisser sortir le maléfice [4].

Lorsqu'une femme est marquée de signes de mauvais augure, — les sorciers seuls savent discerner quels signes sont funestes et quels propices, — son simple contact peut causer les plus grands maux, y compris la mort de son amant ou de son mari. Dans la littérature postérieure, il est question de gens qu'on fait périr par ruse, rien qu'en leur envoyant une *vishakanyâ* (vierge-poison), une succube d'une admirable beauté, dont les caresses sont meurtrières [5] ; et tous les rituels du mariage contiennent une cérémonie destinée à protéger le jeune époux contre le mauvais œil de l'épousée [6]. Lors donc qu'on a reconnu semblables signes chez une femme, on lui asperge le visage, en commençant par la tresse de droite, avec l'eau où l'on a versé le restant d'une oblation de gousses aux démons : « La mauvaise marque, la femelle démoniaque, nous la bannissons ; les bonnes marques nous nous les procurons [7]. »

Si l'on a eu en rêve une apparition, on s'essuie le visage. « Nous connaissons tes parents, ô Sommeil : tu es le fils des épouses des dieux, le bras droit de Yama ; tu es le Trépas, tu es la Mort. Tel nous te connaissons, ô Sommeil : tel, ô Sommeil, défends-nous du cauchemar. Comme on se libère d'une dette par quarts et par huitièmes, ainsi que nous renvoyons à notre ennemi tout cauchemar [8]. » Si le fantôme a été tout particulièrement effroyable, il faut faire l'oblation d'un gâteau, ou, pour plus de sûreté, l'enfouir dans un champ appartenant à un ennemi [9]. Si l'on a rêvé de mangeaille, le cas est fort grave, car il présage disette : on récite cette stance amphigourique : « L'aliment que je mange en rêve et qui au matin ne subsiste pas, qu'il me soit tout entier propice, car le jour ne le voit pas [10]. »

Une autre pratique salutaire, c'est de se retourner sur le flanc opposé à celui où l'on a rêvé [11].

Lorsqu'on voit voler à soi un ramier ou une chouette, on récite « Propice soit le ramier qui nous est envoyé ; sans maléfice, ô dieux, l'oiseau qui aborde notre maison ; que le Prêtre Agni agrée notre oblation ; que le javelot ailé nous épargne [12]. » Celui qui a été touché par une corneille, le sorcier tourne trois fois autour de lui, de gauche à droite, avec un brandon enflammé [13]. Si l'oiseau a laissé choir une ordure sur quelqu'un, c'est l'affaire d'une ablution. « Ce que l'oiseau noir a fait tomber sur moi en volant à mon encontre ou s'envolant [14], que les eaux m'en défendent, ainsi que du mauvais pas et de l'angoisse. Ce que l'oiseau noir a essuyé sur moi de ta bouche, ô Nirrti, de ce péché daigne l'Agni du foyer me délier ! »

De la même façon on essuie avec soin sur soi les gouttes de pluie tombées d'un ciel serein ; car la pluie et le tonnerre, dans ces conditions, sont des présages funestes [15], ou, si on le préfère, comme tous les cas précédents, des « péchés ». Ces divers concepts ne se séparent pas dans l'esprit des temps védiques, et nous les retrouverons unis dans les rites proprement expiatoires.

---

1. En termes techniques, un *prâyâcçitta*.
2. K. S. 38. 22 ; A. V. ii. 35.
3. K. S. 46. 49 ; A V. vii. 65.
4. K. S. 29. 15-17 ; A. V. v. 15-16.
5. Cf. Henry, *Le Sceau de Râkchasa*, p. 45, n. 4.
6. Cf. Oldenberg-Henry, p. 397.
7. K. S. 42. 19-21 ; A. V. i. 18.
8. A. V. vi. 46. 2-3. — K. S. 46. 9.
9. K. S. 46. 10 ; A. V. vi. 45-46.
10. A. V. vii, 101 ; K. S. 46. 12. — Telle est du moins l'interprétation de M. Caland. Tout récemment (*Album Kern*, p. 115 sqq.), M. Pischel en a publié une autre plus compliquée, mais mieux en accord, pense-t-il, avec la tradition postérieure, suivant laquelle il est de bon augure de manger en rêve.
11. K, S. 46. 11 ; A. V. vii. 100.
12. A. V. vi. 27. 2. 2. — K. S. 46. 7-8 ; A. V. vi. 27-29. — En réalité le rite est encore plus compliqué : on apprête de l'eau bénite en récitant ces hymnes à titre de « grande expiation », et l'on exorcise le sujet ; puis on lui fait faire le tour de l'emplacement où s'est montré le mauvais présage (trois fois, de gauche à droite), en tenant un brandon ou menant une vache. — Voir encore : K. S. 42. 22, et A. V. i. 26, iv. 33 ; K. S. 46. 53-55.
13. K. S. 46. 48 ; A. V. vii. 64.
14. A. V. vii. 64. 1, et. cf. Henry, *A. V.*, vii, p. 88 ; K. S. 6. 47.
15. K. S. 46. 41-12 ; A. V. vi. 124.

Chapitre VIII : Charmes curatifs

La maladie est toujours causée par un agent vivant, ou tout au moins par un fluide — nous disons aujourd'hui « un microbe » — mystérieux et malfaisant : elle en est même la manifestation la plus commune et souvent la plus énergique : aussi les « remèdes » (*bhêshajâni*) ou charmes curatifs proprement dits ne constituent-ils, en principe, qu'une catégorie spéciale, la plus importante, des rites antidémoniaques, dont la plupart se confondent avec eux. On a vu, par exemple que possession et épilepsie sont tout un. D'autre part, nombre de charmes de guérison, tout particulièrement ceux qui sont dirigés contre « une maladie quelconque », c'est-à-dire contre un mal dont la nature n'a pu être diagnostiquée par le praticien, offrent le caractère vague et terne d'une conjuration générale contre un ou plusieurs démons inconnus : asperger le malade d'eau mêlée de sampâta ; mettre au feu des bois de bon augure et lui en faire respirer la fumée ; le frictionner avec de la poudre de palâça ou tel autre ingrédient ; lui donner une amulette qui le préservera également bien de la consomption et des effets du mauvais œil [1], ou, tout simplement, fredonner une longue séquence où sont énumérées toutes les maladies possibles avec leurs principaux symptômes, et à la fin s'incliner devant le soleil, le grand guérisseur [2]. Toutefois, par cela même qu'ici l'action des démons se trahit par des marques extérieures, définissables par le malade ou même apparentes aux yeux de son entourage, il est inévitable que les conjurations et pratiques imaginées contre les maladies prissent un caractère plus concret et, si j'ose dire, plus « positif » que les exorcismes ordinaires, auxquels ne sauraient présider les mêmes postulats scientifiques ou rationnels.

Il faut, tout d'abord, mettre hors de pair l'emploi d'un vrai remède, plus ou moins efficace suivant les circonstances et le mode d'application, mais enfin contrôlé par l'expérience, indépendant des formules et des simagrées qui en peuvent accompagner l'administration. Ce cas n'est certainement point rare, au moins dans le traitement des désordres extérieurs, blessures, brûlures, foulures, fractures, et autres accidents ou visibles ou palpables, contre lesquels des générations de rebouteurs se sont légué des secrets. Mais il intéresse bien plus l'histoire de la médecine que celle de la magie, et l'étude en est fermée à quiconque ne serait pas à la fois médecin et indianiste, car il va de soi que les traités védiques ne laissent qu'à peine entrevoir la possibilité de pareilles cures, et que l'analyse des ouvrages de médecine hindous, très postérieurs, n'est du ressort ni de ce livre ni de son auteur.

La plupart du temps, quand le sorcier s'attaque au mal et y applique le remède approuvé, il les voit l'un et l'autre à travers la double aberration du principe de causalité qui est l'essence de toute magie. Ignorant la nature et presque toujours la cause du mal, il ne les recherche pas ; il s'en prend aux symptômes et s'ingénie à les combattre ; le malade a le teint jaune, et il faut le déteindre, le reteindre bon teint, etc. ; ou bien il a des pustules, et il faut les crever ou les amener à s'ouvrir ; c'est tout ; de l'étiologie de la jaunisse ou des pustules, en dehors du démon vague qui peut-être les a semées, il n'est jamais question, et comment s'en étonner, puisque notre médecine du moyen âge, après Hippocrate, Celse et Galien, en était encore là sur beaucoup de points ? D'autre part, si un remède passe pour efficace, c'est ordinairement à son nom qu'il doit sa vertu, et ce nom, il ne le doit guère qu'à un hasard : une certaine liane, dite *arundhatî*, est un spécifique contre les blessures et les fractures, parce que « blessure » se dit *arus* et que le reste du mot suggère la racine *dhâ* « remettre », aussi parce que la liane grimpe (*arôhati*) sur les arbres et conséquemment fait recroître (*ârôhayati*) les chairs, les tendons, les os froissés, déchirés ou brisés ; peut-être cette plante avait-elle en effet des propriétés cicatrisantes ; mais il est douteux qu'elle en ait tiré son nom et certain que ce nom n'a pas nui à sa réputation [3]. On a vu ce qu'il en est de l'apârnârga, sorte de panacée très appréciée : par diverses raisons de logique et même de grammaire, il est difficile de croire que ce mot ait primitivement signifié « effaceur » ; mais une appellation quelconque, peut-être indigène et étrangère au vocabulaire sanscrit, a été en sanscrit comprise ou détournée en ce sens, et tout le reste a suivi.

Là où fait défaut une vertu réelle ou nominale, nous voyons le guérisseur recourir à des indications — dirai-je plus subtiles ou plus grossières ? — en tout cas plus concrètes encore. Ce sont alors les charmes de sympathie qui entrent en jeu, eux-mêmes différenciés en deux tendances.

Allopathie : le fiévreux est brûlant, la grenouille est froide au toucher ; la fraîcheur de la grenouille calmera l'ardeur de la fièvre. — On attache au pied du lit une grenouille rayée, liée de rouge et noir, et on lave le malade de façon que l'eau d'ablution retombe sur elle : « Que la fièvre, quelle qu'elle soit, passe dans la grenouille ! » Ensuite, — les traités ne s'en expliquent pas, — on lâche la bête, qui emporte, éteinte désormais et inoffensive, la chaleur qu'on y a versée [4].

Homéopathie : le malade a la jaunisse, il est jaune, c'est un teint qui n'est point naturel ; au contraire, certains oiseaux sont naturellement jaunes ; si l'on fait passer dans ces oiseaux la couleur jaune du malade, elle s'y trouvera dans son milieu normal, elle y restera, elle y émigrera volontiers. On procède de même que ci-dessus, après avoir attaché sous le lit quelques oiseaux jaunes, liés à la patte gauche d'un fil jaune. « Que ton mal de cœur et ton teint jaune se lèvent et suivent le soleil ; » — lui aussi est jaune ; — « des couleurs du taureau rouge nous t'enveloppons... Les vaches rouges qui relèvent de la déesse rouge, de toutes leurs formes et leurs forces nous t'enveloppons. Dans les perroquets et dans les grives nous déposons ton teint jaune, et puis dans les courlis, ton teint jaune, nous le déposons [5]. »

Tels sont les principes généraux qui président à l'art du sorcier guérisseur. Quant à leurs applications, où le lecteur les reconnaîtra sans peine, elles sont si multiples qu'il y faut de toute nécessité faire un choix très discret.

---

1. K. S. 25. 4-5 et 20-21, 26. 33-37, 27. 34, 28. 8 et 17-20, 30. 17-18, 31. 5, 32. 3-4.
2. A. V. ix. 8 ; K. S. 32. 18-19.
3. Bloomfield, *Hymns of the A. V.*, p. 385. Toutefois le K. S. appelle cet ingrédient curatif *lâkshâ*, et M. Caland pense qu'il s'agit tout simplement de laque (cf. infra le § 4 de ce chapitre), plus spécialement de laque rouge, couleur de sang : dans ce cas, la médication rentrerait dans la catégorie de l'homéopathie définie ci-après.

4. K. S. 32. 7 ; A. V. vii. 116-117.
5. A. V. i. 22 (les stances citées sont 1, 3 et 4) ; K. S. 26. 14. 21. Mais le charme est en même temps allopathique, en ce qu'on administre au sujet une potion d'eau claire où l'on a infusé des poils de taureaux rouge : mythiquement, ce taureau est le soleil, et la vache rouge l'aurore ; cf. Henry. *A. V.*, xiii, préface.

§ 1er. — La fièvre

A tout seigneur tout honneur. L'épouvantable fièvre des tropiques, qui tue un homme en quelques heures ou l'épuise pour des années, a inspiré aux écoles de l'Atharva-Véda des poèmes de vénération craintive et de médication plus ingénieuse que rassurante. Elles en décrivent tous les symptômes : la migraine intolérable ; les atroces nausées ; le teint noir-jaune, et le corps convulsé, desséché, pareil à un cep tordu au feu. Elles ont fait mieux dans leur terreur, elles l'ont déifiée ; le dieu Takman, à leurs yeux, n'est pas moins réel ni moins adorable que les plus grands du panthéon officiel, Agni ou Rudra ; elles en font l'auxiliaire de celui-ci, dieu meurtrier entre tous, et lui attribuent, en commun avec celui-là, une naissance mystique.

(A. V. I. 5.) « 1. Alors que, pénétrant dans les Eaux, Agni les consuma, là où les grands soutiens de l'ordre divin ont incliné leurs têtes adorantes, c'est là, dit-on, que gît ton lieu natal suprême : fais alliance avec nous et épargne-nous, ô Takman ! »

Qu'est-ce à dire ? Au sujet de la phrase initiale. Weber songeait à l'ardeur du soleil pénétrant les eaux des marécages et en dégageant les effluves empoisonnés de la fièvre paludéenne. Il peut n'y avoir qu'une simple allusion au procédé curatif très élémentaire recommandé pour la circonstance : faire rougir au feu un fer de hache, l'éteindre dans l'eau et asperger le fiévreux de cette eau ainsi tiédie ; puisqu'elle a éteint le feu, elle éteindra l'ardeur similaire [1]. Mais il se peut aussi — et nul n'en contestera la vraisemblance — que la cérémonie elle-même ait été inspirée par la teneur du vers. Quoi qu'il en soit, le rappel, eu tête d'un hymne à la Fièvre, de la naissance d'Agni, l'un des plus hauts mystères de la théosophie védique, l'évocation de ces dieux ou de ces sages demi-dieux, qui tous en masse entourent de leurs hommages le berceau du divin enfant, c'est de quoi faire vibrer jusque dans nos cœurs indifférents un écho de la clameur éperdue qui devait saluer l'apparition de la puissante et implacable déité.

« 2. Que tu sois ardeur resplendissante ou ardeur consumante, ou que tu naisses du feu qui couve sous les copeaux, de ton nom tu es Hrûdu, ô Dieu du jaune : fais alliance avec nous et épargne-nous, ô Takman ! »

Ici nous cessons tout à fait de comprendre, et encore la traduction de la première moitié de la stance est-elle à peu près conjecturale. Une seule donnée est claire, mais l'est pleinement : le nom mystique de la fièvre est Hrûdu ; ce nom, il faut le connaître pour avoir prise sur elle, il faut l'en appeler pour se la concilier : thème qui revient à tout moment dans la magie hindoue comme dans toutes les magies. Mais que signifie ce mot *hrûdu*, par ailleurs inconnu ? J'en ai tenté une explication, si elle trouvait adhésion ou surtout si elle se vérifiait, jetterait un jour intéressant sur les relations préhistoriques des Sémites et des Indo-Européens [2]. Les langues sémitiques, en effet, nous offrent un trisyllabe à peu près identique dans l'assyrien *huraçu* et l'hébreux *harûç*, qui autorisent la restitution d'une forme proethnique *harûdu* signifiant « or » ; et, d'autre part, il semble fort naturel de qualifier d'un mot mystérieux, incompris du vulgaire, mais suggestif pour les initiés, un être surnaturel qui « dore » les hommes et que par ailleurs on appelle le « Dieu du jaune ». Tout cela s'enchaîne avec une cohésion qu'on serait tenté de juger même trop rigoureusement pour une simple formule magique, si l'on ne savait que l'esprit humain ne tire jamais rien de son propre fonds et que ses rêves les plus extravagants ne sont guère que les postulats d'une logique poussée à outrance. Celui-ci peut se traduire en un syllogisme, qui naturellement pèche contre les règles de la scolastique : « Jaune est la fièvre ; jaune est l'or : donc la fièvre est or. » Mais, si plausible que m'apparaisse l'hypothèse, je me reprocherais d'y insister davantage.

« 3. Que tu brûles d'un seul coup ou à petit feu, ou que tu sois l'enfant du roi Varuna, de ton nom .... — 4. A la fièvre froide, au délire ardent, à la fièvre brûlante, je fais hommage. A celle qui revient le lendemain, à celle qui dure deux jours de suite, à celle qui revient le troisième jour, hommage ! »

Nous reprenons pied avec un autre hymne, d'un caractère très objectif, qui nous renseigne sur les pays où la fièvre passait pour endémique, ou plutôt nous en éclaircirait à souhait si la géographie des temps védiques n'était pour nous en partie lettre close. Le conjurateur la renvoie à son pays natal, chez ses compatriotes, comme l'envoûture à son auteur : c'est là son domicile, là qu'elle se trouvera bien ; qu'elle y aille et y reste.

(A. V. v. 22.) « 1. La fièvre, daigne Agni la bannir loin d'ici, et Sôma, et la pierre du pressoir, et Varuna dont pure est l'habileté liturgique, et l'autel, et la jonchée de l'autel, et les bûches enflammées ! Que les hostilités s'enfuient au large ! — ...... 5. Sa demeure est chez le Mûjavant, sa demeure est au pays des Mahâvrshas. De naissance les Balhikas sont tes compatriotes. — 6. O fièvre maligne, qui fais balbutier et tords les membres, va-t'en au large ; va chercher la sauvagesse vagabonde et frappe-la de ton foudre. — 7. Va-t'en, ô fièvre, au Mûjavant, ou chez les Balhikas, bien loin ; va chercher la lubrique femelle du sauvage et secoue-la comme il faut. —...... 12. O fièvre, avec ton frère la consomption, avec ta sœur la toux, avec ton cousin le *pâman*, émigre vers ces étrangers là-bas. —... 14. Aux gens du Gandhra et du Mûjavant, aux Angas et aux Magadhas, nous confions la fièvre, comme un esclave, comme un précieux trésor. »

La médication, ici encore, est exclusivement symbolique. Le sorcier fait rôtir du riz noir, en exprime le suc et le donne à boire au malade. Sur un feu provenu d'un incendie de forêt, il fait les oblations coutumières, et se procure ainsi du sampâta, qu'il déverse sur la tête du sujet au moyen d'une bassine de cuivre. Les deux thèmes curatifs sont : l'ardeur du feu (homéopathie), et la rougeur du cuivre (allopathie), qui doit combattre la livide pâleur du fiévreux [3].

La médication allopathique par la grenouille a déjà passé sous les yeux du lecteur.

---

1. K. S. 26. 25.
2. *Journal Asiatique*, 9e série, x, p. 511 sqq.
3. K. S. 9. 18-19. Dans la fièvre bilieuse, le traitement est le même, mais on récite A. V. vi. 20 : K. S. 30. 7.

§ 2. — Les vers intestinaux

Il est infiniment probable que le diagnostic du médecin védique n'était pas plus sûr que celui de nos commères de village : ayant reconnu dans l'homme et l'animal la présence de vers parasitaires, il leur attribuait sans doute bien des méfaits dont ils étaient innocents. Aussi le rituel qu'il leur consacre est-il d'une majestueuse ampleur : il ne compte pas moins de trois hymnes, de moyenne longueur, où la formule et le traitement s'entrelacent et se répondent dans la plus étroite corrélation.

Le motif dominant, c'est l'écrasement des parasites. Mais on ne peut les atteindre, là où ils sont : il faut donc les écraser en effigie, et, pour cela, manier un pilon, broyer des objets qui les représentent ou les substances qu'on donne à ingérer au patient. On prend un roseau tacheté de noir ou une racine de karira (capparis aphylla) ; on y entortille, de droite à gauche, des poils de la queue d'une vache, et on les écrase avec une pierre ; on y jette les morceaux au feu, et on fait respirer la fumée. On broie du sable fin dans la main gauche, le regard tourné vers le sud, et on le répand doucement sur le malade. Si c'est un enfant, on le place dans le giron de sa mère, et on lui touche trois fois le palais avec le bout d'un pilon enduit de beurre, qu'on ramène d'arrière en avant. On traite de même par broyage vingt-et-une racines d'andropogon, et l'on en administre la poudre, qui peut-être en effet est un vermifuge. On se garde enfin d'oublier la vertu de l'eau mélangée de sampâta, et on en asperge largement le sujet, pour finir [1].

§ 2. — Les vers intestinaux

Les bizarres attributs que le sorcier poète assigne à ces parasites incommodes, les sobriquets aux consonances peu sanscrites dont il les affuble, les font confiner de fort près à ces démons autochtones et monstrueux que nous avons déjà rencontrés sur notre chemin. Au fond, vers et démons, pour lui, c'est tout un, et son hymne, comme sa médication, a tout l'air d'un exorcisme.

(A. V. v. 23.) « 1. J'invoque (?) le Ciel et la Terre, j'invoque la déesse Sarasvatî, j'invoque Indra et Agni, et je leur dis : Broyez le ver. — 2. O Indra, roi des trésors, tue les vers de cet enfant. Tués sont tous les malins par ma puissante parole. — 3. Celui qui rampe autour des yeux, celui qui rampe autour du nez, celui qui pénètre entre les dents, ce ver, nous le broyons. — 4. Les deux qui sont pareils, les deux qui ne le sont pas, les deux noirs, les deux rouges, le brun et celui qui a les oreilles brunes, et le coucou (?), les voilà tués. — 5. Les vers aux épaules blanches, les noirs aux pattes de devant blanches, quels qu'ils soient, les vers de toutes formes nous les broyons. — 6. Le soleil se lève à l'orient, visible à tous, tueur des invisibles, frappant les visibles et les invisibles, et broyant tous les vers. — ...... 9. Le ver à trois têtes, à trois chefs, bigarré, blanchâtre, je lui brise les côtes, je lui fends la tête. — 10. A la façon d'Atri, ô vers, je vous frappe, à la façon de Kanva, de Jamadagni ; de par la formule d'Agastya [2], moi j'écrase les vers. — 11. Tué est le roi des vers, et tué son lieutenant ; tué est le ver, tuée sa mère, tué son frère, tuée sa sœur. — 12. Tués sont ses commensaux, et tués ses voisins ; et même les tout petits, tous les vers sont tués. — 13. Et tous les vers mâles, et tous les vers femelles, avec la pierre je leur brise la tête, avec le feu je leur brûle la gueule. »

Les deux autres hymnes [3] ne diffèrent guère de celui-ci et même en reproduisent partiellement les termes, à cela près que le second parle des « vers qui sont dans la vache ». Il relève donc de l'art vétérinaire. Au soleil levant, l'opérateur demande : Comment s'appelle la vache ? » Le propriétaire de la bête répond. Après récitation de l'hymne, le sorcier ajoute : « Ils sont tués » ; et il frappe avec des brins de darbha sur l'endroit du corps où il en soupçonne la présence. De même à midi. De même encore au coucher du soleil ; mais alors il faut que la vache ait la tête tournée vers l'occident [4]. Plus nettement ici que dans la conjuration précédente, où il ne figure qu'en paroles, nous voyons se dessiner le rôle du soleil tueur de monstres, où le mythe s'allie à la magie et sur lequel nous aurons l'occasion de revenir.

1. K. S. 27. 14-20 et 29. 20-26. — Observer, dans ces pratiques, la prédominance de la gauche : c'est que les vers sont des démons, ainsi qu'on va le voir.
2. Ce sont autant de noms sages mythiques, évidemment censés auteurs de charmes puissants et divins devanciers de l'opérateur actuel.
3. A. V. ii. 31 et 32.
4. K. S. 27. 21-26. Cf. infra, le § 1er de la Conclusion.

§ 3. — Les affections cutanées

Tout incurable qu'elle est, l'affreuse lèpre a dû passer pour céder à la science du guérisseur, et de fait l'un des procédés qu'il employait en abolissait momentanément les traces. Comment, d'ailleurs, n'en aurait-il pas triomphé ? Le problème lui apparaît évidemment plus soluble encore que celui de la jaunisse ; car il ne s'agit pas de déteindre et de reteindre tout un corps passé au jaune, mais simplement de recolorer une minime étendue d'épiderme où la mauvaise fée a empreint son sceau blanchâtre. Aussi n'y fait-il pas tant de façons : il frictionne avec de la bouse de vache la place malade, jusqu'à la faire saigner, puis y étend une poudre de *haridrâ* (curcuma longa), de *bhrngarâja* (eclipta prostrata), de coloquinte et d'indigo, toutes plantes tinctoriales au suc plus ou moins noir [1] ; brochant sur le tout, des calembours sur le verbe *raj* « teindre », dont le dérivé *rajani* est un sobriquet de la nuit, qui teint le ciel en noir, et aussi du curcuma. Donnons une brève idée de cet amphigouri médical.

(A. V. 1. 23.) « 1. Tu es née de nuit, ô plante, ... : ô teinturière, retiens ceci qui est bigarré et blanchâtre. — 2. Fais disparaître d'ici la bigarrure, l'enduit gris, la tache. Que ta couleur normale te revienne [2]. Fais envoler les taches blanches. — ...... 4. De la bigarrure née des os, née du corps, déposée sur la peau par une femelle malfaisante, j'ai, par ma formule, anéanti la marque blanche. »

(A. V. 1. 24.) « 1. L'aigle fut le premier-né (le Soleil), et toi tu fus son fiel ; puis la fée noire (la Nuit), vaincue par lui, te fit prendre une forme parmi les végétaux (?). — .... 3. « Unicolore » se nomme ta mère, « unicolore » se nomme ton père ; c'est toi, ô plante, qui rends unicolore : fais unicolore la place que voici .... »

Et, comme les apparences extérieures sont les mêmes, le charme sert aussi contre les cheveux gris : on commence par épiler, puis on procède comme ci-dessus [3].

Les pustules malignes, dont quelques-unes pourraient bien être d'origine syphilitique, — surtout si le mot *jâyânya*, qui en désigne la diathèse, se rattache par un lien étymologique à *jâyâ* qui signifie « femme » [4], — les tumeurs externes, indurées ou purulentes, les engorgements scrofuleux des glandes du cou et bubons de toute sorte, si l'on en juge par la fréquence des conjurations qui les visent, paraissent avoir donné fort à faire à la médecine du temps. Mais la description de ces symptômes variés, noyée dans une phraséologie uniforme, et si peu claire que telles de ces pustules ont été prises par les premiers interprètes pour des insectes [5], ne nous les laisse pas distinguer les uns des autres, non plus que ne les distinguait le sorcier lui-même, qui appliquait sans doute le même traitement, presque toujours puéril, aux plus graves comme aux plus légers et devait ainsi obtenir de temps à autre de très faciles guérisons.

En récitant un hymne, il enflamme, à un feu de menu bois placé au-dessous d'elles, 55 feuilles de bois de hache (*paraçu*), plante par ailleurs inconnue : il en reçoit le suc dans un tesson, et avec une spatule de bois il applique ce suc sur la glande malade. Il la frictionne de poudre de coquillages et la fait mordre par une sangsue ; ou il l'enduit de bave de chien et la fait mordre par un lézard [6]. Une intervention réellement curative, mêlée de fatras magique, est ici très manifeste.

Si la glande suppure, on la frotte d'huile, toujours de haut en bas ; puis, le sujet lui-même frotte sa plaie contre le chambranle de sa porte [7]. Révérence à la magie, la seconde partie du charme doit fort compromettre l'effet de la première.

Pour faire ouvrir une tumeur qui s'indure, on l'asperge et on la lave d'écume d'urine : urine de vache selon les uns ; urine humaine, selon d'autres, et peut-être du malade lui-même [8]. Quoi qu'il en soit, ce remède, connu de temps immémorial, et encore largement répandu, est dans l'hymne l'objet d'une mention explicite, sous le nom de *jalâsha*, qui désigne le spécifique essentiel de Rudra, à la fois dieu guérisseur et taureau mugissant dont l'urine céleste est la pluie [9]. « Le voici, le

§ 3. — Les affections cutanées 177

remède, oui, le voici, le remède de Rudra qui conjure la flèche à cent pointes sur une seule hampe. Lavez de jalâsha, aspergez de jalâsha ; le jalâsha est remède souverain ; en son nom, fais-nous merci, pour que nous vivions .... » A cette application, le sorcier en joint une d'ordure dentaire et une de pollen d'andropogon sans d'ailleurs changer d'hymne [10].

(A. V. VII, 74.) « Des pustules rouges noire est la mère, nous a-t-on appris : avec la racine de l'ascète-dieu (Rudra ?) je les perce toutes. — 2. Je perce la première d'entre elles, et je perce la moyenne ; celle-ci, la dernière, je la fends comme un flocon .... »

Le médecin accompagne de ces stances une action toute symbolique : avec un arc de roseau tendu d'une corde de laine noire, il dirige contre chaque pustule successivement quatre flèches noires dont les pointes sont enveloppées de flocons de laine ; puis il lave à l'eau qu'il a fait tiédir en y jetant une corde d'arc et des flocons de laine chauffés. Trait caractéristique ; l'ablution se pratique à l'heure où pâlissent les étoiles : ainsi doivent s'évanouir les pustules [11].

Contre le jâyânya, qui paraît être la cause prédéterminante de ces pustules ou de tumeurs plus graves, on prescrit aussi l'application de sangsues, à laquelle la stance finale de l'hymne afférent contient peut-être une allusion sous forme aussi détournée que possible : « Bois hardiment le sôma dans la coupe, ô Indra, pour tuer Vrtra, ô héros, dans le combat en vue des richesses ; verse-le en toi au pressurage de midi ; étant riche, donne-nous la richesse. » On peut faire encore une application de sel gemme en crachant dessus [12]. Mais le remède par excellence et dont la folle bizarrerie ne trouve d'explication, ni dans l'hymne, ni dans les commentaires du rituel, ni, je crois, dans aucune induction logique dont nous puissions suivre la filière, consiste en une amulette, baignée selon la formule, et faite d'une corde et d'un autre organe d'une certaine espèce de luth [13]. Après celui-là il faut tirer l'échelle.

---

1. K. S. 26. 22 ; A. V. i. 23-24. — Une autre médication emploie, en friction sur tout le corps (de haut en bas), la poudre de *kushtha* (costus speciosus) : K. S. 28. 13 ; A. V. v. 4 et vi. 95, cf. aussi xix. 39.
2. Parenthèse adressée au malade. Ou à la plante ? « Que ta couleur propre t'imprègne », et conséquemment pénètre avec toi dans le sujet.
3. K. S. 26. 23.
4. Henry. A. V., vii, p. 98.
5. C'est à M. Bloomfield que l'on a dû d'être fixé sur la véritable nature de l'*apacit*, qui passait avant lui pour un moucheron venimeux : *Hymns of the A. V.*, p. 503 sq.
6. K. S. 30. 14-16 ; A. V. vi. 25 (le nombre 55 est suggéré. par l'hymne).

7. K. S. 31. 9-10 ; A. V. vi. 53.
8. Cf. Henry, *Revue critique*, li (1901), p. 202, n. 1.
9. C'est également M. Bloomfield qui a éclairci cette notion voilée par le verbiage poétique ou magique : *Contributions*, IV, in *American Journal of Philology*, xii, p. 425 sqq.
10. K. S. 31. 11-15 ; l'hymne est A. V. vi 57 (les stances citées sont 1-2).
11. K. S. 32. 8-10. — L'hymne se termine par une stance de facture, adressée à. Agni, où l'on souhaite « la postérité » : ce qui confirmerait assez l'idée de la nature vénérienne de la pustule *apacit*.
12. K. S. 31. 16-17 ; A. V. vi. 83 et vii. 76 ; cf. aussi K. S. 31. 20.
13. K. S. 32. 11-13 ; A. V. vii. 76. 3-5.

§ 4. — Les blessures et l'hémorrhagie

Le spécifique contre les blessures, on l'a vu, c'est l'arundhâtî, en d'autres termes, la plante à laque (? *lâkshâ*), dont les vertus sont célébrées en des stances enthousiastes : « Réadapte chair à chair, peau à peau, moelle à moelle, poil à poil ; la portion de chair ou d'os qui est tombée, fais-la recroître victorieusement », etc. On prépare une infusion de gomme laque dans de l'eau bouillante, on la filtre, on y mêle du lait chaud, et le blessé boit la mixture. Voici qui est plus topique : on attiédit de l'eau en y versant de la laque en fusion, et on en lave la blessure à l'heure où s'effacent les étoiles ; on l'enduit ensuite d'un mélange de lait et de beurre liquide, qu'on administre également en boisson [1].

Cette médication, — et peut-être une autre encore, qui a pour base la graine de poivre, mais dont la diagnose est par trop obscure [2], — vaut indifféremment contre toute blessure, qu'elle procède d'une arme tranchante ou contondante, pourvu qu'il n'y soit point distillé de venin, et aussi contre les brûlures de toute sorte contre les luxations et les fractures d'os, expressément comprises dans les termes des hymnes, et enfin contre l'hémorrhagie sans cause extérieurement apparente. Mais contre celle-ci, phénomène mystérieux et inaccessible, le conjurateur a dû s'ingénier et imaginer de nouveaux rites, ou plus solennels, ou plus délicats.

« Immobile est le ciel », s'écrie t-il, immobile la terre, immobile tout cet univers mobile ; immobiles sont les arbres, qui dorment debout : que ton mal s'arrête immobile. » Le traitement, dans ce cas, n'est que tout juste assez clair pour qu'on en apprécie la sereine absurdité [3].

La magie, tout en demeurant pure magie, a été mieux inspirée dans d'autres cas de pertes sanguines et, plus spécialement, de pertes menstruelles. L'opérateur touche la place saignante avec un bambou à cinq nœuds : les nœuds sont symboliques d'arrêt. Il y répand du sable et du gravier : évidemment il y construit une petite digue. Il remet au sujet une amulette fait d'un tesson ramassé dans des décombres : c'est ainsi qu'on ramasse le premier débris venu pour boucher à la hâte une fuite d'eau. Il broie un peu de ce tesson dans de l'eau, il lui en fait boire, ainsi que de l'eau où il a mêlé du lait aigri, des grains de sésame égrugés et quatre brins de millet dûrvâ [4]. Mais le chef-d'œuvre de l'intervention médicale, ici, c'est le délicieux petit poème qui l'accompagne.

(A. V. 1. 17.) « 1. Ces fillettes qui vont là, les veines vêtues de robes rouges, comme des sœurs sans frère je les dépouille de leur force vitale : qu'elles se tiennent immobiles ! — 2. Ne bouge plus, toi, celle d'en bas, ni toi, celle d'en haut ; ne bouge plus, toi, la moyenne ; et, si la plus mignonne s'arrête, immobile soit aussi la grande artère. — 3. Des cent artères et des mille veines, les médianes que voici se sont arrêtées, et aussitôt les extrémités sont entrées en repos. — 4. Autour de vous s'est épandue une vaste digue de sable ne bougez plus, tenez-vous tranquilles, chut ! »

---

1. K. S. 28. 14, 28. 5-6 ; les hymnes sont respectivement : A. V. v. 5 et iv. 12 ; la stance citée est résumée de iv. 12. 3-5.
2. K. S. 26. 33 et 38 ; A. V. vi. 109.
3. Boire de l'eau dans une corne de vache qui est tombée d'elle-même : K. S. 31. 6 ; A. V. vi. 44 (stance 1 citée).
4. K. S. 26. 10-13. Le symbolisme du tesson est tout particulièrement curieux.

§ 5. — Les effets du venin

Dans un pays où aujourd'hui encore, dit-on, il meurt annuellement 20.000 personnes de la morsure des serpents, je laisse à penser le religieux respect dont s'auréolait le charmeur de venins. Il figure avec honneur jusque dans les drames de la période classique, qui lui assignent, entre autres engins défensifs, une jarre d'eau et un cachet à empreinte de serpent [1]. De plus, comme tous les sauvages, les Âryas connaissaient l'art d'empoisonner les flèches et de faire ainsi d'une légère égratignure une blessure mortelle. Contre ce venin artificiel, l'Atharva-Véda dirige deux hymnes, dont l'un, fortement empreint de mythologie, appelle à la rescousse le grand oiseau tueur de serpents et le brâhmane premier-né, personnifications peu équivoques du Soleil qui triomphe des monstres [2].

(A. V. IV. 6.) « 1. Le brahmane est né le premier, à dix têtes, à dix bouches ; c'est lui qui le premier but le sôma, lui qui dessécha le venin. — 2. Aussi loin que s'étend le ciel et la terre et que s'épandent les sept rivières, aussi loin ma voix a fait taire la voix meurtrière du venin. — 3. O venin, c'est l'aigle Garutmant qui le premier t'a ingéré : tu ne lui a causé nausées ni tranchées, et tu ne lui as été qu'aliment. — 4. Toi que cinq doigts ont lancée de l'arc recourbé, ô flèche, de ta pointe j'ai charmé et banni le venin. — 5. De la pointe j'ai banni le venin, de l'enduit et des pennes ; de la corne barbelée et de la hampe j'ai banni le venin. — 6. Desséchée, ô flèche, est ta pointe, et desséché ton venin ; desséché est l'arbre qui a fourni ton arc, et cet arc, ô flèche desséchée, est desséché. — 7. Ceux qui broyèrent, ceux qui enduisirent, ceux qui décochèrent et lancèrent, les voilà tous faits eunuques, et eunuque le mont où croît le venin. — 8. Eunuques sont ceux qui t'ont cueilli, eunuque tu es, ô simple venimeux, et eunuque le mont qui a engendré le venin. »

Le sorcier adresse un hommage au roi des serpents Takshaka [3]. Il fait boire au blessé quelques gorgées d'eau, puis asperge la plaie ; de même, avec de l'eau dans laquelle il a fait macérer un peu de poudre d'un bois qui nous est inconnu (*krmuka*). Il lave avec une eau qu'il a fait tiédir en y jetant un objet chauffé : un chiffon, une vieille peau de chèvre, ou des balayures. Dans un bouillon de lait et d'orge, mêlé d'eau et de sampâta, qu'il tourne au moyen de deux flèches empoisonnées, la pointe en l'air, il dépose des fruits de *madana*, — un vomitif évidemment, de la stramoine (?), — un à chaque stance, et fait vomir le patient [4].

Le répertoire consacré au venin des serpents est autrement riche et solennel et, par endroits, très pittoresque : on y voit les reptiles guetter, se tapir, glisser entre les herbes touffues, bondir, mordre, se dérober ; on y apprend tous leurs noms, réels ou mystiques, démoniaques pour la plupart, car rien ne ressemble plus au démon que cet ennemi silencieux et souterrain ; on y voit aussi défiler leurs adversaires, l'ichneumon, le porc-épic, la fourmi, qui sont les alliés naturels de l'homme dans sa lutte incessante et inégale contre leur pouvoir meurtrier. A cet ample rituel je ne veux emprunter qu'un seul hymne qui les résumera tous.

(A. V. VII. 56.) « 1. Le venin du serpent à raies obliques, du noir, de la vipère cornue, le venin du scorpion, la plante que voici l'a aboli. — 2. La plante que voici est née de la liqueur, dégouttante de liqueur, liquoreuse, douce liqueur ; elle est le remède de la morsure et la mort des insectes malfaisants. — 3. De la plaie mordue et de la plaie sucée nous faisons par incantation sortir ton venin ; de la petite mouche à la morsure inquiète, impuissant est le venin. — 4 Toi l'oblique, aux articulations obliques, aux membres obliques, qui tords et rends oblique le visage des hommes [5], ce visage, ô dieu du brahman, comme un roseau détords-le. — 5. Impuissant est le serpent qui se traîne en rampant à mes pieds ; car je me suis emparé de son venin, et lui-même je l'ai broyé. — 6. Il n'y a point de force en tes bras, ni en ta tête, ni en ton tronc ; et qu'est-ce donc que ce menu dard que d'un air si méchant tu brandis sur ta queue ? — 7. Les petites fourmis te mangent, les paonnes te déchirent : Allons, répétez tous : Impuissant est le venin du scorpion. — 8. Toi qui assailles tout à la fois par la queue et par la bouche, il n'y a

§ 5. — Les effets du venin 183

point de venin en ta bouche : comment y en aurait-il dans l'étui de ta queue ? »

On voit par les dernières stances que le sorcier a principalement affaire ici d'insectes venimeux ; mais ses antidotes, quoique fort nombreux, sont à peu près les mêmes dans tous les cas, boissons sucrées, frictions, vomitifs. Dans celui-ci, toutefois, il procède par amulettes : un morceau de bois de réglisse ; de la terre à gazon et de la terre de fourmilière dans un sac de peau ; le tout baigné selon l'ordonnance et suspendu au cou [6]. Ailleurs, avec le pouce de la main droite, il introduit dans la narine une poudre obtenue par pulvérisation d'un certain insecte, baptisé *paidva*, c'est-à-dire « qui relève de Pêdu », parce que le héros Pêdu possède un magnifique étalon blanc, tueur mythique de serpents, encore une incarnation du soleil comme le Pégase hellénique. A la fin de la conjuration, il cautérise la plaie avec un tison, — voilà qui est fort indiqué, — et lance ensuite le tison sur le serpent, ou sur l'emplacement où l'homme a été piqué, si le reptile n'a pas attendu son bon plaisir [7]. Le sens de ce dernier rite nous est rendu clair par le geste similaire qui consiste à jeter de même la touffe de darbha dont on a essuyé la morsure. « Va-t'en : tu es l'impie ; oui, tues l'impie. Tu as imprégné de venin le venin » (c'est-à-dire, sans doute, « tu as empoisonné le poison, tu l'as tué ou annulé ») ; « oui, tu l'as imprégné de venin. Retourne-t'en au serpent ! tue-le [8] ! » Toujours le thème du retour à l'auteur.

La friction elle-même, qui sûrement est un procédé empirique de guérison, paraît se compliquer d'accessoires inutiles qui relèvent de la magie la plus crédule. A vrai dire, le Sûtra est muet sur ce détail ; mais une stance le suggère par voie d'allusion fugitive. Il semble qu'une certaine plante, nommée ou surnommée « la perceuse » (*taudî*), — la même peut-être qu'on déterre avec une pioche d'or, — soit enduite de beurre et appliquée sous la plante du pied du malade. Comme on ne le frictionne que de haut en bas, le venin repoussé vers les pieds n'aura pas d'autre issue, et la plante est là, qui guette sa sortie pour le « percer », pour l'anéantir [9].

Outre les breuvages sucrés, le talisman de terre de fourmilière, les aspersions d'eau attiédie par immersion de divers objets chauds, — chaume du toit de la maison, grains de sésame, un bouton ou une corde d'arc, etc. [10], — le sorcier puise dans son manuel de quoi défrayer largement la croyance en son merveilleux pouvoir. Il a une stance qui, par sa seule vertu, arrête net le venin, l'empêche de se répandre dans le corps, et une autre qui l'en bannit d'emblée [11]. Il fait hommage à Takshaka, tourne trois fois de droite à gauche autour de son client, lui attache des touffes de gazon dans les cheveux et dans l'intérieur de son vêtement, puis retourne trois fois de gauche à droite. Il lui donne à manger du miel, du bois sucré et de la fiente de porc-épic : « Le porc-épic, en descendant, de la montagne, a dit : Toutes les fouisseuses quelconques, leur venin est l'impuissance même ! » Il lui donne à manger de la viande de porc-épic au bout d'un piquant de porc-épic marqué de trois taches blanches. Il lui fait boire de l'eau dans une gourde à calebasse, — car cette plante, elle aussi, passe pour un puissant antidote, — et lui en attache une tige en amulette. Et les stances finales de l'hymne qu'il récite [12], — deux des rares stances entièrement inintelligibles de son recueil — sont un véritable abracadabra, où l'on a cru retrouver, à tort d'ailleurs, jusqu'au nom du « tabou » polynésien.

---

1. *Agnimitra et Mâlavikâ* (trad. Henry), p. 61 sq.
2. Cf. infra, la Conclusion, § 1er.
3. Sur ce démon et sur le culte des serpents en général, on peut consulter Oldenberg, *op. cit.*, p. 57 sq.
4. K. S. 28. 1-4 ; l'autre hymne *ad hoc* est A. V. iv. 7.
5. M. Bloomfield comprend la chose autrement : c'est le serpent qui « contorsionne sa mâchoire ». Mais en dépit de l'anacoluthe qui suit, en tout cas inévitable, la prière à Brhaspati est bien plus intelligible s'il s'agit du visage de la victime ; et puis, grammaticalement parlant, le verbe de la proposition sanscrite est à l'actif et non au moyen. Je maintiens donc ma traduction.
6. (1) K. S. 32. 5-7 ; à la fin seulement il administre une potion.
7. (2) K. S. 32. 20-25 ; l'hymne du *paidva*, long et intéressants est A. V. x. 4.
8. K. S. 29. 6-7 ; A. V. vii. 88.
9. A. V. x. 4. 24, et cf. 14 : voir, au surplus, Henry, *A. V.*, x-xii, p. 61.
10. K. S. 29. 28-29, 31. 26, 29. 8-9, etc. ; respectivement, A. V, vi. 12, vi. 100, v. 13. 5-6 (c'est l'hymne dont il va être question).
11. K. S. 29. 2 et 5 ; respectivement, A. V. v. 13. 2 et 3.
12. A. V. v. 13 : la stance citée est 9 ; les stances inintelligibles sont 10-11. Voir tout le chapitre K. S. 29 jusqu'au verset 14 ; et, pour la courge, comparer en outre A. V. viii. 10. 30-33.

§ 6. — Les affections héréditaires ou chroniques.

La nomenclature curative désigne sous le nom de *kshêtriya*, comme qui dirait « implanté » (*kshêtra* champ »), un ensemble d'affection d'un caractère mal défini, mais à coup sûr extrêmement tenace, qui paraît exiger d'héroïques efforts, sinon des remèdes bien originaux. Le kshêtriya est une des manifestations les plus violentes de la terrible déesse Nirrti ; les charmes qui le bannissent relèvent d'un couple d'étoiles, dit « les délieurs » (*vicrtau*), qui fait partie de l'astérisme Mûla du zodiaque lunaire : c'est à peu près tout ce que nous en apprennent les hymnes. Quant au Sûtra, son luxe de médications ne nous apprend rien du tout, sinon que le mal devait être fort redouté.

Le médecin se tient, avec le malade, en dehors de la maison, et lui fait, le matin de bonne heure, une aspersion d'eau mêlée de sampâta. Il lui confectionne une amulette composée de bois de *jangida* (terminalia arjunia), de bale d'orge et de gousses de sésame, et une autre, de terre à gazon et de terre de fourmilière, dans un sachet fait de la peau d'un animal qui n'est mort ni de vieillesse ni de maladie. Il lui verse sur la tête une écuelle d'eau, en tenant au-dessus un joug de charrue : allusion évidente au nom de la diathèse morbide. Après une oblation selon le rite, il fait deux parts du sampâta : la première, il la verse dans une maison abandonnée ; la seconde, dans une fosse où il a déposé un peu de chaume du toit de cette maison. Le malade se tient debout, s'assied ou se couche dans la fosse : on l'y lave et il y boit quelques gorgées d'eau [1].

Un second charme se pratique dans un carrefour : on attache aux membres du sujet de menus morceaux de bois de kâmpîla (crinum amaryllacee), et on l'asperge d'eau [2]. Il n'est pas dit ici qu'on défasse ensuite ses liens, ainsi qu'il est d'usage dans les cérémonies similaires qui simulent une délivrance.

La sainteté ou la vertu magique de l'antilope, solennellement consacrée jusque dans la liturgie du grand culte [3], a servi de thème à une troisième médication : « Sur la tête de l'agile gazelle croît le remède. » On remet au malade un fragment de corne d'antilope en amulette, on lui donne à boire de l'eau où l'on en a pulvérisé un autre fragment, et on le lave avec de l'eau qu'on a fait tiédir en y jetant un morceau de peau d'antilope chauffée au feu. Ce lambeau, — bâche ou tapis de tente, sans doute, — doit en outre être percé d'un trou par lequel peut passer un pieu [4] : cette prescription, qui se produit encore ailleurs, me paraît dépendre du principe général et encore inexpliqué de l'importance des orifices étroits en matière de magie.

---

1. K. S. 26-41 21. 4 ; l'hymne est A. V. ii. 8 (1. « Elles se sont levées, les deux bienheureuses étoiles dites *virctau* : qu'elles délient le lien d'en bas du *kshêtriya* et son lien d'en haut »).
2. K. S. 27. 7-8 ; A. V. ii. 10.
3. Oldenberg, *op. cit.*, p. 340 sqq.
4. K. S. 27, 29-31 ; l'hymne est A. V. iii. 7, dont j'ai cite la 1re demi-stance.

§ 7. — Cas divers

Parmi les autres recettes de la magie curative, il est bon d'en sauver encore quelques-unes, qui tranchent pour une bizarrerie de détail sur l'uniformité du fond.

Pour guérir un hémiplégique, on frotte le côté paralysé avec de la terre sur laquelle a marché un chien, et on lui fait une fumigation avec un feu de braise où l'on fait rôtir un pou de chien, en même temps, on invoque « le chien céleste, qui vole à travers l'espace, contemplant tous les êtres » (le soleil ?) [1]. La docile agilité du chien entre ici certainement en jeu il s'agit d'enseigner l'obéissance à un organe en état de rébellion muette ; les autres traits de la cure se réfèrent à un mythe sans intérêt.

Contre la colique et autres douleurs internes, on invoque spécialement Rudra, le dieu terrible, le précurseur du Çiva post-védique, à qui un long hymne attribue, pour armes, sous ses hypostases secondaires de Bhava et de Çarva, la fièvre, la toux, les tranchées violentes et mortelles [2]. On suspend au cou du patient une amulette de pierre ou de métal, en forme de broche ou de javelot, rappel de l'arme de Rudra [3].

Ces mêmes douleurs, et en particulier un mal de tête (çîrshakti) qui, à en juger par les descriptions qu'on nous en donne, laisse bien loin derrière lui les pires migraines de nos climats [4], sont également le fait d'un cruel démon qui pénètre par accès dans le corps du patient. Celui-ci se coiffe d'une tresse de muñja, prend dans la main gauche un van plein de grains d'orge grillés et une tresse de muñja, dans la droite un arc bandé, sort de chez lui et vague à travers la campagne en semant des grains d'orge, une poignée à chaque stance, l'opérateur ouvrant la marche. A l'endroit où le mal le saisit, il s'arrête, dépose le van et le muñja, puis l'arc et rentre au logis. Les grains, sans doute, sont censés devoir attirer l'esprit malin, qui guette sa proie et fond sur elle à l'improviste ; mais aussitôt la vertu de l'incantation le force à passer dans les accessoires qu'on dépose sur le sol, et l'arc bandé reste là en sentinelle pour l'empêcher d'en sortir et de suivre sa victime sur le chemin du retour. Une onction de beurre dans les narines et un attouchement sur le front avec un bambou à cinq nœuds complètent la médication [5].

A l'homme épuisé d'excès érotiques on fait prendre un bouillon de riz et de poisson pourri [6]. Ce doit être en effet, un aphrodisiaque énergique ; mais on ne peut s'empêcher de craindre qu'à tous points de vue le remède ne soit pire que mal.

La rétention d'urine mobilise une respectable quantité de spécifiques, parmi lesquels une flèche ou un roseau (*çara*), que l'hymne célèbre en cinq strophes comme fille ou fils de cinq des plus grandes divinités védiques : Parjanya (l'orage), Mitra, Varuna, la Lune et le Soleil. Il y a quinze ans déjà, en insérant ce morceau dans mon *Manuel* [7], je me demandais si ce roseau ne serait pas une sonde. Sans m'avoir lu, M. Caland s'est posé la même question, et il l'a résolue affirmativement d'après les données des commentaires indigènes ; seulement, dans la pratique, le roseau est suppléé avec avantage par une sonde de métal [8]. Cette constatation est tout à l'honneur du magicien hindou, qui, au surplus, dans le reste de l'hymne célèbre son savoir-faire en termes d'une crudité toute chirurgicale [9].

Ce qui autrefois m'avait empêché de formuler sur ce point une conclusion ferme, c'est que la même incantation sert aussi pour les cas de polyurie, de diarrhée et de fistules à l'anus, où l'intervention du roseau-sonde serait moins justifiée ; mais cet empirisme naïf n'est pas à une étrangeté près. On notera seulement que, dans ces cas, le médecin souffle, à l'aide d'une outre de cuir, sur la partie ulcérée ou affligée d'un flux excessif [10].

Contre la dipsomanie, sa science n'a rien trouvé de mieux que de la transmettre à autrui. On se demande quel peut être le sujet sain qui se prête complaisamment à cette expérience : mais, après tout, il y avait, dès les temps védiques, de pauvres gens et des riches infirmes. On fait donc asseoir dos à dos les deux personnes, le malade tourné vers l'orient, sur une jonchée de rotin ; avec deux rotins, on tourne, sur la tête du

§ 7. — Cas divers

malade, une bouillie de farine et on la donne à manger à l'homme bien portant : le tour est joué. Ou bien on les enveloppe tous deux d'un même vêtement et ils mangent ensemble la bouillie. Cette dernière pratique est au moins aussi ancienne que l'hymne afférent ; car il y en est fait mention expresse [11].

L'hydropisie, à raison de son fréquent retour dans l'un et l'autre de nos recueils, mériterait mieux qu'une fin de chapitre, si la simplicité et la monotonie des charmes qu'on lui oppose ne la rendaient négligeable. L'hydropisie, c'est une accumulation d'eau (ainsi raisonne le sorcier) ; or, dans la conception néo-védique, Varuna est le dieu des eaux : c'est donc Varuna qui envoie l'hydropisie, et c'est lui qu'il faut prier de retirer son fléau, de guérir le malade ; et, toujours par voie de conséquence, c'est son élément qui doit fournir le remède, l'eau en boisson, en ablution, en aspersion, une homéopathie dans toutes les règles [12]. Mais, d'autre part, Varuna est, de temps immémorial, le dieu moral par excellence, le gardien du droit et le vengeur du crime : s'il a déchaîné son courroux, c'est pour punir un péché, dont le malade implorera le pardon. De là vient le ton solennel et religieux, le concept douloureux de la faute et du repentir, qui pénètrent les conjurations de ce genre et les rendent très propres à servir de transition aux rites expiatoires.

(A. V. 1. 10.) « 1. Ce grand dieu règne sur les dieux ; oui, c'est vérité que le vouloir du roi Varuna ; de ce vouloir, moi qu'illustre ma formule, de la colère du puissant, je retire l'homme que voici. — 2. Hommage, ô roi Varuna, à ta colère ! O puissant, nul méfait ne t'échappe. Mille autres hommes, je te les abandonne en masse : prends celui-ci sous tes auspices, et qu'il vive cent automnes ! — 3. Si tu as proféré le mensonge, si ta langue s'est plu aux paroles tortueuses, moi, je te délivre des liens de Varuna, le dieu de toute vérité. — 4. Je te sauve du grand déluge...... »

Cette phrase est la seule allusion — et combien détournée ! — au principal symptôme de la maladie que conjure le guérisseur : sans elle, et même avec elle, l'hymne pourrait aisément passer, si le Sûtra n'en précisait l'emploi, pour une pieuse et humble adjuration en vue de la rémission des péchés.

---

1. A. V. vi. 80 ; K. S. 31. 18-19.
2. A. V. xi. 2, surtout stances 3, 22, 26 : très bel hymne de la dernière manière védique, d'où se dégage à plein l'impression de la terreur prostrée et du culte semi-dément que l'Inde postérieure vouera au dieu Çiva « le propice » (par antiphrase).
3. K. S. 31. 7 ; A V. vi. 90.

§ 7. — Cas divers

4. M. Fossey constate une description de même genre pour l'Assyrie : *Magie assyrienne*, p. 63. Ce doit être une méningite, soit consécutive à la fièvre paludéenne soit proche parente du terrible *yakshma* « consommation », qui, sous sa forme particulièrement violente de *râjayakshma*, paraît s'identifier à notre phtisie tuberculeuse.
5. K. S. 26. 2-9 : A. V. i. 12.
6. K. S. 27. 32-33 ; A. V. iii 11. — Noter aussi que le dieu Amour a pour symbole et pour étendard un dauphin.
7. Bergaigne-Henry, *Manuel pour étudier le sanscrit védique*, p. 130 i. n.
8. *Ein altind. Zauberritual*, p. 69, n. 7.
9. A. V. i. 3 ; K. S. 25. 10-19.
10. K. S. 25. 6-9 ; A. V. i. 2-3.
11. K. S. 27. 9-13 ; A. V. ii. 29 (6 : « Des femelles propices j'assouvis ton cœur ; sois sans maladie, joyeux et brillant de santé. Enveloppés dans le même pagne, buvez tous deux ce breuvage brassé, revêtant la forme et la puissance magique des Açvins » qui sont des dieux jumeaux).
12. K. S. 25. 37, 30 11-12, 31. 22-25, 32. 14-16 ; respectivement, A. V. i. 10. vi. 22-23, vi. 96, vii. 83.

Chapitre IX : Rites expiatoires

§ 1er. — Rites expiatoires

Comme l'exécration ou l'envoûtement est un fluide démoniaque, comme la maladie est un fluide morbide souvent aussi distillé par un démon, ainsi la souillure volontaire ou involontaire, consciente ou non, du péché et du mauvais augure est un fluide peccatif, tout aussi extérieur à l'homme, qui s'attache à lui pour lui causer mille maux, mais en peut être détaché par les mêmes procédés de purification et de bannissement [1]. Nous venons d'entendre un médecin qui traite un hydropique tenir le langage d'un prêtre qui donnerait l'absolution à un criminel ; et inversement, telle autre conjuration contre l'hydropisie nous est donnée pour également efficace à effacer les péchés commis par le sujet dans une précédente existence, desquels découlent les maux physiques qui l'affligent en celle-ci [2]. Toutes ces idées se fondent et se confondent absolument dans l'esprit du théologien comme du praticien du Véda ; et avec elles, ont l'a vu, l'idée du « mal » (*ênas*) apporté par un contact accidentel, par un songe, par un événement omineux : à ce point qu'il serait contraire à toute saine méthode de suppléer dans l'étude des rites expiatoires (*prâyaçcitâni*) une classification conforme à nos propres idées morales, comme aussi de nous étendre longuement sur un sujet déjà entamé en tous sens par nos divagations dans les autres domaines et, d'ailleurs, situé sur les confins indécis de la magie et de la religion.

En dehors de nombreux hymnes isolés l'Atharva-Véda consacre toute une section, dite *dêvahêdana* « colère divine » à l'expiation des péchés en général, ou des fautes, erreurs, inadvertances, commises dans l'accomplissement des rites du sacrifice [3]. On en récite un ou plusieurs morceaux, en faisant des libations de beurre dans le feu du foyer domestique ou dans le feu sacrificiel qui le représente. C'est le prâyaçcitta par excellence, dont les autres ne sont guère que des variantes liturgiques plus ou moins complexes ; mais certaines infractions exigent quelques cérémonies qui les visent de plus près.

Lorsqu'on a négligé de remplir une tâche dont on s'était chargé, on s'approche humblement du feu et on lui dit : « Si par oubli, ô Agni, nous avons commis quelque faute, si nous avons trébuché sur le chemin, ô omniscient, de notre méfait défends-nous, ô grand sage : nous sommes tes amis, donne-nous en partage ton immortalité [4] »

Au novice qui a enfreint son vœu de chasteté son précepteur attache au col un brin de darbha. Il sème dans le feu des grains de riz, d'orge et de sésame. Il lui fait une ablution d'eau mêlée de sampâta, puis verse dans le feu une nouvelle offrande. Enfin il dénoue le brin de darbha : « Le lien indissoluble dont la déesse Nirrti a enserré ta gorge, je le délie et te donne vie, force vitale et vigueur... Hommage à toi, ô Nirrti à la pointe aiguë relâche tes liens de fer... » Aucune allusion au péché lui-même : le charme ne serait pas différent, s'il s'agissait de bannir, soit une figurine d'envoûtement, soit une maladie quelconque [5].

Pour s'excuser de fouir la terre, — c'est violer une déesse [6], — on dit : « Ce qu'en toi je fouis, ô Terre, puisse-t-il aussitôt en toi recroître ! puissè-je ne léser aucun de tes organes vitaux, ô purifiante, et ne pas blesser ton cœur ! » En refermant la fosse on ajoute : « la blessure qu'on t'a infligée puisse-t-elle t'être rajustée par Prajâpati, premier-né de l'ordre divin ! [7] »

Par le même motif sans doute il est interdit de manger un aliment qui a séjourné dans une cavité à l'intérieur de la terre. Il le faut bien pourtant, ne fût-ce que pour le blé mis en silo, que l'on ne saurait conserver autrement. Alors on fait le prâyaçcitta général en offrant dans le feu des grains qui ont également séjourné dans la terre : c'est encore une sorte d'homéopathie. A un autre dieu on fait oblation d'un mets cuit de semblables grains, et on en donne quelques boisseaux à un brahmane [8] : manière de dîme sacerdotale accessoirement greffée sur le rite expiatoire.

Le frère cadet qui se marie avant son aîné est souillé de péché ; mais il faut croire que celui-ci ne l'est pas moins, puisqu'on les soumet tous deux à la même lustration : ainsi nous descendons de degré en degré

§ 1er. — Rites expiatoires

dans la faute, jusqu'au point où elle n'existerait plus à nos yeux, procédant du fait d'autrui ou d'un pur accident. Le prêtre amène les deux frères au bord d'une eau courante, les y fait asseoir et leur noue autour des membres des cordelettes tressées de muñja, qui ont baigné pendant trois jours dans le mélange de miel et de lait aigri. Il verse sur ces liens l'eau mêlée de sampâta ; puis il délie ceux du cou et des bras, les place sur un morceau d'« écume fluviatile », et les laisse emporter par le courant ; ceux des membres inférieurs, il les jette simplement à l'eau. Rentré au logis il fait encore subir aux sujets de larges ablutions. L'un des hymnes [9] qui accompagnent ces pratiques parle en termes explicites des « liens qui accablent l'aîné dont le cadet s'est marié avant lui ». L'autre mérite exceptionnellement la citation.

(A. V. VI. 113.) « 1. C'est sur le dieu Trta [10] que les dieux se sont essuyés de ce péché, et Trta s'en est essuyé sur les hommes : si donc la femelle démoniaque s'est emparée de toi, daignent les dieux, de par la formule sainte, la faire évanouir ! — 2. O fluide nocif, dissous-toi en rayons, en vapeurs, flue en buées ou en brouillards, suis les écumes des rivières et disparais comme elles. O Pûshan, essuie nos péchés sur l'avorteur [11] ! — 3. En douze endroits est déposé ce dont Trta s'est essuyé et qui constitue l'ensemble des péchés d l'humanité : si donc la femelle démoniaque s'est emparée de toi, daignent les dieux, de par la formule sainte, la faire évanouir ! »

Moins coupable encore, s'il se peut, est le débiteur dont le créancier est mort ; car enfin, si la dette n'était pas échue, il est nullement en faute, et, si elle l'était, le hasard de la mort du créancier ne saurait aggraver son cas. Pourtant il faut qu'il se soumette à une expiation ; mais elle est si anodine, qu'on ne saurait guère y voir autre chose qu'un artifice ingénieux destiné à charger la conscience d'un débiteur trop enclin à oublier une dette que personne ne serait plus en état de lui rappeler. Il s'agit tout uniment de réciter trois petits hymnes, en remettant le montant de la dette au fils du créancier, ou au plus proche parent paternel s'il n'a pas laissé de fils, ou en le jetant sur sa tombe s'il n'y a point de parents connu, ou dans un carrefour si l'on ne sait où il a été inhumé [12]. Cette précision, digne d'une loi romaine, ne laisse place, comme on voit, à aucune échappatoire.

Le novice dont le précepteur est mort se trouve sous le coup d'un contage funeste pour l'écarter, il fait le prâyaçcitta général, ou bien il tourne trois fois autour du bûcher de son maître, en lui présentant le flanc gauche, et en récitant un hymne étrange, qui nominalement s'adresse à Agni, et dont pourtant les métaphores et les expressions caractéristiques semblent viser les pierres du pressoir : « ... Singe, il engloutit la tige mince, comme une vache son délivre ; comme une outre, tu te resserres, et puis t'étires, quand mâche celui d'en haut et aussi celui d'en bas ; tête contre tête, joue contre joue, il engloutit les tiges de sôma dans sa gueule jaune... » En somme, les deux visions ont dû se combiner dans la pensée du poète et son inspiration nous a été conservée, parce qu'on l'a adaptée tant bien que mal à une destination liturgique qui lui était tout à fait étrangère [13].

Cette destination, pour l'appeler de son nom le plus général, c'est le bannissement ou la lustration du *kravyâd* ou « feu carnivore », c'est-à-dire du feu du bûcher crématoire, qui naturellement est un Agni omineux et sinistre. A la fin d'un décès dans la famille, on prend contre lui mille précautions, jusqu'à celle d'éteindre le feu du foyer du père de famille défunt et d'en allumer un nouveau ; car, encore que ce feu domestique n'ait point consumé son cadavre, il s'est, par le seul fait de la mort de son fidèle adorateur, imprégné d'un influx mortuaire qui le change en kravyâd [14]. Bien plus, sans qu'aucun décès récent se soit produit, il se peut que kravyâd d'une crémation bien antérieure fasse tout à coup irruption dans le feu d'une famille, ce qu'on reconnaît aux fléaux qui la frappent : les enfants et les veaux meurent ; les récoltes périssent sur pied. Le sorcier qui soupçonne la présence du kravyâd prend alors les mesures nécessaires : il fait des oblations au feu, y jette des bois de bon augure et confectionne pour l'intéressé un talisman des mêmes bois (palâça). Le rite n'a rien que de banal, mais l'hymne est long et solennel. « Les Agnis qui sont au sein des eaux, ceux qui résident dans le nuage, dans l'homme, dans les pierres, celui qui pénètre les plantes et les grands arbres, à ces Agnis l'oblation que voici... Il est apaisé, l'Agni carnivore, apaisé, celui qui déchire les hommes, et celui qui tout consume, le carnivore, je l'ai apaisé ; les montagnes aux flancs couverts de sôma, les eaux qui s'étaient et qui gisent le vent, la nuée et Agni lui-même ont apaisé le kravyâd [15]. »

Sans être kravyâd, Agni peut revêtir un aspect menaçant : dans ce cas il faut détourner sa menace contre les êtres dont il est l'ennemi naturel. Quand le feu du foyer pétille et craquète, on lui dit : « Agni bannit les démons, l'immortel à l'éclat resplendissant, le pur, le purifiant, l'adorable [16] ». Si le feu qui couvait jette une flamme sans qu'on l'ait attisé, on lui offre une libation de beurre avec une stance de propitiation [17].

Enfin le sorcier connaît aussi l'art de mettre à néant les mauvais

§ 1er. — Rites expiatoires

présages du caractère le plus permanent : il a un rite expiatoire en faveur de l'enfant qui a eu le malheur de naître sous une constellation sinistre. Cela n'est même pas outre mesure difficile : il suffit de réciter sur lui trois stances d'invocation à Agni, en une nuit où la lune se trouve en conjonction avec l'astérisme Mûla [18].

---

1. Cf. Oldenberg-Henry, p. 243 sqq., 270 sqq., 312, 348, 377, 406 et 417.
2. A. V. vi, 96 ; K. S. 31. 22-25.
3. A. V. vi. 114-124 ; cf. K. S. 46. 30, et le rôle liturgique du brahman.
4. A. V. vii. 106 ; K. S. 46. 24.
5. K. S. 46. 19-21 ; A. V. vi. 63. 1-3. Bien autrement topiques et crus sont les rites expiatoires de ce péché dans d'autres écoles védiques : Oldenberg, p. 482.
6. Même superstition chez les Yakoutes de Sibérie, au témoignage d'un roman de Korolenko. Ils font comparoir un malheureux déporté russe qui a vaillamment labouré un carré de terrain. Ils lui expliquent que la besogne à laquelle il se livre est impie : « la terre produit de l'herbe qu'il est permis de faucher pour nourrir le bétail ; mais on n'a pas le droit de mutiler la terre ; autant vaudrait mettre dans l'intérieur du corps la peau d'un homme et les veines à l'extérieur. » *Revue de Paris*, 1er mars 1903, p. 181. Il est clair que les premiers essais de travail agricole ont dû, chez certaines peuplades, se heurter à un tabou formidable.
7. A. V. xii. 1. 35 et 61 ; K. S. 46. 51-52.
8. K. S. 46. 33-35.
9. A. V. vi. 112-113 ; K. S. 46. 28-29 ; sur l'écume fluviale.
10. Le dieu Trta ou (ordinairement) Trita « le troisième » est une entité essentiellement mystérieuse que la rareté de ses apparitions dans les textes védiques laisse dans un inquiétant demi-jour. Se fondant précisément sur la forme atharvanique *trta*, Max Müller y voyait « celui qui a franchi », c'est-à-dire un soleil couchant ou couché : *Nouvelles Études de Mythologie*, trad. Job, p. 473 sqq. Et il ne m'est pas du tout prouvé que sa divination osée n'ait, comme souvent, touché juste. On concevrait, dès lors, comment ce dieu parti pour l'au-delà aurait été chargé d'emporter les péchés et les tares de toutes sortes pour les noyer dans ses brumes lointaines. Les « douze endroits » ne seraient-ils pas les mansions successives du zodiaque scolaire ?
11. Cette formule signifie : « que tous nos péchés retombent sur le coupable d'avortement ! » Ce crime est, avec le meurtre d'un brahmane, celui qui, au moins dans certaines conceptions théologiques, n'admet aucune expiation.
12. K. S. 46. 36-40 ; A. V. vi. 117-119.
13. K. S. 46. 31-32, 14-18, et A. V. vi. 49 (stance 2 citée). Le novice doit ensuite dormir trois nuits de suite sur le même flanc sans se retourner (le visage dirigé vers l'emplacement de crémation, conjecture M. Caland).
14. Cf. Henry, *A. V.*, x-xii, p. 227.
15. A. V. iii. 21 (10 stances, citées stances 1 et 9) ; K. S. 43. 16-21.
16. A. V. viii. 3. 26 ; K. S. 46. 23.
17. K. S. 46. 22 ; A. V. vi, 63. 4.
18. K. S. 46. 25 ; A. V. vi. 110. — Les rites astrologiques sont d'autant plus précieux à recueillir qu'ils sont assez rares dans le Véda. Il y a, nommément, des stances à réciter pour le cas où une comète viendrait à passer sur la Grande Ourse : A. V. vii. 83 ; K. S. 127. 4.

Chapitre X : Rites de magie noire

La magie noire est chose odieuse, impie, infâme : voilà qui est entendu ; le sorcier en a l'intime persuasion, nous le lui avons ouï répéter sur tous les tons en mainte page de ce livre, et il n'est pas de terme d'exécration dont il ne la flétrisse... lorsqu'il se défend contre elle. Mais, lorsqu'il la pratique lui-même, il n'est pas moins entendu qu'il opère pour le bon motif, et que dès lors ses envoûtements les plus atroces sont licites, voire louables. Le Code de Manu recommande au brahmane de châtier ou prévenir par son art magique quiconque lui voudrait faire tort ; car toute créature use des armes que la nature lui a départies, et l'arme du brahmane, c'est la science surnaturelle [1]. En conséquence l'*abhicâra* fait partie intégrante, non seulement du répertoire courant de tout magicien, mais même de la liturgie officielle du grand culte, — car les rituels brâhmaniques abondent en digressions qui enseignent comment le prêtre officiant peut s'y prendre pour rendre offensive et tourner en malédiction contre son ennemi ou celui du laïque sacrifiant telle phase quelconque du service divin qu'il célèbre [2], — et dans l'Atharva-Véda, ainsi qu'on l'a vu, cet ensemble de pratiques nocives est plus particulièrement du ressort des Angiras, et enfin le Kauçika-Sûtra consacre toute une section fort détaillée à la description des *abhicârikâni* ou *ângirasâni* [3], charmes de magie noire si intimement liés souvent à ceux de magie blanche que la rigueur même de notre classification ne nous a pas permis de les exclure entièrement des chapitres précédents. Il s'agit, à cette heure, de les embrasser d'ensemble, dans leur principe commun et dans leurs variantes essentielles.

---

1. *Lois de Manu*, xi, 32 et 63.
2. Cf. Oldenberg, *op. cit.*, p. 369-370.
3. K. S. 47-49.

§ 1er. — La liturgie démoniaque

La tradition de la « messe noire », si vivace encore chez nous au XVIIe siècle que des personnages quasi-royaux comme Mme de Montespan y eurent recours, plonge ses racines dans un passé si lointain qu'on frémit d'avoir à le sonder. Et pourtant, en dépit des mythographes fantaisistes qui voient la magie sauvage à l'origine de toute religion, cette partie au moins de la magie, à quelque culte qu'elle ait emprunté ses rites infâmes, ne peut pas être antérieure à une religion ni même à un rudiment de culte organisé, puisqu'elle en est la copie inverse, la parodie complète et précise. La plupart des charmes étudiés dans le présent livre supposent, ainsi qu'on l'a vu, quelques oblations préliminaires aux dieux, une sorte de sacrifice à tout le moins sommaire, avec feu allumé ; et il en est exactement de même des pratiques qui vont suivre, à cela près que les rites du sacrifice démoniaque ou de la magie noire prennent, autant que faire se peut, le contre-pied de ceux du service divin. C'est une liturgie à rebours, un jeu à qui perd gagne, où la règle est de violer la règle et où l'on s'y applique avec autant de minutie que par ailleurs à l'observer.

Dans le sacrifice aux dieux, la jonchée de l'autel se compose de brins de darbha coupés à la racine et suivant leurs nœuds, mais aux pointes intactes ; au sacrifice funéraire, on respecte même les racines, qui se sont nourries au séjour des morts ; au sacrifice démoniaque, on emploie des roseaux dont les pointes et les racines ont été rompues au hasard, fût-ce au prix de déchirures ¹. L'emplacement ordinaire du sacrifice doit être en pente légère vers l'est ou le nord-est, régions des dieux ; pour l'abhicâra, au contraire, il doit s'incliner vers le sud, région des Mânes et des puissances infernales, et c'est vers le sud, au lieu de l'orient, que l'officiant tourne en principe son regard, au sud, et non au nord ou à l'ouest, qu'il clôt l'opération sacrificielle ². Une cabane éloignée du village dans la direction du sud, bâtie sur un terrain saumâtre et stérile, c'est là qu'il allume son feu de magie noire (*ângirasa*), qu'il entretient en y versant, au lieu de beurre, des libations d'huile (*taila*), plus spécialement dans le rite atharvanique, d'huile d'ingida ³ (terminalia catappa ?) Les plantes et bois de bon augure sont remplacés par des bois et plantes de nature funeste, dont nous savons les noms, — *nirdahantî* « la brûlante », *vrkktâvatî* « la rognonnée », etc., — les noms, dis-je, mais rien davantage ⁴. La droite, dans tous les rites, le cède à la gauche : si l'on saisit un objet, c'est de la main gauche ; si l'on avance un pied, le pied gauche ; on présente le flanc gauche au feu ou à tout autre accessoire autour duquel on tourne, et la génuflexion se fait du genou gauche ⁵ ; quant au cordon sacré, qui dans les rites divins pend de l'épaule gauche au flanc droit, on l'attache en sens inverse, comme dans les rites funéraires, ou peut-être le laisse-t-on pendre négligemment du col le long des flancs, comme dans une autre cérémonie de magie noire, enseignée par une école différente, où les planches du pressoir à sôma sont empruntées à un char de transports funéraires ⁶.

Les conjurateurs du rite atharvanique ne pressurent point le sôma ; mais ils se soumettent néanmoins à une consécration préliminaire tout à fait analogue à la *dîkshâ* sacrificielle de la grande liturgie. Ce n'est point ici le laïque sacrifiant, c'est l'officiant lui-même, qui se ceint de la cordelette à deux cordons, prend en main le bâton destiné à mettre en fuite les pouvoirs ennemis, le manie en proférant les paroles sacramentelles, jeûne enfin et se macère ; car l'ascétisme (*tapas*) est la condition rigoureuse de la sainteté et de la vertu magique (*brahman*). Accessoirement, il utilise les rites qu'il observe, en leur imprimant, en quelque sorte, la direction idéale du but qu'il se propose : lorsqu'il a goûté à sa frugale nourriture, il frappe sur le plat en prononçant une syllabe omineuse « phat ! tué un tel ! » ; au moment où il resserre la ceinture pour une sorte de consécration supplémentaire (*avântaradîkshâ*), il déclare « supprimer l'expiration et l'inspiration d'un tel, fils de tel père et telle mère ⁷ ». Les formules d'imprécation peuvent varier à l'infini, mais se ramènent toutes à de semblables prototypes, et surtout elles comportent toujours une généalogie minutieuse de l'ennemi, afin d'éviter l'erreur sur la personne, plutôt encore afin d'assurer le pouvoir dont on se dispose sur elle par le seul fait de la connaissance de son nom et de celui de ses ancêtres.

C'est en principe dans le cadre du sacrifice ainsi amorcé que viendront s'enchâsser, comme les pratiques de bon augure dans le service divin, les maléfices de toute sorte, les uns très simples, les autres infiniment plus compliqués sans doute que les manuels ne nous les décrivent ; car nous ne saurions assez nous persuader que les sorciers en savent sur leur art beaucoup plus qu'ils n'en disent, et qu'un seul mot de leurs brèves règles leur suggérait peut-être une foule de sous-entendus qui nous sont lettre close. Aussi bien ne prétendons-nous pas nous faire profès en leur science ; tout ce que nous lui demandons, c'est, avec ses procédés généraux, le secret de l'intime logique qui a présidé à son développement.

---

1. K. S. 47. 1.
2. K. S. 47. 2, 5 et 6.
3. K. S. 47. 3, 6 et 7.
4. Caland, sur ces versets, en note.
5. K. S. 47. 4.
6. *Ein altind, Zauberritual*, p. 157 i. n.
7. K. S. 47. 12-22. — Sur la *dîkshâ* sacrificielle et la notion du tapas, voir Oldenberg-Henry, p. 339 sqq. ; sur l'*avântaradîkshâ*, ibid., p. 361.

§ 2. — L'imprécation pure et simple

Dans certains cas, la parole magique suffit, accompagnée, ou non d'un regard qui la dirige, d'un geste comminatoire qui la renforce. On dit : « Comme le soleil, en se levant, s'empare de l'éclat des étoiles, ainsi, femmes et hommes ennemis, je m'empare de leur force vitale » (*varcas*, calembour). Ou bien encore : « Toi qui me dépasses dans le sens de l'ombre, en passant entre Agni et moi, toi que voici, je fends ta racine : puisses-tu désormais ne plus projeter d'ombre ! » formule, il faut en convenir, à la fois élégante et énergique. On marche dans la direction de la victime en proférant une exécration analogue [1] : ou, ce qui vaut mieux, on fait contre elle le simulacre des trois pas de Vishnu, le puissant dieu solaire qui en trois pas a franchi tous les espaces : « Tu es le pas de Vishnu, aiguisé par la Terre, dont la pointe est Agni : je chemine le long de la terre ; de la terre nous dépossédons celui qui nous hait, celui que nous haïssons ; qu'il cesse de vivre, que l'haleine le quitte. » Et le sorcier répète dix fois sa stance, en y remplaçant successivement la Terre par d'autres déités : l'Espace, le Ciel, les Points cardinaux, les Régions célestes, les Vers d'incantation, le Sacrifice, les Plantes, les Eaux, Le Labour, enfin l'Haleine, principe universel de vie [2].

Quelques gestes simples ou l'emploi de menus engins complètent l'effet des paroles magiques. On se lave de la tête aux pieds, et l'on s'essuie, en récitant six phrases de prose assez dénuée de sens [3] : il est probable qu'en se purifiant ainsi on acquiert sur l'adversaire une supério-

§ 2. — L'imprécation pure et simple

rité mystique, ou qu'on reporte sur lui les souillures dont on s'exonère. Si un pieux adorateur a installé chez lui des feux sacrés et s'apprête à y organiser un service divin, il est facile de le priver par avance du bénéfice inverse, de faire libation d'une bouillie de riz et de verser les gousses au feu en les faisant passer par une feuille de palâça. Les démons et toutes les puissances infernales, qu'habituellement on abomine, deviennent en ce cas de précieux auxiliaires, et la magie s'estime de force à entrer en lutte contre la religion elle-même : « Tout ce que cet homme, en esprit ou en parole, par sacrifices, oblation et formule, sacrifice aux dieux, tout cela, puisse Nirrti alliée à la Mort l'anéantir avant tout effet... Que les sorciers, la Nirrti et le démon tuent par l'impiété son œuvre pie... » Et il n'est pas jusqu'aux dieux qu'on n'invite à maudire les dons que leur fait leur fidèle [4].

On lave une écuelle d'argile crue, et l'on projette l'eau dans la direction de la victime [5] : cette eau est chargée des fluides ominoux que contient la terre. On touche l'ennemi avec un roseau pourri, de la longueur du bras, enduit de sampâta [6]. On ramasse une pierre dans le lit d'un ruisseau qui porte un nom de mauvais augure, et on la lance trois fois par jour dans la direction du sud [7]. On lâche vers le séjour présumé de celui qu'on veut atteindre un taureau sur les flancs duquel on a frotté le sampâta [8]. Enfin, il va sans dire que le magicien possède tout un assortiment de talismans agressifs aussi bien que tutélaires, et qu'au surplus toutes les amulettes revêtent suivant l'occurrence l'un et l'autre aspect [9].

---

1. A. V. vii. 13. 1. et K. S. 48. 35 ; A. V. xiii. 1. 56-7 et K. S. 49. 26.
2. A. V. x. 5. 25-36 ; K. S. 49. 14.
3. K. S. 49. 27 ; A. V. xvi. 2.
4. A. V. vi. 4 et vii. 70 (cité) ; K. S. 48. 27-28.
5. K. S. 48. 43 ; A. V. vii. 96.
6. K. S. 47. 24 ; A. V. i. 16.
7. K. S. 47. 32 ; A. V. ii. 12.
8. K. S. 49. 1 ; A. V. ix 2. (hymne de 25 stances au Taureau céleste, étrangement invoqué ici sous l'hypostase de Kâma « l'Amour »).
9. Cf. K. S. 48. 3 et 24.

§ 3. — Les envoûtements

L'envoûtement proprement dit, c'est-à-dire la fabrication d'un « voult » ou de son équivalent, paraît relever de deux principes forts opposés : tantôt, le « voult » ainsi qu'on l'a vu, est le porteur du maléfice, le substitut du sorcier qui l'a créé, et on le cache en un endroit d'où il épandra sa vertu nocive sur le sujet visé ; on s'acharne contre lui, on l'accable de mauvais traitements, réels ou symboliques, qui rejailliront sur le maléficié. Mais il ne semble pas que l'empirisme magique ait strictement maintenu le départ entre ces deux points de vue : à un moment donné il a dû ne plus voir très clair dans ses propres traditions.

L'équivoque n'est pas possible pour la figurine de glaise qu'on fixe à un poteau, chez soi, « entre la fosse et le bois à brûler », et que pendant douze jours on arrose de sampâta d'ingida : évidemment, on la voue aux dieux infernaux [1]. Non moins significatif est le supplice de la grenouille, qu'on lie de deux fils croisés, rouge et noire, et qu'on plonge dans l'eau chaude, encore qu'il soit enseigné qu'on peut ensuite la lâcher [2] — pauvre bête ! — Le rite est essentiellement le même que celui du baptême du crapaud, que Clopin Trouillefou couvre de sa royale autorité : on donne à l'animal les prénoms de la victime ; puis on le tue en lui perçant ou lui brûlant le cœur. Tout cela se tient bien.

Mais que penser du lézard dans la peau duquel on enferme 240 grains de gravier bien ronds, sur la tête duquel on pose du poison, qu'on surcharge de nœuds, et qu'on enfouit ensuite dans une fosse de la profondeur du bras, creusée à une place d'où il puisse atteindre l'ennemi [3] ? D'une part, le lézard est en relation avec les puissances malfaisantes, et il est visible qu'il joue ici le rôle de l'envoûture, que le sujet menacé devra découvrir et déterrer s'il veut se préserver de ses atteintes. Mais, avant de l'enfouir en cette qualité, on l'a mis en si piteux état qu'il ne semble plus guère en état de nuire à qui que ce soit. Ce lézard à deux fins incarne donc tout à la fois le maléfice et le maléficié ; ou, si on le préfère, son contage omineux communiquera à ce dernier les effets du traitement qu'on a commencé par lui faire subir [4].

Le « voult » admet encore nombre d'équivalents plus simples, des cordelettes, par exemple : on les coupe en menus morceaux, un à chaque quart de stance récité ; on les enduit de sampâta, on les enferme dans une urne funéraire, et on enterre le tout à « une place vulnérable » de l'ennemi [5], — confusion toute pareille à celle du rite du lézard ; — ou bien on les charge, — autant de cordelettes que l'on compte de rivaux dans le cœur d'une femme, — sur un semblant de barque qu'on abandonne au gré de l'eau [6]. On fait voler en pièces un champignon qui n'en peut mais [7]. On donne à un chien une motte de marne blanche : « Comme un os à un chien je jette cet homme à la Mort [8] ! »

Dans les envoûtements rentrent aussi les charmes dirigés contre ce qu'on pourrait nommer les effigies naturelles de l'homme : son ombre et la trace de son pas. On décoche une flèche contre l'ombre de la victime [9]. On la suit, tandis qu'elle marche vers le sud, et dans la trace de son pied gauche, avec une feuille de peraçu, on trace six sillons, un en longueur, un en largeur, et ainsi de suite ; on en recueille la poussière, on la jette au feu, et, s'il pétille, c'en est fait de l'ennemi [10]. On enveloppe cette poussière dans la feuille de peraçu, qu'on va ensuite dénouer au-dessus d'une bouse de vache ou d'une tombe en disant : « Tue un tel [11] ! » La *brahmagavî* [12] ou « prière de la vache sainte », qui accompagne ces pratiques, a d'ailleurs par elle-même une vertu si foudroyante que, si le sorcier, après l'avoir récitée sur une pierre enfouie dans la fiente de vache, se soumet aux douze jours de macération réglementaire, le soleil ne se lèvera pas trois fois sur la tête ainsi vouée à toutes les horreurs du trépas [13].

---

1. K. S. 49. 23.
2. K. S. 48. 40 ; A. V. vii. 95.
3. K. S. 41. 46-51.

4. Le lézard apparaît ailleurs encore comme substitut de la victime. Il faut qu'il ait la tête rouge ; on le tue en disant : « Je tue un tel. » On l'étend sur une jonchée de chanvre, on l'enduit de sang, on l'enveloppe d'étoffe noire et on le brûle, etc. K. S. 47. 39-42.
5. K. S. 48. 4.
6. K. S. 48. 5.
7. K. S. 48. 10.
8. K. S. 8. 23 ; A. V. vi. 37.
9. K. S. 47. 55.
10. K. S. 47. 25-29 ; A. V. ii. 12.
11. K. S. 48. 11-16.
12. Savoir : A. V. v. 18-19 et xii. 5.
13. K. S. 48. 19-22.

§ 4. — Autres ensorcellements

De même qu'il utilise à fins prospères la vertu des agents naturels, — l'eau pour purifier, le feu pour se concilier les dieux par l'oblation, la nourriture comme symbole de croissance et de force, — ainsi le magicien s'est jugé en situation de les employer efficacement à ses fins nocives ; car son rudimentaire système de la nature n'exclut pas l'intelligence claire de leur double caractère. Nous avons déjà eu plusieurs fois l'occasion de constater que la terre, la bienfaisante nourrice des vivants, leur porte malheur en tant que séjour des morts : il ne s'agit pour cela que de développer, par le rite et la formule, ses propriétés omineuses aux dépens de sa vertu génératrice. Pareillement, « ce que les eaux ont de sinistre » (*yad apâm ghôram yad apâm krûram*), le sorcier peut l'en abstraire en quelque sorte, et le diriger contre un adversaire ; il a, nous le savons, son feu démoniaque pour auxiliaire, au besoin, contre le service divin lui-même ; et enfin il n'ignore pas que le riz, l'orge, le lait, les aliments précieux et suaves par excellence, contiennent un « poison » subtil. Il souhaite aux démons, qui guettent la vache pour s'emparer de son lait, de « ne dérober que le poison des vaches [1] », et par conséquent d'abandonner aux hommes leur suc nourricier pur de tout mélange nuisible. Avec un peu de bon vouloir on serait tenté de lui attribuer la prescience de l'aphorisme semi-paradoxal de la médecine contemporaine : « Il n'y a pas de substances toxiques, il n'y a que des doses toxiques. » Toute nourriture recèle un principe de vie et un principe de mort ; le tout est de savoir donner à l'un le pas sur l'autre ; et cela, c'est l'affaire de l'habile manipulation et de la parole toute puissante.

En magie noire, l'eau intervient sous la forme du « foudre d'eau » (*udavajra*), cérémonie qui consiste essentiellement à projeter avec violence, soit vers le sud, soit dans la direction de l'ennemi, des jets d'une eau puisée et apprêtée selon la formule. Le rituel y consacre une longue litanie aux Eaux, mêlée de prose redondante et de vers souvent boîteux [2], dont la récitation accompagne l'action tout entière. On lave la cruche, on la plonge dans la source ou le réservoir, on l'en retire en disant : « Tu es le giron maternel de l'agile dieu Vent ». On verse la moitié du contenu dans un autre vase, que l'on met au feu : lorsqu'elle est chaude, on la déverse purement et simplement, avec une invocation aux dieux « de l'ardeur » et une longue malédiction contre le « méchant » qu'elle doit brûler. Ensuite, on fait les foudres d'eau avec l'eau restée froide, en projetant une poignée d'eau à chaque verset récité, en tout neuf [3]. On termine en faisant les pas de Vishnu.

La fonction du feu est toujours la même : il dévore, quel que soit l'emblème qu'on lui donne à consumer : parfois le combustible ordinaire, une poignée à chaque strophe de l'hymne ; ou — raffinement de symbolisme de plus en plus savant — des branches mortes qui ont séché sur l'arbre même, des fragments de bois d'açvattha tombés sans qu'on les coupât, du bois d'un arbre frappé de la foudre [4]. On y jette aussi des blocs de bâdhaka munis de cordelettes, autant sans doute qu'on a d'ennemis ; ou bien on en réduit blocs et cordes en une poudre qu'on verse dans une poêle à frire [5]. Parfois il faut deux feux successifs : on éteint, après le sacrifice démoniaque, le feu réglementaire, et l'on en allume un autre, dans des roseaux ou dans un panier, sur lequel on verse, au moyen d'une feuille d'açvattha, de l'ingida mêlé de poison [6]. L'idée est transparente : on s'est fait scrupule d'empoisonner le feu du sacrifice magique.

La variante la plus curieuse du charme par ardeur est celle qui consiste à brûler l'ennemi, non par le feu matériel, mais par celui de la chaleur humaine ; car l'Agni qui circule dans les propres veines d'un homme, comment ne serait-il pas ardent de dévouement à son service [7] ? A cet effet, on étend à l'ouest du feu une jonchée de roseaux ; puis, après avoir accompli la première moitié du sacrifice, on court tout droit devant soi dans la direction du nord, jusqu'à transpiration. On revient alors, on essuie la sueur sur les roseaux, et l'on achève le sacrifice, où l'on insère l'oblation des roseaux. On peut les remplacer par une peau de lézard, où l'on a enfermé, soit la tête et les viscères de l'animal, soit un peu de pous-

§ 4. — Autres ensorcellements

sière de la trace du pas de la victime [8]. Il est clair que celle-ci se voit ainsi vouée à l'influence maligne de la sueur ou du *tapas* de son ennemi.

Quant à la nourriture, il est loisible de l'ensorceler : on y parvient par le mélange des plombs, qu'on mêle également à l'onguent de toilette [9], ou simplement par une formule de malédiction récitée en faisant passer les ingrédients d'une bouillie sur une feuille de kâmpîla [10]. Il est indiqué de donner à l'ennemi une bouillie de riz à laquelle a goûté un homme qui avait grand faim [11] : on le condamne ainsi à la boulimie ou à la famine. Mais rien de tout cela n'est nécessaire, puisque tout aliment contient de lui-même un principe nocif qu'il suffit de développer. Dans ce but, le sorcier boit, d'un seul trait une mixture d'eau chaude et de farine d'orge, savoir : les trois premiers jours, trois poignées de farine ; les trois suivants, deux ; les six suivants, une. Pourquoi ce rythme plutôt qu'un autre, c'est ce qu'il n'est pas aisé d'expliquer : mais on voit qu'il aboutit à 21, nombre ominoux que nous avons déjà rencontré. Tout concorde à faire supposer que le conjurateur doue par avance de vertus maléfiques, plus spécialement d'un pouvoir de combustion, l'aliment qu'il se propose de faire ingérer à sa victime. Le treizième jour donc, de très bonne heure, il lui donne à manger un potage au riz, maudit selon le rite, et il en jette les restes dans un étang poissonneux : si les poissons se ruent en masse sur la proie, la manœuvre a réussi, l'ennemi est mort [12].

---

1. A. V. viii. 3. 16 = R. V. x. 87. 18.
2. A. V. x. 5, « insipide morceau ». ai-je écrit, « qu'on s'excuse de traduire et qu'on serait inexcusable de commenter » ; il ne compte pas moins de 50 stances ou versets.
3. K. S. 49. 3-13 ; les versets récités sont A. V. x. 5, 15-21, 42 et 50.
4. K. S. 48. 1. ; 48. 38 ; 49. 2 ; 48. 37. Respectivement : AV. ii. 18 ; vii. 77 ; ix. 2 ; vii. 31, 34, 59 et 108.
5. K. S. 49. 19 et 21.
6. K. S. 48. 29-31 ; A. V. vi. 75.
7. Observons encore ici le caractère ingénieux et enfantinement logique de l'induction de ces premiers savants. Un cadavre est froid, un corps vivant est chaud : il y a donc, dans l'homme et dans les animaux à sang chaud, un Agni incarné, comme il y a un feu caché dans l'eau où l'on a plongé un tison qui s'y est éteint.
8. K. S. 47. 43-45 ; A. V. ii. 12.
9. K. S. 47. 23 ; A. V. i. 16.
10. K. S. 48. 41 ; A. V. vii. 96.
11. K. S. 48. 42 ; A. V. vii. 96.
12. K. S. 47. 33-38 ; A. V. ii. 12.

§ 5. — Le serment

Les rituels atharvaniques sont muets sur le cérémonial du serment, qui pourtant est un rite magique autant au moins que religieux ; mais cette omission est peut-être plus apparente que réelle, et en tout cas elle ne bénéficierait d'aucune excuse dans un ouvrage d'ensemble sur la magie védique. Le serment, en effet, — et les autres livres sacrés de l'Inde ne laissent point place à cet égard au moindre doute, — est avant tout une imprécation que le sujet profère contre lui-même, une formule par laquelle, avec ou sans liturgie accessoire, il se dévoue volontairement aux puissances infernales ou à la colère des dieux, au cas où sa parole déguiserait une parcelle de ce qu'il sait être la vérité.

Je me souviens qu'au temps où j'étais encore à l'école primaire de ma ville natale un « grand » me donna cette leçon : « Si l'on dit quelque chose à un camarade et s'il ne le croit pas, il faut mettre la main sur son cœur et dire : » La main sur la conscience, c'est la vérité. « Si on a menti en disant cela, on meurt sur le coup. » Je laisse à penser si, à la suite de cet entretien, je devins circonspect dans mes affirmations.

L'enfant qui me révélait ce mystère était dans la pure tradition du serment des anciens âges. Seule la signification primitive du rite lui échappait, lentement empreinte de religiosité morale par le travail des générations innombrables qui l'en séparaient. Car le cœur n'a rien à voir à la « conscience », dans ce geste simplement symbolique de l'arrêt du cœur, de la mort subite qu'appelle ainsi sur soi l'homme qui prête un

§ 5. — Le serment

serment. De là l'habitude, constatée un peu partout, de toucher une partie quelconque et de préférence une partie vitale de son corps, en articulant une affirmation péremptoire et solennelle [1].

Aussi les superstitions populaires, dans les pays qui les ont gardées aussi intactes et vivaces que possible, nous renseignent-elles, avec une précision qui ne laisse rien à désirer, sur cette liaison intime de l'exécration prononcée contre autrui et de l'imprécation sur soi-même, première forme du serment religieux. Entre mille exemples, choisissons celui que nous offrent les mœurs de notre Bretagne [2].

« Il est un moyen encore plus infaillible : c'est d'aller vouer celui qu'on hait à saint Yves de la Vérité. On fait saint Yves juge de la querelle. Mais il faut être bien sûr d'avoir de son côté le bon droit : *si c'est vous qui avez le tort, c'est vous qui serez frappé*.

« La personne qui a été vouée justement à saint Yves de la Vérité sèche sur pied pendant neuf mois. Elle ne rend toutefois le dernier soupir que le jour où celui qui l'a vouée ou fait vouer franchit le seuil de sa maison. Lasse d'être si longtemps à mourir, il arrive souvent qu'elle mande chez elle celui qu'elle soupçonne d'être son envoûteur afin d'être plus tôt délivrée.

« Pour vouer quelqu'un à saint Yves de la Vérité, il faut : 1° glisser un liard dans le sabot de la personne dont on souhaite la mort ; 2° faire à jeun trois pèlerinages consécutifs à la maison du saint (le lundi est le jour consacré) ; 3° empoigner le saint par l'épaule et le secouer rudement en récitant la formule [3] ; 4° déposer comme offrande au pied du saint une pièce de 18 deniers marquée d'une croix ; 5° réciter les prières d'usage, en commençant par la fin ; 6° faire trois fois le tour de l'oratoire, sans tourner la tête. »

Renseignés par ce témoignage contemporain, nous aborderons la lecture d'une pièce préhistorique très similaire, où l'auteur semble avoir enchâssé parmi des stances de poésie grandiose une imprécation du style le plus vulgaire, mais compliquée d'une alternative qui en fait dans la bouche du conjurateur un véritable serment.

(A. V. IV. 16.) « 1. Le sublime souverain des dieux voit de loin comme de près : celui qui croit marcher à la dérobée, les dieux le connaissent ; ils savent tout. — 2. Qui ne bouge pas, qui marche et qui court, celui qui va en tapinois et celui qui se rue, ce que deux hommes se chuchotent assis à l'écart, le roi Varuna le sait, lui troisième. — 3. Et la terre que voici appartient au roi Varuna et ce ciel là-haut aux lointaines limites ; et les deux océans sont les cavités de son ventre, et il se cache dans cette goutte d'eau. — 4. Et celui qui passerait de l'autre côté du ciel, il n'échapperait point pour cela au roi Varuna ; les espions célestes parcourent son empire ; ils ont mille yeux et voient à travers la terre — 5. Il voit tout, le roi Varuna, ce qui est entre ciel et terre et ce qui est au delà ; il a compté les clins d'yeux des hommes ; comme un joueur les dés, il manie les êtres à son gré. — 6. Tes lacets, ô Varuna, qui, au nombre de trois fois sept [4], nous menacent béants, réserve-les tous pour *garrotter celui qui dit mensonge ; le véridique, épargne-les-lui*. — 7. De cent liens enveloppe-le, ô Varuna ; ne lâche pas le menteur, ô toi qui vois les hommes : qu'il demeure assis, le méchant, laissant pendre son ventre [5] ; comme un tonneau décerclé, qu'il crève de toutes parts. — 8. Le Varuna qui est longitudinal et celui qui est oblique, le Varuna indigène et l'étranger, le Varuna divin et l'humain. — 9. De tous ces liens je te lie, un tel, de telle famille, fils d'une telle ; tous, je te les assigne.

Il y a de tout dans ce morceau composite : du mythe et une haute morale ; du fatras et du sublime. Mais il y a surtout une émotion grave, profonde et contagieuse, qu'il est bon de ressentir au moment d'aborder la question des rapports intimes de la magie et de la religion.

---

1. En autre usage, non moins répandu et bien connu, est celui de cracher : je n'en démêle pas bien le symbolisme.
2. Le Braz, *La Légende de la Mort en Basse-Bretagne* (1re éd. 1893), p. 222 sq. — Outre l'analogie de principe, les similitudes de détail avec nombre de pratiques magiques relevées pour l'Inde dans toute l'étendue de ce livre n'échapperont certainement à aucun lecteur attentif.
3. « Tu es le petit saint de la vérité. Je te voue un tel. Si le droit est pour lui, *condamne-moi*. Mais, si le droit est pour moi, fais qu'il meure dans le terme prescrit. » (En breton, bien entendu).
4. Respectivement au ciel, sur terre et dans l'espace médian, en tout vingt-et-un.
5. Atteint du mal de Varuna, hydropique.

Conclusion

L'Univers métaphysique est la seule réalité ; mais il nous est inaccessible, et nous ne pouvons le concevoir qu'en l'affirmant par la négation de toutes les contingences. L'Univers contingent n'est pas ; il devient en nous, par la notion de moins en moins confuse que s'en forme notre esprit ; c'est une image qui va se précisant à mesure que le miroir s'éclaircit et s'affine. Mais il faut, pour cela, qu'il y ait des hommes dont l'unique fonction soit de polir le miroir. Le magicien, malgré ses erreurs, ses tares grossières et son âpreté égoïste à défendre un fructueux monopole, nous est apparu comme le premier poète, le premier savant et le premier prêtre de l'humanité, le guide de sa recherche anxieuse, le conservateur d'une tradition fixe et progressive parmi la poussière mouvante des générations sans nombre, aussitôt dispersée que soulevée. En lui repose le concept d'une force idéale, infiniment supérieure aux facteurs visibles du travail humain : force mystérieuse, puisqu'elle ne se révèle que par ses effets ; force inépuisable, puisqu'elle s'accroît à chaque nouveau secret que nous arrachons à la nature ; force adorable, en effet, puisque l'homme peut tout par elle et ne peut rien contre elle. C'est autour d'elle que gravitent, vers elle que tendent ces grands luminaires qui tour à tour ou à la fois, dans les ténèbres du monde, éclairent l'humanité en marche vers son Dieu : magie et mythe ; science et religion. Comment leurs orbites se confondent ou se croisent, comment leurs éléments antithétiques se concilient en une synthèse supérieure, d'autres que moi le sauraient mieux dire, à qui seraient familiers les arcanes de la psychologie des individus et des races ; mais je ne me déroberai point à la tâche d'en esquisser ce que j'ai entrevu.

§ 1er. — Magie et mythe

Le mythe et la magie sont nés ensemble, aussitôt que la pensée humaine s'est dégagée des brumes de l'animalité [1] ; ensemble ils ont grandi. L'un est l'explication que l'homme s'est donnée du décor changeant qui l'entoure ; l'autre, l'effort qu'il a fait pour en modifier à son profit les accidents éventuels. Nous appelons mythe la science d'hier, et science celle d'aujourd'hui, qui sera le mythe de demain, et à laquelle nous demandons incessamment les moyens de prolonger notre vie, d'améliorer nos conditions d'existence. Comment la magie, qui prétend répondre aux mêmes besoins, n'aurait-elle pas, dès ses lointains débuts, puisé aux mêmes sources ?

Elle l'a fait ; nous en avons eu maintes fois la preuve au cours de ses pages. Nous l'avons vue emprunter à l'eau, non seulement sa vertu purifiante, en employant largement l'ablution contre toutes souillures physiques et morales, mais encore sa puissance fécondante, plus mystérieuse, en arrosant tout ce quelle veut faire prospérer, et jusqu'à ses effets foudroyants, en se servant de jets d'eau pour exécrer un ennemi, parce que les torrents de la pluie s'accompagnent des éclats du tonnerre. La physique alors enseignait qu'il y a dans l'eau un feu latent ; car où donc aurait passé, sinon dans l'eau, le feu du tison enflammé qu'on y voyait fuser et s'éteindre ? et d'où serait venu le feu qui jaillissait du tourniquet de bois, si la pluie, qui fait croître les plantes, n'y avait déposé, en vivifiant les arbres, le feu céleste qu'elle contient dans ses flancs ? Le feu terrestre, quand les hommes l'allument, remonte vers le ciel et à son tour va engraisser de sa fumée floconneuse les nuées qui rendront leur eau à la terre : c'est en grande partie le concept de ce cycle grandiose, de cet échange perpétuel et circulaire entre dieux et hommes qui fait la raison d'être et la loi de l'opération quasi-magique du sacrifice Védique [2]. Le feu, de son côté, a rendu aux hommes l'inappréciable service de les couvrir des assauts inopinés des grands fauves nocturnes : nous avons vu comment, de ce fait d'expériences, la magie a conclu que l'élément igné était le défenseur naturel de l'homme contre les autres rôdeurs mystérieux, les démons, les revenants, les maladies, les fléaux, et comment elle en a tiré le rituel de son « feu du midi », génie à deux fins, protecteur pour ses fidèles et dévorant pour les monstres. Mais nulle part mieux que dans les fonctions dévolues au soleil ne se révèle aux yeux les moins prévenus l'antique et étroite alliance du mythe et de la magie [3].

Nombres d'opérations magiques, et spécialement celle de bon augure, ont en tous pays fort à faire du soleil, et en particulier, du soleil levant. Dans l'Inde, certains rites ne peuvent être célébrés qu'au lever du soleil ; si un charme quelconque requiert l'emploi de fruits, c'est à ce moment qu'il faut les cueillir ; à la suite d'un envoûtement, c'est le lever du deuxième soleil qui détermine la perte de la victime. En Assyrie, c'est ordinairement à l'aube qu'on opérait contre les sorciers ; une formule magique relate l'histoire du dieu Marduk faisant tour à tour disparaître et reparaître un vêtement, tour d'escamotage bien vulgaire si l'on n'y reconnaissait à ne s'y méprendre l'action victorieuse du soleil sur le noir manteau de la nuit ; et le seul génie bienfaisant que connaisse la démonologie assyrienne cumule les attributs de l'homme, du taureau, du lion et de l'aigle, les quatre animaux de l'éblouissante vision d'Ézéchiel, si évidemment mythique et solaire de par ses lointaines origines [4]. En Allemagne, de nos jours, c'est avant le lever du soleil qu'on enduit le fourrage des substances qui doivent préserver le bétail ; les simples cueillis à jeun et en silence, avant le lever du soleil, le jour de l'Ascension, — fête incontestablement solaire, — sont doués d'une vertu exceptionnelle ; et, d'une façon générale, l'aube est le temps indiqué pour tous les charmes de prospérité, car « la lumière du soleil fait fuir le maléfice [5] ».

Qu'est-ce à dire ? et d'où vient ce consentement unanime, dont il serait trop aisé de faire foisonner les exemples ? Il semble au premier abord que la question ne se pose pas, tant la réponse va de soi. Mais, ces données de fait sont universelles, et, si elles nous paraissent simples, c'est précisément qu'elles reposent sur le mythe, en d'autres termes, sur la première aperception, la première association d'idées qui se soit formée dans un cerveau humain. De cette association primesautière, la survivance inconsciente s'impose encore à notre conscience de civilisés, et par elle nous entrons, sans le savoir, en communion mentale avec nos ancêtres des âges fabuleux. La phraséologie védique va nous permettre de la serrer de plus près.

« Le soleil tue les invisibles », c'est un dicton magique de l'Inde ; mais c'est avant tout une vérité mythique. Car les invisibles, avant d'être des vermines ou des microbes, des démons ou les fluides qu'ils sécrètent, furent des réalités plus concrètes, plus sensibles et, si j'ose dire, malgré leur nom, plus visibles : les invisibles, enfin, dans la langue même du Véda, ce sont tout d'abord les ténèbres de la nuit, puis les agents inconnus qui les causent, qui rendent les hommes aveugles, qui les paralysent en les contraignant à se confiner dans leur abri ; car on ne les voit point, et ils empêchent de rien voir. C'est de ceux-là qu'on a dit à bon droit que le soleil les tue, en les perçant de ses rayons ; car l'oiseau de nuit lugubre et la vermine nocturne, il ne les tue pas, il les condamne momentanément au repos. Mais bientôt toutes ces notions ont fusionné : « le soleil tue les invisibles » était une formule générale et vague, où pouvaient rentrer à volonté tout ce qui est nocturne et noir, toutes les terreurs réelles ou imaginaires de l'invisible, ce qu'on ne voit pas parce qu'il fait nuit, ce qu'on ne voit pas en plein jour parce que trop petit, ce qu'on ne saurait voir en aucun temps ni lieu, tel le vent ; et c'est le vent, bien certainement, qui a suggéré à toute l'humanité l'idée de ces esprits invisibles qui presque partout portent encore son nom.

De la fusion de tous ces thèmes et de toutes les variations, mythiques, légendaires, empiriques, inductives, qu'une logique outrancière ou une fantaisie débridée a pu broder sur eux, est sortie une composition pleine de verve et d'originalité, dont aucun texte ne nous enseigne l'emploi, mais dont la destination magique saute d'abord aux yeux. Même à titre de simple document littéraire, elle mériterait de retenir un instant l'attention : nulle part le kaléidoscope védique n'étale plus complaisamment ses chatoyants caprices [6].

(R. V. I. 191.) « 1.. Un peigne [7] ... mais non, ce n'est pas un peigne... Et un centuple... ce n'est pas un peigne non plus... » Ils sont deux, « dis-je, » deux vermines « , dis-je. Les invisibles ont disparu. — 2. Celle qui vient [8] tue les invisibles, et elle les tue en s'en allant, et elle les tue en les faisant rouler en bas, et elle les broie, la broyeuse. — 3. Le çara, le kuçara, l'orge, le riz, le muñja et le vîrina ont raison des invisibles ; tous tant qu'ils sont, ils ont disparu. — 4. Les vaches ont regagné l'étable, les fauves se sont gîtés, les lumières des hommes se sont éteintes, les invisibles ont disparu. — 5. Mais les voici : on les a vus rôder à la brune, comme des voleurs ; ô invisibles qui voyez tout, on vous a vus et vous êtes découverts. — 6. O plantes, le Ciel est votre père, la Terre votre mère, Sôma votre frère, Aditi votre sœur. O invisibles qui voyez tout, on vous a vus : tenez-vous cois ; chut ! — 7. Fixés à demeure sur le tronc ou sur les membres, dardant un fin aiguillon ou un peigne menaçant, ô invisibles, tous tant que vous êtes ici, tous tant que vous êtes, soyez anéantis ! — 8. Le soleil se lève à l'orient : vu de tous, il voit tout, il tue les invisibles, oui, il broie tous les invisibles et toutes les envoûtures. — 9. Il a pris son essor, ce soleil sublime, lui qui sait détruire les venins en masse, lui le fils d'Aditi qui du haut des montagnes, vu de tous, voit tout et tue les invisibles. — 10. Ce venin, je l'attache aux flancs du soleil, comme une outre aux murs du liquoriste. Et il n'en mourra pas [9] ; et nous serons sauvés. Le dieu aux chevaux bais a chassé le char du venin. La douce plante, ô venin t'a changé en douceur. — 11. Le tout petit oisillon, c'est lui qui a dévoré ton venin. Et il n'en mourra pas ; et nous serons sauvés. — 12. Trois fois sept [10] oisillons de feu ont dévoré l'essence du venin. Et ils n'en mourront pas ; et nous serons sauvés. — 13. Les nonante-neuf femelles qui détruisent le venin, j'ai invoqué leur nom à toutes. — 14. Trois fois sept femelles de paon [11], sept vierges sœurs ont emporté ton venin, comme l'eau que puisent des porteuses d'urnes. — 15. « Moi, le petit ichneumon, je fends avec la pierre cette vermine, et le venin l'a quittée, s'en allant aux contrées lointaines ». — 16. C'est l'ichneumon qui l'a dit en revenant de la montagne : « Le venin du scorpion est sans suc ; sans suc, ô scorpion, est ton venin ».

Voit-on comment le soleil tueur de monstres et le soleil guérisseur, l'invisible nocturne, l'invisible vermine et l'invisible-démon, l'aurore qui est la splendeur du soleil dissipant les ténèbres, et la plante qui tient de la croissance sous ses rayons la propriété d'anéantir comme lui les êtres pervers, l'animal, ailé surtout, qui symbolise le soleil et qui en cette qualité consomme le venin sans se faire de mal, et l'animal réel que l'expérience de tous les jours désigne comme mangeur de serpents, destructeur de venins, comment enfin la puissance curative la plus fabuleuse, puisqu'elle est censée résider dans le soleil en tant que vainqueur de la nuit, et la médication peut-être la plus concrète et la plus topique, puisque le texte suggère presque irrésistiblement l'idée de cautérisation ou de pointes de feu [12], — comment, dis-je, toutes ces notions, disparates seulement en apparence et pour notre réflexion mieux ordonnée, s'enchevêtrent, se démêlent, se confondent dans l'esprit du poète, et mettent en pleine lumière la survivance du premier principe scientifique qui a guidé l'œuvre du sorcier guérisseur, l'influence persistante du mythe primitif, jusque dans un stade relativement avancé de la magie opératoire ? Mais voit-on aussi combien le passage du soleil-astre, corps lumineux d'essence indéfinie, au soleil-dieu, agent personnel, Apollon meurtrier et Esculape bienfaisant, était aisé à la pensée, — en d'autres termes, comment la magie, nourrie et bercée par le mythe, ne prend pleine conscience d'elle-même qu'à l'âge de raison de l'humanité, où le mythe s'ordonne, se moralise, se convertit en religion ?

---

1. Plus exactement, le mythe est bien antérieur à l'homme : toute aperception d'un fait extérieur dans un organisme doué de quelque conscience, est un mythe en puissance ; l'univers, dans le cerveau d'un animal supérieur, se traduit en une série de mythes, c'est-à-dire de représentation instantanées, aussitôt évanouies que provoquées ; plus la mémoire et la conscience établissent de liaison entre ces éclairs de vision du non-moi, plus le mythe se précise et s'affirme, plus aussi l'animal monte en grade dans l'échelle des êtres. Seulement, de tous ces mythes épars, l'animal ne fera jamais une mythologie, puisqu'il ne peut les fixer ni les transmettre : il n'a pas de langage, sa conception de l'univers meurt avec lui. Nous hommes, nous nous communiquons réciproquement la nôtre, ou du moins nous croyons le faire : en dépit du mirage de l'expression, nous ne *pensons* pas tous de même le monde extérieur, mais nous le *parlons* de même tous ; et cela revient au même, car nous n'avons absolument aucun moyen de discerner des nuances de pensée là où les nuances de langage nous font défaut. Et ainsi naît et grossit peu à peu ce vocabulaire conventionnel, ce repertoire factice de signaux interpsychique, — pardon du néologisme, mais je ne vois pas d'autre mot, — que nous appelons « la science ». — Une considération, à ce propos, vraiment décisive et irréfutable en faveur de l'existence d'un monde métaphysique, et qui devrait, semble-t-il, éblouir les yeux du positiviste le plus réfractaire, n'est-ce point celle-ci : Du moment que l'univers n'est *certainement* pas ce que se le figure l'animal le plus supérieur, comment serait-il ce que nous nous le figurons, ce que nous pourrons jamais nous le figurer ?
2. La doctrine est formulée, avec une clarté aussi satisfaisante que concise, dans une stance du Véda : R. V. i. 164. 51 « c'est la même eau qui monte et descend incessamment... » Ainsi, « rien ne se perd, rien ne se crée », les sages védiques avaient déjà trouvé cela. En combien de domaines scientifiques l'intuition n'a-t-elle pas devancé l'investigation ?
3. A quel point la magie védique est pénétrée et dominée de concepts et de représentations solaires, il suffira, pour s'en convaincre, d'envisager le rôle respectif et considérable qu'elle assigne aux points cardinaux.
4. Fossey, *La Magie assyrienne*, p. 68, 138 et 25.
5. Wuttke, *Der deutsche Volksaberglaube*, n°s 124, 91 et 64.
6. Sur les corrections conjecturales que j'ai apportées au texte presque inintelligible du début, et sur les menus détails de l'interprétation, je ne puis que renvoyer à mon article des *Mémoires de la Société de Linguistique de Paris*, ix, p. 233 sqq.
7. L'un des noms du scorpion est *kankaparvan*, soit « articulé en peigne » : A. V. vii. 56. 1. Le sorcier joue sur ce nom et sur celui d'un autre animal, « un centuple » (un mille-pieds ?) qui doit aussi plus ou moins ressembler à un peigne.

8. La femelle qui n'est point nommée est très souvent l'Aurore dans le Véda : on la connaît si bien qu'on la supplée aisément. Ici, d'après le contexte général de l'hymne, son intervention ne fait pas le moindre doute ; mais le féminin suggère en outre la plante guérisseuse.
9. Cf. A. V. iv. 6 tout spécialement stance 3. L'oiseau céleste se repaît impunément de venin : ainsi vont faire les oisillons auxiliaires du médecin.
10. Toujours ce nombre 21, qui achève de donner une couleur atharvanesque à cet hymne pourtant exclusivement propre au Rig-Véda.
11. Cf. A. V. vii. 6. 7.
12. C'est la stance 12 de l'hymne ci-dessus. On a vu que la cautérisation n'était pas inconnue des médecins védiques.

§ 2. — Magie et religion

Le magicien est un prêtre ; il n'en faut pas davantage pour définir la situation respective de la magie et de la religion, envisagées dans leurs communs débuts.

Sans doute, il a pu arriver au magicien, dans l'exaltation de son orgueilleuse puissance, de croire commander aux dieux mêmes, comme parfois au prêtre du sacrifice védique de leur donner des ordres au lieu de leur adresser d'humbles prières ; mais ce n'est point à tort que M. Oldenberg [1] a reproché à Bergaigne d'avoir trop insisté sur cet aspect secondaire et sporadique du culte des grands dieux. Les servants du sorcier, ce sont les génies familiers de la démonologie courante : ceux-là, s'il est habile, il les évoque ou les bannit à son gré ; mais sur le divin, quoi qu'il en veuille faire accroire à la foule ou à lui-même, il sait bien qu'il n'a prise que par voie de supplication. Lorsque les poèmes postérieurs nous montrent les dieux, inquiets du pouvoir surnaturel que s'acquiert un ascète farouche, lui dépêchant quelque nymphe divine pour le distraire d'une pénitence qui menace de le faire leur maître, — prototype de notre tentation de saint Antoine, mais nous l'avons mise sur le compte du diable, — ce sont, pour une bonne part, enjolivements ingénieux et pittoresques d'une notion fondamentale du védisme, vertu illimitée de la vie ascétique ; encore ne faudrait-il pas les mettre sur le compte de la doctrine védique et les prendre pour des vérités canoniques. Comment l'homme, qui se conçoit constamment, en regard des dieux, comme « le mortel », assiégé de mille périls, sujet à mille servitudes, eût-il prétendu exercer une action de contrainte sur les immortels ?

Sans doute aussi, d'autre part, le magicien n'a point affaire des dieux seuls : il vague souvent en compagnie douteuse et compromettante ; il fraie avec des démons ennemis des dieux, des êtres de noirceur et de perdition, et, bien plus, il les invite quelquefois à faire échec à l'œuvre pie célébrée en l'honneur des dieux, c'est-à-dire, en fin de compte, à la majesté même des êtres divins, à la sainteté de la religion. Survivance des temps antiques, où les démons n'étaient encore ni bons ni mauvais, parce qu'il n'y avait ni dieux ni morale, ou effet naturel de l'accoutumance chez le sorcier en continuel contact avec eux, — lorsqu'on a tant fait que de lier partie avec eux, pourquoi n'en tirerait-on pas tout ce qu'ils nous peuvent donner ? — ce sont, dans toutes les magies contemporaines des religions positives, des accidents d'une extension considérable ; ce n'est pas la règle, et la magie le sait bien, et elle n'a l'esprit en repos que lorsqu'elle est rentrée dans la règle. La preuve : le malheureux qui s'est donné au diable pour que le diable le servît sait fort bien qu'il s'est damné, et il espère se ressaisir, ne fût-ce qu'à l'article de la mort, rompre son pacte après en avoir épuisé le profit, quinauder les démons après avoir engeigné les hommes. Et de même le sorcier hindou, en appelant à son secours les esprits infernaux, connaît le risque qu'il encourt et prend toutes les précautions possibles pour s'en préserver. D'ailleurs, lorsqu'il est censé ne faire que retourner contre ses ennemis les armes que ceux-ci dirigent contre lui, il dispose, pour concilier ses maléfices avec la morale religieuse, de mille excuses qui se résument en une seule : le mal qu'on me fait, c'est le mal ; celui que je fais, c'est le bien... *Orthodoxy is our doxy* [2].

Ces hésitations, ces contradictions et cet antagonisme éventuel n'empêchent donc pas la magie d'être dominée de haut par l'idée morale, comme elle l'est par l'idée scientifique, dès que l'une ou l'autre s'est dégagée du mythe. Comment, au surplus, du mythe, transcendentalement étranger à toute morale, se dégage la religion génératrice de la morale dans le passé et sa sauvegarde à tout jamais dans l'avenir, — car ce que Guyau appelait « l'irréligion de l'avenir » est en fait et sans ambages une religion, — c'est ce qui ressortira peut-être d'un exemple plus typique encore qui celui du soleil, l'œil ouvert au ciel, qui « voit dans les mortels les torts et les droits [3] ».

On ne sait au juste ce que fut à l'origine le dieu Varuna : la lune, selon M. Oldenberg [4] ; le ciel ou un aspect du ciel, pour ceux qui assi-

§ 2. — Magie et religion 225

milent son nom à celui de l'Οὐρανός grec. Peu importe, puisque tous s'accordent à y voir une entité purement mythique à l'origine, nettement et exclusivement naturaliste, et que, longtemps avant d'en faire le dieu des eaux, les Védas lui confièrent des attributs qui le mettent en relation étroite et évidente avec le ciel nocturne, comme son frère Mitra avec le ciel diurne.

Quoi de plus concret, de plus matériel, de plus étranger à une idée morale ? Cependant la réflexion s'exerce sur ce thème enfantin. Qui voudra me faire tort, s'y prendra plus volontiers la nuit ; car je ne le verrai pas, et au pis aller il n'aura pas de témoins contre lui, aucun autre que le ciel enveloppant et noir, le grand aveugle. Est-il vraiment aveugle ? de quoi lui servent donc ces trous lumineux dont sa voûte est percée ? ne sont-ce pas des yeux, des regards ou des espions par où lui-même il guette ce qu'il cache à tous les autres ? Oui, Varuna voit tout, puisqu'il est le ciel aux mille yeux. Mais, d'autre part, Varuna est dieu, c'est-à-dire, par définition, très puissant et très bon : comment donc verrait-il le mal sans le prévenir ou en châtier l'auteur ? C'est lui que je dois supplier en redressement du tort qui m'est fait, lui que je dois craindre alors que je ne crains le témoignage ni la colère d'aucun vivant.

Ainsi, un surveillant vigilant et rigide, un vengeur muet de l'innocence opprimée, un dieu qui condamne et qui peut pardonner, qui se laisse fléchir par les prières et par le sincère repentir, tout cela n'est qu'un admirable développement du simple mythe du ciel nocturne. Désormais, Varuna, devenu dieu des eaux, enverra son fléau, l'hydropisie, non par vulgaire caprice, mais pour punir le pécheur ; le magicien ne saura pas de meilleure voie pour l'apaiser, que de pénétrer l'homme de l'horreur de ses fautes ; et celui-ci, convaincu de la présence permanente du dieu qui est sa conscience et qui peu à peu la forme à son image, trouvera pour le célébrer quelques-uns des plus sublimes accents qu'en aucun temps l'infini du ciel étoilé et de la loi morale ait inspiré au fini de l'âme humaine [5].

Voilà ce que peut le mythe pour éveiller le sentiment moral. Et voilà ce que celui-ci devient à son tour, une fois éveillé, combiné avec le mythe et l'épurant à son contact : le sentiment religieux. L'horreur du péché, religion forte et sévère ; la rémission des péchés, magie douce et rassérénante : à elles deux elles ont été, durant des siècles, les éducatrices de l'humanité. Elles n'ont pas toujours suffi à leur tâche ; car après tout, les guides des hommes ne sont que des hommes ; mais ces guides-là, du moins, avaient un pôle et une boussole.

1. *Op. cit.*, p. 268
2. N'est-ce pas, aujourd'hui encore, l'article premier de la morale pratique universelle ? Quel opprimé, aussitôt sa liberté conquise, hésite à se faire persécuteur ?
3. R. V. iv. 1. 17.
4. *Op. cit.*, p. 159 sqq. C'est aussi. mais pour des raisons toutes différentes, l'avis de M. Hillebrandt, *Vedische Mythologie*, III, p. 38 sqq.
5. A. V. iv. 16, cf. supra p. 238. Voir aussi : R. V. vii. 86, citée entre autres, par M. Oldenberg, *op. cit.*, p. 251.

§ 3. — Magie et science

On s'est demandé laquelle, de la magie ou de la religion, s'était montrée le plus favorable à l'éclosion et au progrès de la science [1]. Du point de vue où nous nous plaçons, le problème paraît oiseux, puisque magie et religion ne sont que des formes diversifiées et unies du mythe qui est la science en formation.

La religion, serait-on tenté de dire, par l'admission péremptoire d'une cause première, rend superflue la recherche des causes secondes, n'en suppose pas l'intervention ou même en supprime la possibilité : « il pleut, c'est Zeus qui pleut », etc., tout est dit, il n'y a rien à chercher au delà. Au contraire, la magie, par les opérations complexes qu'elle met en œuvre, suppose tout un enchaînement de causes secondes, et elle incite par là même l'opérateur à les vérifier, à les mieux connaître pour en utiliser pleinement l'action : elle développe, en un mot, la méthode expérimentale, l'esprit scientifique ; et l'on allègue la chimie née de l'alchimie, et tels autres illustres exemples.

Mais ceci est pure illusion : l'alchimie, quand la chimie en est sortie, était déjà une science ; la fausseté de son principe pouvait bien obnubiler, mais ne faussait pas les résultats dus à ses patientes et rigoureuses expérimentations. Dans la magie primitive il a pas encore de causes secondes : le magicien perçoit comme une cause première la maladie ou le démon qu'il doit bannir, et lui-même il se perçoit comme une cause première du bannissement. Et disons mieux : l'un et l'autre comme la cause unique. Car il n'y a cause première ni à plus forte raison seconde, il n'y a point place pour le concept d'un enchaînement de causes, dans un esprit où ne s'est pas encore éveillée la notion d'une causalité en soi, indépendante de toute volition humaine et de toute autre traverse accidentelle ; et celle-ci n'est point une notion d'expérience, mais un postulat métaphysique, autant dire, en ces temps reculés, religieux. De même que le mythe ne devient moral qu'en se faisant religion, ainsi, et seulement en se faisant religion, il deviendra science expérimentale. La magie aurait beau s'évertuer sur lui : elle ne lui ferait pas faire un pas hors de son ornière, si la religion ne lui fournissait le principe directeur, sans lequel elle s'en tiendrait éternellement à l'aperception première, fausse ou vraie, et ne chercherait jamais à percer par delà.

Fausse ou vraie, dis-je ; car il est évident — et l'on n'y saurait trop insister — que tout n'a pas été faux dans cette aperception, qu'au contraire elle a contenu au moins autant de vrai que de faux, car autrement la magie ne fût jamais née ou bien eût avorté. Le premier qui rajusta, en le frictionnant au hasard, un membre démis ou brisé, se perçut comme la cause de la guérison, et il ne se trompa point : il sut ce qu'il voulait, il sut qu'il l'accomplissait ; tout ce qui lui échappa, ce fut son mode d'action. Il ressemble au savant contemporain qui suggestionne un hypnotique, — « demain à trois heures et demie, vous entrerez dans le cabinet de M.***, et vous lui demanderez de vous prêter *la Sonate à Kreutzer* », — et tout se passe comme il l'a dit : il ne sait pas comment cela se fait, mais il est sûr d'en être cause. Ainsi de situations plus complexes et d'inductions plus générales : celle-ci, par exemple, qui déjà nous est familière, « le soleil tue les invisibles », n'est-ce pas un aphorisme aussi pastorien que mystique ? Supposez un théologien de l'Inde qui rapprocherait de l'hymne ci-dessus traduit la doctrine, aujourd'hui universellement enseignée, de l'effet meurtrier de la lumière solaire sur les organismes inférieurs : n'en tirerait-il pas un argument solide en faveur de l'inspiration véridique, littérale et divine de ses Livres saints ?

Et lui non plus ne se tromperait qu'à demi, à ne considérer que le fait brut. Il est certain que, depuis des siècles, la lumière solaire a détruit des microbes en nombres qui déconcertent la pensée, certain qu'on ne s'en est scientifiquement avisé que depuis quelques années, certain enfin qu'un rêveur inconnu l'a dit, il y a longtemps, vers les antipodes. Peu importe comment il a été amené à le dire : le fait est qu'il l'a dit, et que, s'il avait pu crier sa découverte à travers l'écorce terrestre, l'humanité se

§ 3. — Magie et science

serait trouvée, quatre ou cinq mille ans plus tôt, en possession d'une vérité incontestable, défensive et salutaire. N'est-ce donc rien que cela ?

Peut-être ai-je réussi à faire comprendre comment je me représente l'action et les rapports des forces éducatrices qui ont concouru à former la mentalité de l'homme européen. Le mythe est la projection de l'univers sur le temps à trois périodes et l'espace à trois dimensions ; la religion, sa projection sur les plans de la moralité et de la causalité. Du premier, la magie, — entendue au sens large, comme action exercée sur l'univers par des voies inexpliquées, tire ses données immédiates ; à la seconde, elle doit la vague conscience du « plus outre », qui ne lui permet pas de demeurer en repos, qui la lance dans les voies de la recherche indéfinie, de la science, en un mot. Celle-ci, à peine née, semble-t-il, entre en lutte avec les mères qui l'ont nourrie pour vérifier, il faut qu'elle nie ; et, plus elle prend conscience d'elle-même, plus elle nie, provisoirement au moins, ce qu'elle n'a pas vérifié. Il se peut qu'en fin de compte elle vérifie et confirme une croyance intuitive, une opinion traditionnelle ; mais alors elle ne l'édifie que sur les ruines de cent autres qu'elle a renversées au passage ; et cette vérité nouvelle et provisoire, elle la niera à son tour, demain, dans un siècle ou dans dix, sauf à la découvrir soudain quand elle ne se souviendra même plus de l'avoir autrefois ensevelie. Voilà ce qui lui donne, au regard de la tradition et, par conséquent, de la religion, un air contredisant et frondeur ; voilà ce qui fait qu'on parle, et qu'on parlera, tant qu'il y aura des hommes et qui penseront, du Conflit de la Science et de la Religion.

Mais la Religion, à son plus haut période, qu'est-ce autre chose que le concours au monde métaphysique ? Et, puisque le monde métaphysique n'est lui-même qu'une négation transcendante, n'est il pas vrai de dire que, de négation en négation, la Science s'achemine vers ce Dieu qu'elle n'atteindra jamais, tandis que la Religion, qui l'a atteint par l'effort intuitif et volontaire de la foi, se penche de haut vers la route poudreuse et étanche les sueurs fécondes de l'éternelle voyageuse ?

---

1. Fossey, La Magie assyrienne, p. 10 et 141.

Dans la même collection :

LE BOUDDHA : sa vie, sa doctrine, sa communauté (Édition annotée) par Hermann Oldenberg

- ISBN numérique : 9782384550968
- ISBN broché : 9798387891731
- ISBN relié : 9782384550975

* * *

Copyright © 2023 Alicia Éditions
Crédits images et couvertures : Alicia ÉDITIONS,
www.canva.com

www.ingramcontent.com/pod-product-compliance
Lightning Source LLC
LaVergne TN
LVHW032203070526
838202LV00008B/297